中国音乐美学学会
中央音乐学院音乐学系音乐美学教研

蔡仲德纪念文集

李起敏　主编

中央音乐学院出版社
CENTRAL CONSERVATORY OF MUSIC PRESS

·北京·

图书在版编目(CIP)数据

蔡仲德纪念文集/李起敏主编;中国音乐美学学会,中央音乐学院音乐学系音乐美学教研室编.—北京:中央音乐学院出版社,2008.5(2025.3重印)

ISBN 978-7-81096-269-8

Ⅰ.蔡…　Ⅱ.①李…②中…③中…　Ⅲ.蔡仲德—纪念文集　Ⅳ.K825.76-53

中国版本图书馆 CIP 数据核字（2008）第 031276 号

李起敏主编
中国音乐美学学会
中央音乐学院音乐学系音乐美学教研室编

蔡仲德纪念文集

出版发行：中央音乐学院出版社
经　　销：新华书店
开　　本：A5　印张：8.5
印　　刷：三河市金兆印刷装订有限公司
版　　次：2008 年 5 月第 1 版　　印次：2025 年 3 月第 2 次印刷
书　　号：ISBN 978-7-81096-269-8
定　　价：78.00 元

中央音乐学院出版社　北京市西城区鲍家街 43 号　邮编：100031
发行部：(010) 66418248　　66415711（传真）

挽　　联

文章惊海内先生归来学界尚有山林待启
松鹤鸣九皋仲德去矣空谷犹闻风庐箫声

——李起敏

荡荡胸怀我行我素滴血凝成中国音乐美
学史恢宏巨制存天地
铮铮铁骨独往独来倾心求索华夏千古士
人格皓首穷经赍志殁

——梁茂春

中央音乐学院教授　人本主义者蔡仲德先生
（摄于20世纪90年代）

进入 21 世纪

20 世纪 60 年代初，
中央音乐学院新来的青年教师

把冷板凳坐穿

思考未来

在一次学术研讨会上

在中央音乐学院 40 年

和音乐美学学者们在一起

最后一次参加大型学术活动

和博士生苗建华在一起

在澳门参加冯学研讨会

和夫人冯钟璞在北京大学举行的冯友兰先生立像仪式上。
左起：副校长何芳川，蔡仲德，冯钟璞，北京大学教授季羡林，国家图书馆名誉馆长任继愈，塑像作者、雕塑家吴为山。

和夫人冯钟璞在加拿大洛矶山

冯友兰先生赠婿诗

女儿冯珏已经长大

三松堂前与夫人最后一张合影

65岁生日时在北京肿瘤医院和学生们在一起

目　　录

上编　纪念文章

怎得长相依聚

　　——蔡仲德三周年祭 ………………………… 宗　璞（ 3 ）

忆仲德 ………………………………… 陈乐民　资中筠（ 9 ）

怀仲德 ………………………………………… 朱梁卿（ 12 ）

仲德大学时代二三事 ………………………… 安国梁（ 19 ）

仲德周年祭 …………………………………… 茅　原（ 22 ）

蔡仲德老师

　　——一位纯粹的学者，一位可爱可敬的

　　　中国知识分子 ………………………… 王次炤（ 31 ）

逝去者的永存

　　——怀念蔡仲德老师 …………………… 周海宏（ 35 ）

音乐美学因他而闪烁智慧之光

　　——悼亡友蔡仲德 ……………………… 张　前（ 42 ）

岂止文章惊海内 ……………………………… 李起敏（ 47 ）

追随先贤　为现代化大厦添砖加瓦

　　——痛切缅怀学兄蔡仲德 ……………… 黄旭东（ 80 ）

回忆老蔡 ……………………………………… 陈自明（ 88 ）

师门地望铸高名

　　——怀念蔡仲德先生 …………………… 单　纯（ 91 ）

I

追思蔡仲德先生的学术成就和贡献 ············ 黄腾鹏（98）

忆蔡仲德老师三件事 ······················· 宋　瑾（101）

蔡老师的认真

　　——写于蔡仲德先生逝世周年之际 ········ 邢维凯（104）

高山仰止

　　——怀念恩师蔡仲德先生 ·············· 苗建华（107）

为文而文，人文不二

　　——恩师蔡仲德的治学精神及人格风范 ······ 叶明春（113）

追忆蔡师仲德先生 ······················· 邓四春（124）

怀念恩师 ······························· 李　浩（128）

永远的康乃馨 ··························· 何艳珊（142）

文章真处性情见　谈笑深时风雨来

　　——蔡仲德先生的"中国音乐美学史"与

　　"士人格"之我见 ·················· 程　乾（146）

蔡仲德与冯学研究 ····················· 王仁宇（158）

和而不同的友谊

　　——记与蔡仲德先生的争论 ············ 梁　雷（173）

心香一瓣谢师恩

　　——追念蔡仲德先生 ················· 毕明辉（179）

我所认识的蔡仲德先生 ·················· 徐天祥（186）

下编　书评精选

重建现代音乐美学之基石 ················· 李起敏（193）

七乐一感——蔡仲德《中国音乐美学史》读后 ··· 黄辅棠（198）

一部倾注生命的学术著作

　　——蔡仲德著《中国音乐美学史》评价 ······ 凌绍生（203）

书评《音乐之道的探求——论中国音乐
　　美学史及其他》 ·· 凌绍生（217）

书架即景 ·· 辛丰年（231）

蔡仲德学术年表 ·································· 叶明春编（234）

附录：蔡仲德教授生平 ·································· （259）

简讯两则 ·· （262）

上编

纪念文章

怎 得 长 相 依 聚

——蔡仲德三周年祭

宗 璞

"蔡仲德（1937—2004），人本主义者"

这是我为仲德设计的墓碑刻字，我想这是他要的。他在病榻上的最后几个月，想的最多的就是关于人本主义问题。如果他能多有些时日，会有正式的文章表达他的信念。但是天不佑人，他来不及了，只在为我写的一篇短文里提出市场经济、民主政治、人权观念等几个概念。虽然简单，却也清楚地表明了他的理想。现在又想，理想只能说明他追求的高和远，不能说明他生活的广和深。因为他的一生虽然不够长，却足够丰富。他是一个好教师，也是一个好学者。生活最丰满处是因为他有了我，我有了他。世上有这样的拥有，永远不能成为过去。

人人都以为，我最后的岁月必定有仲德陪伴，他会为我安排一切。谁也没有料到，竟是他先走了，飘然飞向遥远的火星。我们原说过，在那里有一个家。有时我觉得，他正在院中的小路上走过来，穿着那件很旧的夹大衣；有时在这边说话，总觉得他的书房里有回应，细听时，却又没有。他已经消失了，消失在蓝天白云，青山绿水，树木花草之间。也许真的能在火星上找到他，因为我们这里的事情，要在多少多少光年以后，才能到达那里。他是一个怎样的人，在那里可以重现。

首先，他是一个教师。他在入大学前曾教过两年小学，又在中央音乐学院附中任教二十余年，以后调入中央音乐学院音乐系。他四十六年的教学生涯里，在中央音乐学院任教四十四年。他教中学时，课本比较简单，他自己添加教材，开了很长的古典诗词目录，要求学生背诵。有的学生当时很烦，说蔡老师的课难上，许多年后却对他说，现在才知道老师教课的苦心，我们总算有了一点文学知识，比别人丰富多了。确实，这不仅是知识，更是对性情的陶冶，影响着一个人的生活。

七十年代初，在军营中经过政治磨难的中央音乐学院师生回到北京。附中在京郊苏家坨上课，虽然上课很不正常，仲德却没有缺过一次课。一次刮大风，我劝他不要去，他硬是骑自行车顶着西北风赶二十几里路去上课，回来成了一个土人儿。上课对于一个教师是神圣的。他在音乐学系开设两门课：中国音乐美学史和士人格研究。人说他的课讲得漂亮。我听过几次，一次在河南大学讲授中国古代音乐美学，一次在香港浸会大学讲"说郑声"。一节课的时间安排得十分恰当，有头有尾，宛如一篇结构严密的文章。更让人称道的是，下课铃响，他恰好讲出最后一个字，而且是节节课都如此。就连他出的考题也如一篇小文章。他在每次上课前都认真准备，做严谨的教案。他说要在四十五分钟以内给学生最多的东西。小学、中学、大学都是如此。一次我们在外边用餐，不知为什么，一个陌生的年轻人拿了一本唐诗，指出一首要我讲，不记得是哪一首了，其中有两个典故。我素来喜读书不求甚解，讲不出，仲德当时做了详细的讲解。他说做教师就要求甚解，要经得起学生问。学生问了，对教师会有启发。

他奄缠病榻两年有半，一直惦记着他的课和他指导的学生。就在他生病的这一个秋天，录取了一名硕士生。他在化疗期间仍要这个学生来上课，在北京肿瘤医院室内花园，在北大医院的病室，甚至是一面打着吊针，授课一面在进行。他对学生非常严

4

格，改文章一个标点都不放过。学生怕来回课，说若是回答草率，蔡老师有时激动起来，简直是怒发冲冠，头发胡子都根根竖起。不是他指导的学生也请他看文章，他一视同仁，十分认真地提意见挑毛病改文字。同学们敬他爱他又怕他。

他做手术的那一天，走廊里站了许多我都不认识的中央音乐学院师生，许多人要求值班。那天清晨，有位老学生从很远的地方赶到我家，陪伴我。一个现在台湾的老学生在电话中哭着恳求我们收下他们的捐助。我们并不需要捐助，可是学生们的关心从四面八方聚拢来，把我们沉重的心稍稍托起。

一个大学教师在教的同时，自己必须做学问，才能带领学生前进，才能不仅仅是一个教书匠。他从七十年代末研究《乐记》的成书年代开始，对中国音乐美学做了考察，写出了《中国音乐美学史》这部巨著。这是我国的第一部音乐美学史。后来这本书要修订出版，那时他住在龙潭湖肿瘤医院。他坐一会儿躺一会儿，一字一字，一页一页，八百多页的书稿在不时插上又拔下针管的过程中修订完毕。

经过多年的努力，他对各种文献非常熟悉，却从不炫耀，从不沾沾自喜，总是尽力地做好他承担的事，而且不断地思考，不知不觉间又写出了多篇论文。音乐方面的结集为《音乐之道的探求》，由上海人民音乐出版社出版。文化方面的结集为《艰难的涅槃》，正像书名一样，这本书命运多舛，因为思想不合规矩，现在尚未能出版。

他能够连续十几小时稳坐书案之前，真有把板凳坐穿的精神。他从事学术研究不限于音乐美学，冯学研究也是重要的部分。其著述材料之详实，了解之深切，立论之精当，为学界所推重。还是不知不觉间，他写出了六十六万字的《冯友兰先生年谱初编》，并整理、修订增补了七百余万字的《三松堂全集》第二版，又写出了《冯友兰先生评传》、《教育家冯友兰》等。

对于我的父亲，他不只是一个研究者，而且也远远超过半子。幸亏有他，父亲才有这样安适的晚年。他推轮椅，抬担架，帮助喂饭、如厕。我的兄弟没有做到和来不及做的事，他做了。我自己承担不了的事，他承担了。从父母的墓地回来，荒寂的路上如果没有他，那会是怎样的日子？可是现在，他也去了。

在繁忙的教学、研究之余，他为我编辑了《宗璞文集》四卷本。他是我的第一读者，为我的草稿挑毛病。我用引文懒得查时，便去问他，他会仔细地查好。我称他为风庐图书馆馆长，并因此很得意。现在我去问谁？

父亲去世以后，我把家中藏书赠给清华大学思想文化研究所，设立了"冯友兰文库"，但留了《四部丛刊》和一些线装典籍，供仲德查阅。他阅读的范围，已经比父亲小多了。现在他走了，我把留下的最后的书也送出。我已经告别阅读，连个范围也没有了。他自己几十年收集的关于音乐美学方面的书，我都送给了中央音乐学院图书馆。学生们从这些书中得到帮助时，我想他会微笑。

他喜欢和人辩论，他的许多文章都在辩论。辩论就是各抒己见，当仁不让。他说思想经过碰撞会迸发出火花，互相启迪，得到升华，所谓真理愈辩愈明。如果只有"一言堂"，思想必然僵化，那是很可怕的。他看到的只是学问道理，从没有个人意气。

他关心社会，反对躲进象牙之塔。他认为每一个生命是独立的又是相关联的。他在中央音乐学院任基层人民代表十年，总想多为别人做些事。他认为，我们的人民代表制度有很多需要完善的地方。他曾向区人大系统地提出自己的看法，并以不是候选人的身份，竞选市人大代表。那当然不能成功，不过那是他表达意见的一种方式。所幸的是大家都很理解他促进民主改革的热心。市人大为此曾邀他谈话，他说他的意见已经表达了，不必再谈。我说他太自不量力了，简直有些多事。他说大家的事要大家管，不断地向前探索，是必要的。音乐史学家毛宇宽说："蔡仲德是一位真正意义上的中国知识分子。"我想他是当得起的。

我们居住的庭院中有三棵松树，因三松堂之名得到许多人的关心。常有人来，有的是从很远的地方来，就为了要看一看这三棵松树。三棵松中有两棵高大，一棵枝条平展，宛如舞者伸出的手臂。仲德在时，这一棵松树已经枯萎，剩下一段枯木。我想留着，不料很不好看，挖去了。又栽上一棵油松，树顶圆圆的，宛如垂髫少女。仲德和我曾在这棵树前合影，他坐我立，这是他最后的一张室外照片，也是我们最后的合影。又一棵松树在一次暴风雨中折断了，剩下很高的枯干，有些凶相。现在这棵树也挖去了，仍旧补上一棵油松，姿态和垂髫少女完全不同，像是个小娃娃，人们说它是仙童。

仲德没有看见这棵新松。万物变迁，一代又一代，仲德留下了他的著作和理想，留下了他的爱心。爱心是和责任感连在一起的，我们家中从里到外许多事都是他管。他生病后的第一个冬天，在病房惦念着家里的暖气。他认为来暖气时应该打开暖气管上的阀门，让水流出来，水才会通。他在病床上用电话指挥，每个房间依次打开不能搞乱。我们几个女流之辈，拎着水桶，被他指挥得团团转。其实我认为这是不必要的，可是我领头依令而行，泪滴在水桶里……

仲德和我在一起生活了三十五年，因为有了他，我的生活才这样丰满。我们可以彼此倾诉一切，意见不同可以辩论，但永远互相理解，互相尊重。在他最后的时刻，我们曾一起计算着属于我们两人的日子。他含泪低声说："我们相聚的时间太少了。"现在想起来，仍觉肝肠寸断！只要有他，我实在别无所求。可是，可是他去了。

再没有人能像他那样分担我的责任，化解我的烦恼；心得体会再无人分享，笑容、泪眼也再无人印证。但他留下的力量是这

7

样大，可以支持我，一直走向火星。

蔡仲德，我的夫君，在那里等我相聚。

女儿告诉我，她做过一个梦，梦见我们三个人在一起，仲德不知为什么起身要走。我们哭着要拉住他，可是怎么也拉不住。

人生的变化是拉不住的。

2007 年 1 月 5 日

距 2004 年 2 月 13 日

仲德逝世已将三年矣

忆 仲 德

陈乐民　资中筠

　　仲德走了竟有一年了。他比宗璞和我们都年轻许多，而且身体一直很好，谁也没有料到会突然得绝症，先我们大家而去。虽然不能算白发人送黑发人，总让人难以接受，不能不为之唏嘘、痛惜。

　　宗璞与仲德结婚是在"文革"期间，那时我们在干校。即使在北京，在那动乱的年月也是咫尺天涯，不在一个单位的亲朋好友早已音讯隔绝。所以我们听到这个消息是"文革"后期。形势略微安定之后，终于有一天我们又去燕南园访宗璞，带去我们迟到的祝贺。那是第一次见到蔡仲德，那时我们已步入中年，他还属于青年。据宗璞介绍，他在中央音乐学院附中教语文。我们只是为宗璞于乱世得知音而高兴。

　　后来，仲德任中央音乐学院教授，主要教音乐美学。我们逐渐知道，仲德的兴趣其实是音乐美学思想，侧重在中国古代，整日在古书里梳爬剔抉，是很本分的读书人；在冯家当然进一步受到书香熏陶。他出版了几本关于音乐美学的专著和文章，也送给我们。我们于此完全是外行，但觉得那是很深奥、很专的学问。在钻研中国古典音乐美学的同时，他还对中国的音乐前途多有创见，从中西文化交汇比较的视角，提出我国音乐美学之兴非借助西方音乐美学精神不可，据说引起了一些非议。后来知道，仲德

9

是一个善于独立思考，极有创见的人，决不止于音乐一道。他涉猎日广，走进了人文历史之学。晚年（其实方届六十！）于"五四"以来的人文思想史以及现实的文化思考钻之弥坚，每有卓尔不群的见解。凡所系念，都与民族命运、国家前途、民主理念息息相关，不能一日忘怀。

仲德于宗璞大病之后身心疲惫之时，冯家尚在劫难之中，作为一名青年读者，因宗璞的作品而主动结识宗璞，完全是出于对才华的爱慕，因而相交、相知。他们的结合是高度的精神的契合，超越一切世俗的考虑。他也衷心景仰冯友兰先生的学问，在老先生垂暮之年克尽半子之劳。冯先生西归后，又协助宗璞整理先生浩瀚的遗著。宗璞体弱多病，主要工作自然落在他身上。这是一项工程浩大的"脑力劳动"，从编纂到校雠细致入微，务使无遗珠之憾。这自然也为他提供了深入钻研冯著的难得的机会，对他思想和治学的升华大有关系。如今，《三松堂全集》等已经编定出版，同时厚厚的、资料丰富的《冯友兰年谱》也已问世，而仲德也成为冯学专家而无愧色。他总结冯先生长达一个世纪的经历的"三段论"——早年建立自我，中年迷失自我，晚年回归自我——不但成为治"冯学"的理性概括，而且可以普遍适用于中国特定历史背景下的一代知识分子。

他生命的最后几年精神思想突飞猛进，是最闪光的时期。如他在《东方文化》上发表的评述陈寅恪先生的长篇论文，于几乎众口一词之中独树己见。更重要的是，他是在认真阅读了陈寅恪的几乎全部著作的基础上得出的看法。陈先生的著作何等不易读！能把它消化下来，以便出言有据，能做到的料不多见。只此一点，使我们佩服不已。他那篇长文写于病重之时，堪称他的压卷之作了！

仲德的学术专著和文集是他留给后人的珍贵财富。他原来身体很好，精力旺盛，若天假以年，还可以做许多事，他的思想还会有进一步发展。中国、中国的教育界需要他这样富有潜力的知识分子。在他已被确诊为绝症之后，赖现代医术之力，延长了两年生命，在这两年中，他抢时间继续指导研究生的论文，并修订出版了最后的著作。在他病重时，也已多病的陈乐民给他一封信，对他评述陈寅恪的意见表示完全认同。他看到后十分兴奋，在病床上打来电话，声音依然洪亮，笑声朗朗，不料这竟是我们最后听到的他的声音。

苍天不仁，夺走了一个充满活力的生命！

怀 仲 德

朱 梁 卿

　　仲德逝世已经整整一年多了。早想写点纪念的文字，只是万千思绪，不知从何说起。

　　仲德是我的老同学，老朋友。近半个世纪的友情遽然失去，一时觉得难以相信，心头像缺了一角似的。

　　1956年，我们一起进了华东师范大学中文系，同一班级，还同一寝室，真正是"同窗"四载。1960年毕业分配又一起到了北京。他和另一同班同学黄旭东在中央音乐学院，我在另一所高校，教的都是中文，自然过从甚密。后来大家各有一摊工作，又有了家室之累，人也渐入老境，来往相对少了些，但每逢过年过节，或有什么对我们来说较为重大的事情，也总是常有来往或相互关照的。1999年的春节，仲德夫妇从北大燕南园赶到鼓楼附近我的家——宗璞还拖着病弱的身躯；旭东夫妇也特地从天坛那边赶来。中午我们在附近的"竹园宾馆"便宴，饭后还在宾馆院子里散步。假山池塘，修竹疏林，宾馆的环境似乎驱走了寒冷，增添了团聚的暖意。当时大家最关心的是宗璞这位"老病号"，仲德虽然蓄了稀疏的长须，身板看起来还是硬朗的。

　　殊不料时隔两年余，2001年秋却传来了仲德身罹肺癌的不幸消息。这真令人难以置信。仲德是位治身极严的人，不喝酒，不抽烟，生活极有规律，还注意体育锻炼。记得师大读书时，他是我们同寝室七人中起得最早的，往往起床铃未响，他便蹑手蹑脚溜出宿舍，在操场上跑步早读，几年如一日。后来年岁大了，听说在北大燕园还是如此。他身体结实健康，在我们同学中也是比较突出的，却不料竟得了这样的顽症。

他在学生时代就以做事一丝不苟，刻苦耐劳，毅力惊人著称。他当时是我们班的福利委员，平时领发助学金及各种票证等工作，便是十分繁琐恼人的，而他从无半句怨言，分发得还十分周到准确，从未出现差错。1958年秋冬，正是"大跃进"如火如荼的日子。我们年级（六个小班，共二百人左右）开拔到上海郊区嘉定县农村"教育革命"，美其名曰"边劳动边上课"，实际上劳动为主，强度还相当大。小伙子、大姑娘，吃量之大、胃口之好是可想而知的。当时，以班为单位分散居住在各个村庄，自己起伙，伙食好坏的担子主要落在班福利委员肩上。我们班住在离嘉定县城十多公里的陆家浜，是个比较贫困的村子。村民能提供给我们的，即使有偿，也经常只是青菜、萝卜、咸菜之类。几天下来，肚子里的油水都被刮光了，同学们叫苦不迭。于是，仲德便经常默默地四五点钟天不亮就出发，独自一人，披星戴月，步行五六里，到一个小镇去买豆腐、买肉、买小鱼虾……在我们有限的伙食钱里，精打细算，买回各种价廉物美的荤腥，挑着担，再披星戴月地赶回来，往往还只是清晨六七点钟，同学们还正在起床。仲德做这些事，事先不张扬，事后不夸口，总是默默的。当然，凡是这样的日子，同学们便会吃得皆大欢喜，力气倍增。我们在嘉定劳动了三个多月，记不清仲德这样跑过多少趟，而后阶段正值江南的隆冬啊！正由于仲德这样默默无闻、任劳任怨、持之以恒的奉献，当时六个班中我们班的伙食是首屈一指的。凭着这种精神，什么艰巨的任务不能完成啊！

仲德手术后不久，我和黄旭东便到北大医院去探视。病室不大，三四张病床挤得满满的，条件似乎不太理想，决定转到北大

13

肿瘤医院继续治疗。那天刚巧在办手续，跑前跑后忙着的，除了特地从上海赶来的胞弟之外，便是几位他带过的或正在带着的研究生。仲德那天也起来了，脱下了病号服，换上了普通衣衫。虽然手术动过没有多少天，但从外表看来，身体、精神似乎都还好。他还精神自若地告慰我们，手术很顺利，很成功，切口不大，已开始化疗，致使食欲锐减。我只能在心底祈祷，希望他的病还处于早期，手术后切除了病灶，便会迎来"柳暗花明又一村"。

此后，便是循环往复的住院、出院、转院……几乎跑遍了北京各大医院；化疗、放疗……各种疗法也都用过了。仲德的病情时好时坏，有时出现一个相对的稳定期，亲朋们便舒了一口气，生出了希望；但不久又急剧恶化，大家的心又揪紧了。而每一循环，总是病情加重，人日益消瘦，痛苦也越来越大。2003年的一段时间，仲德甚至萌生过"安乐死"的念头。在这期间，我和老伴几次去看望过他，在医院病房，或在他府上。我们说得最多的是劝慰他安心疗养，以身体为重，抛开身外一切杂务，特别是学术研究和研究生的教务。他也总是微笑着点头，似乎接受我们这一份善意。听说音乐学系的领导也几次明确表示，请仲德安心养病，不必再过问教务，并作了具体安排。但仲德还是不时地把他所带的博士生请到病榻前，一如既往地授业、解惑……他还几次跑回音乐学院，给研究生们上大课，开讲座，深刻动情。听了这些情况怎不会肃然泫然！记得我最后一次去看望他是2004年1月中旬，已是阴历腊月年尾，他独自躺在北大医院新住院楼一间宽敞的病房内，急救机械都开动了，血压、脉搏等数据在荧屏上闪烁着，进食也较困难，只靠输液维系着生命。仲德已显得相当衰弱，说话的声音很低，也不愿多说。这时，一切劝慰的话似乎已属多余，半个多小时的探视，沉默的时间居多。我几次俯在他身边帮他掖掖被角之类，注视着他日益消瘦苍白的脸，心中涌动着

14

一股难以名状的悲哀。最后我说快过年了，他说他不可能回家过年了，大夫不同意。我说也好，医院的医疗条件总比家里好得多。就在这"淡如水"的对话中我们告别了。在这"淡如水"的对话背后，凝聚了我们几十年相知甚厚的友情！春节过后不久，就传来了仲德溘然去世的噩耗，时间是 2004 年 2 月 13 日，仲德才六十七岁。

遗体告别仪式是在八宝山革命公墓竹厅举行的。来吊唁的少说也有好几百人，厅内厅外挤满了真诚虔敬的人们。我是外校人，认识的人不多，但从有限的接触中，无论年轻的学生，还是年长的专家学者，都对仲德的人品、文品赞赏有加，充满了由衷的敬意，对他的过早逝世感到无限惋惜！仲德不是位善于交际的人，更不会专营攀附。一位大学普通教授，去世后能引来那么多人真诚的悼念和哀思，真可谓"桃李不言，下自成蹊"。

仲德走了，但我相信他的思想和著作会长留人间的。

仲德在中央音乐学院起初是教附中语文的。他也并不鄙薄这份工作，而是兢兢业业，投入全部身心，"教学效果，堪称一流"，学生至今仍惦念热爱着他。大概七十年代末，仲德开始涉足中国古代美学思想的教学和研究。这是一个大转折。这个转折是正确的，这是中央音乐学院工作的需要，也符合仲德的条件和心愿。这个转折也是艰巨的，仲德毕竟不是音乐科班出身，也并没有深厚的美学根底。没有"下地狱"的精神，是无法接受并胜利完成这一任务的。而仲德恰恰就有这种精神，他在学生时代便以做事一丝不苟，刻苦耐劳，毅力惊人著称。果然，此后他便不分冬夏，夜以继日，在浩如烟海的中国古典文献里，"爬罗剔抉，刮垢磨光"，辛勤耕耘，日复一日，年复一年。他一边授课，一边整理资料。一篇篇论文，一本本专著也相继问世。我于中国古代音乐美学是门外汉，而仲德重友情，一些重要的论文总影印给我，一些专著也先后见赠：《中国音乐美学史资料注译》、《中国音乐美学史》……蒐集了三十多篇论文的《音乐之道的探求——论中国音乐美学史及其他》2003年3月刚出版,他便马上邮寄给我。扉页上题着"梁卿兄存正",自己的签名下面赫然写着"2003年4月北大医院",字已显得歪扭。重病中的仲德还不忘把他心血凝成的文字赠给老友分享。这些论著分量的厚重,不是我这样的门外汉说得清的。我只知道,当今中国所有的音乐学院,除了仲德,还没有人能开这门课,更没有《中国音乐美学史》这样系统的论著。仲德是怀着"筚路蓝缕,以启山林"的精神教学与研究,得到了历届硕士生、博士生的厚爱和拥戴,也赢得了学术界广泛的首肯和认同,从而也奠定了他作为中国音乐美学史学科开创者的地位。

仲德一贯有独立的人格,不人云亦云,更不随风摇摆。表现在学术上便是富有创新精神,不拘泥于成说,往往有独到见解,不畏权威,不避尊亲。因而他在上述论著中,新说迭见,论辩锋芒毕露。如《乐记》的成书年代和作者,仲德对以郭沫若为代表的战国初"公孙尼子"说提出了质疑,得出了《乐记》为西汉河间献王刘德及其门客所作的著名论断。论辩再三,言之凿凿,为学界所推崇。在其他的一些辩论中,也常涉及到当今音乐界、文化界一些前辈专家和学友,而仲德总以辨明真理为务,不规避矛盾,更不随声附和。仲德的有些论文,似乎还提出了有悖于时论的见解,如2001年初,他发表了《出路在于"向西方乞灵"——关于中国音乐出路的人本主义思考》,引发了学术界的争论。其实这是很正常的现象,也是改革开放后学术界"百家争鸣"新风的体现。可有的领导和刊物,习惯于老的思维方式,一见不同意见,便视为异端邪说,动辄上纲上线,甚至组织围攻,企图扼杀在摇篮中。仲德对此十分愤慨,几次写信申辩,重申自己的基本观点,并对有些做法提出异议。即便是在重病中也是如此,毫不苟且妥协。

16

凡此种种，足见仲德胸怀磊落、刚正不阿、敢于直言、求真务实的思想品格，也可见其理论勇气。

众所周知，当代哲学大师冯友兰是仲德的岳父。仲德的研究领域自然扩展到哲学方面。冯友兰先生的巨著《三松堂全集》第二版（包括《中国哲学史新编》七册），共十四卷，四百多万字，都是仲德校编后出版的。仲德还著有《冯友兰先生年谱初编》（六十多万字）。此谱材料翔实，叙述客观公正，诚如仲德在《后记》中所言："编者是谱主的亲属……就更应对谱主不蔽功，不隐过，不掩是，不饰非，绝对忠实史实……力戒以亲属的感情、自己的评价影响此谱的价值。"此《年谱初编》对人们了解冯友兰及其哲学思想无疑是十分可贵的资料。学界对此给予了崇高的评价，单纯先生说："冯友兰先生近百年坎坷经历，《年谱》已作了相当充分而客观的描述。掩卷之余，我同时想到了谢尔曼（Stuart P. Sherman）的一段话：'所谓伟大的书是从丰富而充实的人生中摘取出来而填入字里行间的……你在不同的时日和不同的心情下阅读，你仍可感受到它成书时的气息和命脉。'通过《冯友兰先生年谱初编》来感受冯友兰，感受中国现代、当代哲学，感受二十世纪中国知识分子的心态，读者会觉得谢尔曼的话是不错的。"（《中国现代知识分子的心路历程——〈解读冯友兰〉代前言》）

此外，仲德还撰写了《论冯友兰的思想历程》、《冯友兰先生评传》等一系列论文。

以上种种，都是仲德对"冯学"作出的贡献。

仲德十多年来著述如此之丰厚，但他绝不是钻在"象牙塔"里的书斋学者。国家的前途，人民的命运，始终是仲德关注的焦点。1976年清明时节，人们自发地深切悼念周总理，怒斥"四人帮"，天安门广场上诗歌的海洋曾经使仲德心潮澎湃。他告诉我，那几天他是天天到天安门广场去的。随着阅历的增长，思想学识的成熟，他把对祖国，对人民的关怀提高到更理性的高度，跟他的教学与学术研究紧紧地结合在一起。他明确宣布，他"发愤著书"是"为我生民"；"我愿追随先贤，为现代化大厦增添一砖一瓦"。他认为，现代化"当然要首先发展科技，发展农业，发展生产力。但科技靠人，工农业靠人，生产力的第一要素是人，没有人的现代化，科技的现代化，工农业的现代化都将是一句空话"。他还认为，文化的现代化也离不开人的现代化。鉴于此，他抱着重病之躯，还坚持给研究生们上课。他说："你们都知道，我是教中国音乐美学史的，我为什么不顾家人和多方的劝阻回到学校给你们上课？其根本原因是，我觉得，中国文化的现代化首先是人的现代化。作为现代化的知识分子必须具备三种品格：一是超越精神；二是干预精神；三是独立人格，自由意志。"他还说，他开这门课就是希望音乐学院的同学应当借鉴先贤的人格，率先使自己现代化，成为现代化的知识分子。仲德这些语重心长的话，真是掷地有声，动人肺腑。

　　冯友兰先生在《三松堂自序》中曾经这样引述过："唐朝的诗人李贺年轻时做诗很苦，他的母亲说：'是儿将呕出心肝来。'其实何止李贺，历来的著作家，凡是有传世著作的都是呕出心肝，用他们的生命来写作的。"即使写一篇带有创作的文章，也需要用全副的生命去做。仲德的著作，就倾注了他的全部生命，呕心沥血凝成的，真是"春蚕到死丝方尽，蜡炬成灰泪始干"，令人无限赞叹与痛惜！

　　其实，仲德还正处于事业的鼎成时期，才思敏捷，教学与学术研究成果丰硕，如果老天假以时日，仲德在思想文化领域里的成就，将会更加令世人瞩目。

2005 年 2 月 28 日

仲德大学时代二三事

安 国 梁

老同学蔡仲德离开我们快三年了。中国民间信仰认为，好人死后被接引进天堂。我想，仲德兄此时应该正在天堂中安享着尘世难得的宁静和安逸，像我们想念着他一样想念着我们。

我与仲德颇有缘分。大学四年，始终住在同一寝室。学校居住条件不好，一间狭小的房间放着四张双层铁床，八个人就十分贴近地拥挤在其中。当时大家倒并不感到不便，反觉得大概理该如此。现在回想起来，小，其实也有小的好处。小小的空间无疑拉近了来自不同地域的同学之间的距离。多少年过去了，同学之间那种融融泄泄的生活情景至今仍使人神往，使人回味，使人留连。

仲德是浙江人，在上海却有家。他以沪浙一带年轻人特有的细心打理着生活。书，总是放得整整齐齐的；床上的被单总是干干净净、平平整整的。每到周六，他总是准时回家与家人团聚；周日上午，他总是准时返校迎接新的一周。月复一月，年复一年，几乎没有例外。这使我们这些来自外省的同学羡慕不已。

这种整饬的生活反映出他内心的严谨和平静，目标的明确和一贯。是的，仲德确是以他的严肃的生活态度引人关注。

我们的大学生活充满了动荡、不安和虚夸，外界的环境迫使每一个人以不同的态度去应对这热得发烫的现实。在我的印象中，这种动荡的生活并没从根本上动摇他的有条不紊的生活秩序，改变他既定的目标和追求，也没有影响他善于思考、不随大流、独立不倚的人格。

当时正是中苏两国关系的蜜月时期。俄语学习成为时尚，俄国文学风靡校园。学校在中文系一、二年级安排了外语选修课，全班绝大部分同学选修了俄文。但是，这一课程三年级不再设置，同学学习俄文的热情也就在安排中自生自灭。俄语语法、单词，立即被许多同学一股脑儿丢到脑后。只有仲德兄和我们不多几个同学认为，俄语是很有用的工具，但是如果浅尝辄止，则很难达到目的。学外语学成半瓶子醋是最要不得的事。我们决心组织起来，进行自学。我们组成了一个俄语自学小组。我们互相鼓励，相互切磋，终于坚持到大学毕业。回想起当时不管晨昏、无论寒暑，默背俄文单词，对照名家译本阅读俄文原作的情景，至今仍使人耳热心跳。仲德兄是这一小组中十分认真的一个，他的韧性、恒心和坚定性就在这平凡的重复中经受了考验。只要播种，自然有收获。我们对俄文自然有了进一步的了解。

1958 年是浮夸之风甚嚣尘上的时代。到处大放卫星，农业高产卫星、钢铁卫星……当时，学校、报刊杂志都在大肆鼓噪，要求在极其个性化的社会科学的研究方面来一个大跃进，放一颗大卫星。我们就读的华东师大中文系首当其冲，拔白旗、插红旗，轰轰烈烈搞科研。师生结合，群众运动，挑灯夜战，场面火爆。在这喧哗与骚动中，仲德兄却以缜密的思考、认真的研究独自完成了有关《水浒》评价的科研论文。在讨论会上，论文得到了一致的好评，也引起了与会的《文汇报》记者的注意。第二天就已几乎以整版的篇幅发表在该报上。该文虽有多人署名，类似"集体科研"，实际只是赞同该文观点的几个同学在仲德兄长文的原稿上签个名而已，不过，集体签名现象却也一定程度上折射出了当时的社会氛围。

肖洛霍夫的短篇小说《人的命运》由草婴译成中文，以《一个人的遭遇》为题，发表在国内刊物上，获得国内评论界的一片赞叹声。仲德兄对这一小说颇感兴趣，作过深入的阅读和思考，他并不认同国内对此文的评论。他曾对我谈过他的想法。他说，作品的感情比较低沉，并不能促人兴奋向上，对现实也颇多不满。他认为作品应属批判现实主义范畴，而非社会主义现实主义。他曾根据自己的理解草成一文，并寄当时的外国文学刊物《译文》。在我的印象中，该文并未在《译文》刊出，也没得到相应的回复。姑且不论仲德兄的理论正确与否，但就他那力排众议的立场，就足以看出他青年时代已具有善于思考、独立不倚的思想者素质。对那个时代来说，这是一种难能可贵的，许多文学青年所缺乏的素质。

他有一副好嗓子，不仅喜欢唱歌，而且歌唱得相当不错。每当节庆或晚会，他有时也会引吭高歌一曲。但他所唱曲目偏于忧郁，他唱得较多的大约是俄罗斯民歌《三套车》。究竟是《三套车》中的什么打动了他的情思，因为没有作过交谈，不敢信口猜度，但是，说劳动者的不幸触动了他悲天悯人的胸怀，我想大概不会太离谱。这正是他执著现实，关心现实的根苗。

毕业时，学校可能考虑了他的兴趣与爱好，他被分配到北京中央音乐学院附中工作，我则到了郑州。但是，空间距离并没阻断我们青年时代建立起来的友谊，我们始终保持着联系。他因为工作环境和兴趣，开始专攻音乐美学，在这一领域，进行着开拓性的劳作，成果迭出，成绩斐然。凡有著述出版，只要赠送同学，他从未忘掉我这门外汉，总是邮寄一册。在我的书架上，有一层专放朋友的赠书，在这些赠书中，仲德兄的著作显得那样厚重。如今，每当抚摸着厚重的著作，对我们大家来说，活着的思想才保证了他永远与我们在一起。

斯人已去，精神永存。

仲德周年祭

茅 原

仲德赠我《中国音乐美学史》新书，约我写书评。不久，我就写了《〈中国音乐美学史〉读后》，经作者过目，表示满意。不料打印稿遗失，电脑又遭病毒袭击，存档尽洗。仲德也未留底，只好约定重写。冗事缠身，时日拖延，仲德作古，诺言遂成空谈。这篇对《读后》的回忆竟只能收录在纪念仲德逝世的文集中！

写《中国音乐美学史》，究竟该阅读多少文献？真伪难辨，万种收一，分析释义，如茧抽丝，甘苦可知。仲德同志的忠诚热情、历史责任感、严谨的治学态度和理论胆识都值得我们学习。

读《中国音乐美学史》，受益匪浅。在卷帙繁浩的历史资料中，要理出一条清晰的发展线索，确实不易。为了对学习进行检查并作为思考笔记请作者匡正，我粗略地勾划了一个历史轮廓——而今就只剩下轮廓的骨架了：

萌芽时期（公元前6世纪以前）

"和"、"中声"、"淫声"等记载见于《左传》、《国语》。"和"即和谐。"中"为恰好，"淫"即过度、极端。一种学说以阴阳五行物质现象解释音乐与自然的关系，"省风作乐"即考察自然以制作音乐。另一学说主张以乐节制人的行为。"听和则聪，视正则明，聪则言听，明则德昭"。两种学说即为先秦道儒两派思想之萌芽。

　　一个值得注意的跨时期现象就是《周易》（包括《易经》、《易传》）。《周易》被尊为儒家经典之首。萌芽时期只有《易经》讲"阴阳"之说，崇尚阴柔，为远古母系社会观念之延续，应属道家思想根源。史称孔子（前551—前479）作《易传》"十翼"① 以释《易经》，时已跨入下一历史阶段。《易传》讲"乾坤"之义，崇尚阳刚，显然已是父系社会观念。"天尊地卑"，男尊女卑，"卑高以陈，贵贱位矣"，属儒家观点。在《易经》《易传》之分中，隐含着道家儒家之分。儒道异说又共同崇尚"中和"的现象，应是以儒释《易》的产物。在传承中变易，这一儒道分流的历史轨迹正好体现了继承与发展的辩证法——文化传统的发展表现为一条"河流"，这一规律性贯穿于整个中国音乐美学史之中。

周秦时期（公元前 5 至前 3 世纪）

　　先秦时期百家争鸣，主流为儒道两家。

　　儒家持礼乐观点，为内容学派中之重善派。孔子最有代表性，"子谓《韶》'尽美矣，又尽善也。'谓《武》'尽美矣，未尽善也。'"；"文犹质也，质犹文也"。"乐而不淫，哀而不伤"；"放郑声，远佞人"；"志于道，据于德，依于仁，游于艺"；"兴于诗，立于礼，成于乐"；"知者乐水，仁者乐山"。孟子讲崇高，荀子讲美善相乐，以道（理性）制欲（欲望）。

　　道家持自然乐论，为内容学派中之重真派。老庄不同。《道德经》反对一切享受包括审美，主张非乐。《庄子》"法天贵真"，

---

　　① 《易传》"十翼"包括上象、下象、上象、下象、上繁、下繁、文言、说卦、序卦、杂卦十篇。

崇尚自然素朴之乐。反对礼乐和感情美学。

儒道两家互异互补，同属理性主义派别。理性是一个历史性概念，世界上有各种各样的人，历史上有各种时代，就有各种各样的理性。儒家礼乐思想侧重以理性调节人际关系，在封建等级制度范围内，容许不过分地表达一定程度的感情，"乐而不淫，哀而不伤"强调的就是理性控制感情的分寸感，属理性主义美学范畴。这与感情美学把表达感情放在第一位相去甚远。道家则根本排除感情色彩。老庄尽管不同，但在反对感情美学方面则是一致的："致虚极，守静笃"（《老子·十六章》）；"心不忧乐，德之至也"（《庄子·刻意》）。"致虚极"和"心不忧乐"都是以极高的修养作为前提的，在理性与感情欲望的矛盾中，理性显然处于绝对优势地位。道家与儒家虽表现为重善与重真的区别，却同属理性主义美学范畴之内的不同派别。

两汉时期（公元前 2 世纪至公元后 2 世纪）

新道家进步了，新儒家退步了。

《淮南子》继承《庄子》学说，明显向感情美学倾斜。"悲哀者德之邪也，而喜怒者道之过也。"（精神训）这里与"心不忧乐，德之至也"一致。更多的阐发却在另一方面："强哭者虽病不哀，强亲者虽笑不和，情发于中而声应于外。"（齐俗训）"人之性，心有忧丧则悲……人之性，有侵犯则怒……故钟鼓管箫干戚羽旄所以饰喜也，衰绖苴杖哭踊有节所以饰哀也。兵革羽旄金鼓斧钺所以饰怒也，必有斯质，乃为之文。"（本经训）说的就是，必有喜怒哀乐之质，乃有喜怒哀乐之文。既然喜怒哀乐属于人之自然，自然乐论引入感情美学便顺理成章。"强哭者"一节，源自《庄子·渔父》："真者，精诚之至也，不精不诚，不能动

24

人。故强哭者虽悲不哀；强怒者虽严不威；强亲者虽笑不和。真悲无声而哀；真怒未发而威；真亲未笑而和。真在内者，神动于外，是所以贵真也。"苏东坡判《渔父》等四篇为"伪作"，实有见地。以感情美学观点解释"法天贵真"，不合《庄子》原意，确实"出格"。

新儒家代表董仲舒将音乐视为政治的工具："道者，所繇适于治之路也，仁义礼乐皆其具也。"走向了极端。"质文两备，然后其礼成，俱不能备而偏行之，宁有质而无文。"（贤良对策）宁可只讲求内容（质），而不讲求形式（文），董仲舒在此认可的，正是孔子"质胜文则野"的论述所批判的。被称为中国音乐美学史上第一个里程碑的《乐记》，重在论善而疏于论美，与孔子要求尽善尽美的观点相比也有所倒退。

魏晋隋唐时期（3 至 10 世纪）

王弼据"天地虽广，以无为心"释"希声"为"无声"；释"大音"为有声之乐中的"无"即"精神内涵"，合理地发展了道家学说。在感情美学化方面与《淮南子》一脉相承："情近性者，何妨是有欲？"；"夫喜、惧、哀、乐，民之自然，应感而动，则发乎声歌。"

马融《长笛赋》中对意象的直觉描述确是闪光之作。

刘向《说苑》、桓谭《新论琴道》、扬雄《琴清英》中均出现自律美学观点。而代表性著作当推中国音乐美学史上第二个里程碑——嵇康的《声无哀乐论》。

《声无哀乐论》中的"声"指器乐音乐即纯音乐。嵇康《琴赋》有"伯牙挥手，钟子听声"之句。钟子期听的就是古琴曲。《声无哀乐论》中的"声"与《琴赋》中的"声"应是同一概念。《声无哀乐论》就是"音乐无哀乐论",确切地说,是"纯音乐无哀乐论"。

"声之于心,殊途异轨,不相经纬。""声音自当以善恶为主,则无关于哀乐,哀乐自当以情感,则无系于声音。"这就是自律论的基本观点:音乐的规律应在自身之内寻找,感情是声音之外的东西,与音乐无关。声音只有美丑之分,哀乐却在人心之中。"音声有自然之和","和"即和谐,指形式美:"五音会,故欢放而欲惬。"由形式美引起的愉悦属于审美现象中的美感,非一般生活感情。"凯乐之情,见于金石……使将听是声也,必闻此言,将观是容也,必崇此礼。礼犹宾主升降,然后酬酢行焉。于是言语之节,声音之度,揖让之仪,动止之数,进退相须,共为一体。"远古时代的"乐"是声乐、器乐、文学、舞蹈、戏剧、礼仪动作结合为一个整体的概念,相当于今天人们说的综合性艺术。这里说,在综合性艺术的"乐"中,由于言语礼仪动作与器乐共为一体,"凯乐之情"才得以"见于金石"。"金石"指钟、磬。"金石"位列八音之首,为"金、石、丝、竹、匏、土、革、木"八音之略称。

《中国音乐美学史》认为,嵇康的《声无哀乐论》是早于西方一千三百年就提出的自律论美学著作,我赞同这一看法。仲德有一个学生说,中国没有自律论。有些朋友就劝我们跟随这位高足的新理论前进。这就迫使我们做出回应。

据这位高足说,嵇康是"乐本体论"者,嵇康把综合性艺术的"乐"看作"音乐的本体",而不是把纯音乐看作音乐的本体。汉斯立克则是"音本体论"者,汉斯立克就把纯音乐看作"音乐的本体"。其根据就是,在上述"凯乐之情……共为一体"那段文字中,嵇康承认"乐有哀乐"。在这位高足看来,"乐有哀乐"就是他律论观点,所以,嵇康没有陷入自律论。

我只能说,这位高足犯了一连串错误。

错之一，误读原作：嵇康"凯乐之情"这段文字只说明，嵇康认为，纯音乐不能表现感情，感情是由综合性艺术的"乐"中的非音乐因素来表现的。并不说明嵇康认为纯音乐不是音乐。断言嵇康认为他演奏的《广陵散》不是音乐，只有《广陵散》与文学、舞蹈、戏剧、礼仪动作结合为一体时才是音乐，就是无稽之谈。在《声无哀乐论》的"二难"中，就有关于钟子期是否"善听琴"的争论，嵇康就通过"古琴音乐无哀乐"来证明"声无哀乐"即"纯音乐无哀乐"，并未把纯音乐排除在"音乐本体"之外。嵇康与汉斯立克都把纯音乐看作音乐的本体，二人都是"音本体论"者，嵇康与"乐本体论"毫无牵连。

　　错之二，界线不清：自律论认为"声无哀乐"（纯音乐无哀乐），他律论认为"声有哀乐"（纯音乐有哀乐）。"纯音乐有无哀乐？"就是划分两派的界线，在这个界线上，两派观点正相反对。两派却都认为"乐有哀乐"（综合性艺术有哀乐）。分歧在于，自律论认为，在综合性艺术中，起表现哀乐作用的是"非音乐因素"，始终坚持纯音乐不能表现感情的观点。他律论则认为，音乐因素和"非音乐因素"都起了表现感情的作用。但是，两派都认为"乐有哀乐"。两派共同承认的东西绝不是划分两派的界线。这位高足仅根据"乐有哀乐"就判定嵇康为"他律论"，属于无效判断。

　　错之三，违反同一律：这位高足为什么把无效判断看作有效判断？原来他是把"乐有哀乐"当作"音乐有哀乐"的同义语来运用的。按照他的逻辑，嵇康以"乐"为"音乐的本体"，"乐有哀乐"在嵇康看来就是"音乐有哀乐"，因而嵇康就是他律论者。必须指出，把"乐有哀乐"当作"音乐有哀乐"的同义语，这就是偷换概念。"乐有哀乐"是特称判断——在综合性艺术的条件下"乐"能够表现感情，转换为"音乐有哀乐"后，含义就变了。承认"音乐有哀乐"就等于承认"凡音乐皆有哀乐"。"在综合性艺术中"这一限定条件消失了。特称判断就扩大为全称判断。"综合性艺术有哀乐"就变成"凡音乐皆有哀乐"。这个嵇康从来不承认的他律论观点——"凡音乐皆有哀乐"就被硬说成是嵇康的观点，从而把自律论从中国音乐美学史中一笔勾销。这就把事情弄颠倒了。症结就在于将特称判断偷换为全称判断。这就违反了"同一律"，违反了在同一上下文中同一语词或语句应当表述同一思想的逻辑规定。违反同一律的思维必定是混乱和错误的。

本时期末，开始了三教合一的过程。史载佛教自汉明帝刘庄永平年间（公元58—75年）时入中国，实应更早。禅宗是由达摩于梁武帝萧衍普通元年（公元520年）传入中国的。

禅宗的哲学基础是"空、假、中"三谛三观：空为真，有为假，不落两边，权取其中。以"庄严"为广义美，以"妙"、"不可思议"为狭义美（美、新、奇、创造性、通向无限）。讲无凡情，反对感情美学；讲圣情，"禅乐"即人与人、人与自然和谐之乐。"无心"及"平常心"均指无功利心。讲体验，明心见性。"能缘"为主体，"所缘"为对象亦即是"境"，中国传统意象论转向意境论，禅宗实为其契机。儒、道、释三家交融，大体始于唐宋，并影响以后，以求美为特征的自律论美学在中国并未中断，它主要表现在禅宗的论述中。

宋元明清时期（10 世纪至 19 世纪）

本时期最重要的代表人物是明代的李贽。李贽主张"护此童心而使之勿失"；"童心者，真心也……若失却童心，便失却真心，失却真心，便失却真人。人而非真，全不复有初矣……天下之至文未有不出于童心焉者也。"（《焚书》）童心说渊源于道家

28

"常德不离，复归于婴儿"，"含德之厚，比于赤子"。

"夺他人之酒杯，浇自己之垒块，诉心中之不平，感数奇于千载"。"不愤而作，譬如不寒而颤，不病而呻吟也，虽作何观乎?"（《杂述》）"琴者，心也……所以吟其心也"；"心殊则手殊，手殊则声殊，何莫非自然者?"（《读史》）旗帜鲜明地宣告了中国艺术史上人文主义的觉醒。

禅宗是李贽思想的另一渊源。"声音之道可与禅通"。他在论述音乐时，甚至用的都是禅宗语言："小中见大，大中见小，举一毛端建宝王刹，坐微尘里转大法轮……其无尽藏不可思议。"尽管唱论中不乏感情美学力作（汤显祖、冯梦龙、李渔等），李贽仍不愧为本时期中道家与禅宗结合与发展而形成的感情美学的重要代表。

另一重要代表人物是徐上瀛，他将儒家观点与禅宗美学结合起来。他的《溪山琴况》是古琴艺术领域中集大成的理论著作，可称为中国音乐美学史上第三个里程碑。其中对形式美的论述占有很大篇幅，至今琴论未出其右。去其"崇雅斥郑"之糟粕，取其艺术成就之精华，不失为珍贵的文化遗产。

在本时期中的另一现象则是，固执于"忠孝节义"封建道德标准的所谓"重善学派"已随封建王朝日薄西山，严重阻碍时代的进步。

以上就是我读《中国音乐美学史》后所理解的中国音乐美学史的略图，其中贯穿着一条主流发展的线索：先是理性主义美学兴起，儒道互补；后是儒道释相互渗透。发展结果分岔为二，一是"由新道家与禅宗结合形成的具有重美倾向的感情美学"（以李贽为代表），一是"新儒家与禅宗结合形成的带有重美倾向的理性主义美学"（以徐上瀛为代表）

全书在资料方面比较全面，不足处可能在禅宗美学方面，《中国音乐美学史》认为佛家主要持反对音乐的观点，实则反对音乐的论述并非佛家主流。这是由于占有资料不够全所致。

在观点方面，值得商榷的主要是两个问题。一是对儒家学说的总体评价偏低，强调了儒家思想使人不自由的一面。这或许适用于"部分"时期，用于"整体"未必恰当。既然历史资料为儒家思想的发展过程勾勒出的是一幅"早期进步，中期倒退，晚期反动"的全景，也以分别不同时期给予不同评价为宜。二是书中对《溪山琴况》不关心社会疾苦进行了批评，而对其集古琴艺术大成的意义未予肯定。我感觉，作者似乎较多地关注狭义的社会功利性，较少关注音乐的艺术性。

无论如何，对研究中国传统音乐美学的人来说，《中国音乐美学史》仍然是迄今为止资料最丰富、古汉语阐释最可靠的必读文献。仲德填补了这项学术研究基础工程的空白，功不可没。

何乾三同志曾说："我们这一代人只能做中国音乐美学事业的铺路石。"有朋友说："这太谦虚了。"依我看，做一颗能够承重的"铺路石"并不容易，因为学术研究的道路正从这里向前延伸。

仲德同志永远活在我们心里！

附：

《哭仲德》

才华横溢直道行，争分夺秒献余生①。
病榻握别英雄泪②，昨夜梦中又相逢。

---

① 仲德同志病倒后仍坚持为博士生上课、写文章、举办学术讲座。
② 2003 年 8 月，在医院探视仲德，执手相望，难忘他的真情热泪。

蔡 仲 德 老 师

——一位纯粹的学者，一位可爱可敬的中国知识分子

王 次 炤

蔡仲德老师故去已经三年了。他的治学态度，他的学术成果，他的坦诚直率的性格，他的正直向上的品格，他的社会责任感和无私敬业的精神是一般的教师所达不到的，的确令人敬佩。但在我和蔡老师相处的二十多年来，也亲身感受到蔡老师内心的矛盾和处事失衡的方面，我想这是蔡老师的另一面。

蔡老师曾经连任几届西城区人民代表，这是全区人民投票选出来的。他是一位十分称职的代表，每年都在全院开学典礼大会上向大家汇报自己一年来的代表工作。但他总觉得人民代表的选举程序可以改进，比如市人大代表的候选人也应该从民众的选举中产生，于是，他想通过自荐的方式在区人大会上竞选市人大代表。这应该是一个良好的民主愿望，但民主应该有社会大环境，应该循序渐进，否则会影响社会健康发展，因而，他的想法有些不切实际。蔡老师单枪匹马做竞选演说，在不是候选人的情况下，获得一百多张选票，这应该说是非常不容易的，但距离候选代表还是很远。我知道这件事后，想劝说他，但不好意思开口。我心想：蔡老师啊蔡老师，当了西城区代表就可以了，为什么还非要竞选市人大代表，这不是白费工夫吗？其实，我们都清楚，蔡老师的本意并不是一定要成为市人大代表，而是想通过自己的

31

努力，推进民主程序。但是，蔡老师毕竟不是一位政治家，他对中国民主程序的推进有自己的热情和社会抱负，但却没有充分透析中国的国情和推进民主的方法——中国需要稳定、需要建设和发展。蔡老师是一位纯粹的学者！

上世纪90年代初期，学术界曾掀起一股评价"五四"文化的热潮，在北京大学举办的一次学术会上，蔡老师发表了即兴演说。演说的内容不太清楚，但可能其中有过激的言论。大概是文人相轻的缘故吧，有人写信向上级告发蔡老师，告发材料转到当时中央音乐学院的主管单位文化部。我时任副院长，主管教学、科研。在一次会议期间，主管领导找我说了蔡老师的事，他嘱托我劝蔡老师遇事要冷静，多思考，免得让别人抓话柄。听了这番话，我的确很感动，从内心感激这位领导对蔡老师的关心和爱护，心想：蔡老师啊蔡老师，你好好做你的学问不就可以了吗？干吗去惹这些祸啊？我找了蔡老师，如实转告了这位领导的话。蔡老师也表示感谢，他说他只是从学术的角度说了自己的看法，并没有任何政治意图，想不到会有人这样中伤他。我是小辈不便在他面前说大道理，只是和他交心，希望他要有自我保护意识，不要把坚持学术观点看得太单纯。蔡老师真是一位纯粹的学者！

蔡老师的音乐学术研究几乎仅限于中国古代音乐思想领域，他在这个领域的研究成果，其精深程度在全国甚至全世界都是首屈一指的。九十年代初期，蔡老师开始做一些其他领域的研究尝试，其中最令他感兴趣的是关于音乐的内容和关于标题音乐的评价等问题。实事求是地说，蔡老师不是学音乐出身的，虽然在音乐学院工作了几十年，但他对音乐的理解和把握程度并不是很深。在这一点上，他自己也很清楚，为此，也在不断学习。早在八十年代中期，大家收入还不是很高的时候，他就用自己的积蓄买了一台高级台式收音机用于学习音乐，平时他也常常出现在音乐会上。他对音乐的热爱和虚心学习的态度让我们每个人感动。

但尽管如此，他在音乐史学和西方音乐领域的研究文章并不像他在中国音乐美学史领域那样具有权威性。当蔡老师第一次就音乐的内容发表论文时，就提出了自己鲜明的观点，文章具有独到之处，其中还融汇了中国音乐思想的学术见解。当然，蔡老师在阐述自己观点的同时，批判了一些权威性观点，而且直截了当，指名道姓。这曾一度在音乐学术界引起哗然，蔡老师怎么跑到西方音乐研究领域中来了？跨领域研究在学术界本来很普通，大概由于蔡老师在中国音乐美学研究领域的成果太突出了，再加上他是学文学出身的学者，所以才会引起一些哗然。其实我也和一些同行有相同的看法，蔡老师不必去涉足那些了解得不是很精深的领域，更不必在刚刚涉足的领域与别人商榷。这就是蔡老师的治学风格，他在阐明自己观点的同时，总是要把别人的观点拿来作参照，而且往往毫不留情地加以批判。在那些日子里，我真想找蔡老师谈谈心，但一是生怕会伤害他的自尊心，二是生怕他会认为我小题大做，所以谈心的想法也就不了了之了。

蔡老师病危期间曾数次和我通话，主要内容是关于工作安排问题，一般都在三五分钟，因为他提出的所有想法，我都同意。只有一次，我们谈了半个多小时，这也是他最后一次和我通话。记得是傍晚时分，我刚准备吃晚饭，突然接到了蔡老师的来电。他开门见山，直切主题，说要和我讨论安乐死问题。我当时大吃一惊，心想莫非蔡老师真的对生存丧失信心了，于是就一直安慰他，但他却异常平静。蔡老师的说话声还是像往常那样用足了劲，却显得有些暗淡。他说："我是从生的角度来看待死，一个人活着是为了什么？活着是为了自己能对家人，对集体，对国家，对社会有用，活着也是为了能在为他人奉献的同时，自己也感到愉快。但我现在既连累亲友，也连累社会，何况是病痛难忍，度日如年，所以生对我来说已毫无意义，所以还不如死。"我说："蔡老师，你为什么会这样想？可知道生死还有一个情感问题。安乐死是道德领域思考的问题，但从情感方面来看，这是无法接受的事。尽管情感有时显得很愚蠢，但它毕竟会把握人的行为，尤其是当世俗观念还根深蒂固时，只能用情感的力量去抵御现实的痛苦。"我们相持数个来回，蔡老师终于被我说服，他说："你说得对，世俗的观念尽管很可恶，但它毕竟会影响人的感情，一旦我们违背了世俗观念，人的感情就会失衡。我想我还是要活着，用我的爱和情感去战胜病魔。"蔡老师终究没有战胜病魔，但他却为了爱和情感忍受了巨大的折磨——蔡老师啊蔡老师，你真是一个纯粹的学者，一个可爱可敬的中国知识分子，连生死问题都可把它放在学术的高度来讨论，但这回你没有坚持自己的意见，这大概是你在学术讨论中很少有过的放弃。也许你是对的，但你为了爱和情感却放弃了。

蔡老师离开我们已经三年了，这些事也都过去许多年了，还有一些我一直想说而没有和蔡老师说的事，我真后悔当时为什么不和蔡老师直说，把自己的想法直接告诉他？哎！其实说了也没用，他就是这样的一个人，否则，不就成了十全十美的完人了吗？

逝 去 者 的 永 存

——怀念蔡仲德老师

周 海 宏

2004 年，蔡老师去世的那天，我和徐冬正远在欧洲。

坐在急驰的大巴上，读到了邢维凯发给我的一条短信："2 月13 日星期五 4 点 40 分蔡老师走了！"我大脑一片空白。我所渴望的奇迹没有发生，噩耗如期而至！望着从眼前掠过的冬日里仍然充满生机、饱涨生命绿色的欧洲原野，哀痛的泪水从心底涌出，因为我清楚地知道，那样一个充满激情的生命已经永远从我的生命中消失了，在那一瞬间我觉得自己身上的许多东西都被蔡老师带走了。我不知道这些随他而去的我生活中最宝贵的东西，是否还能够留下？能留下多少，留下多久？

初识蔡老师时我还是一个大学生，那时，我们上他的"中国音乐美学史"课。所有听过蔡老师课的学生都认为，到目前为止他仍然是这所学院中最优秀的教授。学生们崇敬他学识渊博、满腹经纶，但绝不老朽，在他的思想中充满了现代思想者的锐气及对传统文化的反省与批判精神；羡慕他博学强记，对专业领域的知识与古文原始资料信手拈来，倒背如流，扎实准确；也佩服他生动、严谨、准确、逻辑极为清晰的语言表达能力；更对他控制上课时间的本事惊讶不已，课堂上常常是他的话语落处，下课的铃声恰恰响起；还有他那学者风度，以及中气十足、宏亮而充满磁性的声音……这些都让我们这些初出茅庐的大学生着迷与崇拜。蔡老师不再教学了，蔡老师的离去，对这个学院的后来者是多么大的损失，这些他们一生也不会知道。蔡老师的教学风采是他们靠想象无法填充的。我们是幸运的，不仅因为我们曾经享受过这样高水平的教学，更因为，在我们的记忆中难以忘怀地留下了他的教学风范。蔡老师的教学风范留在我的记忆中，每当我走上课堂，蔡老师的教学风范就好像是一面镜子，照着我自觉不自觉地想成为像他那样的老师。

按学生对教授的一般想象，以蔡老师这样的学术水平，大家应该在他面前唯唯诺诺、毕恭毕敬才是。但是，蔡老师对学术分歧与争论的宽容态度，使他的课堂上充满自由、平等的学术氛围。记得一次在"中国音乐美学史"的课堂上，蔡老师随口说出"建立有中国特色的音乐美学体系"的话。作为一个低年级的本科生，课间我提出质疑："音乐美学的体系是为了解决实质性问题而自然形成的，您认为有必要追求中国特色吗?"这是我第一次向蔡老师提出异议，颇有初生牛犊初碰虎的怯怯之感。但结果没有任何争议。蔡老师带着似有不好意思的微笑说"那倒也未必"，表示同意我的观点，还带点自嘲地说："现在动辄就想建立'中国的体系'，顺口就说了。"自此以后，再也没有听到蔡老师在学术研究中提过美学体系需要中国特色的话。

此事虽小，但记忆犹深。也许正是在这件小事上所受到的鼓励，对我个人与同行间学术交往的风格产生了深远的影响。

研究生毕业之后，我留在中央音乐学院美学教研室工作，与蔡老师在师生关系的基础上又多了一个同事、同行关系。比起当学生的时候，与蔡老师在一起的时间更多了，接触的方面也更广了，学术上的交流也大大地增加了。特别是在我们教研室共同编写《音乐美学教程》的过程中，大家经常在一起讨论学术问题，也常为学术观点的分歧而争得面红耳赤。争到情绪激动之处，蔡老师标志性的胡子常常气得直抖。但对音乐美学教研室的几位老师来说，能够在一番激烈的争论过后，一起去吃饭，痛快畅聊，已经成了大家生活中非常渴望的快乐。蔡老师在课堂上争论，在教研室里争论，在学术会议上争论，在报纸、期刊、专著中争论，凡与蔡老师争论者，只要是一个纯粹的学者都会感到充实、提升与快乐！与蔡老师在学术上交流，能使人感到真理面前人人平等的快乐。在学术争论中，我们这些晚辈的学生在他面前从不会因辈份的长幼而有任何顾忌。这种学术氛围在音乐美学教研室成为一个传统与风气，令周边许多人羡慕不已，我想这是与蔡老师本人的风格分不开的。蔡老师这种率真、直白的学术态度，对周边的学生、同仁也产生了巨大的影响。蔡老师的存在，像一个精神支柱，支持着他身边人勇于坚持自己的学术良心。蔡老师去后不久，在一次学术活动中，当面临人情、人际关系与学术原则的冲突时，我突然感觉到，自己难以支撑。这时我才意识到，有蔡老师在身边，坚持学术良心似乎是很自然而容易的事，他像一根精神的支柱，擎着一片学术良心的天空。在这片天空下，学生们曾一度忘却了坚持真理的沉重。蔡老师走了，这时你才突然感觉到，坚持学术良心要承受的社会压力有多么重！但是蔡老师的精神还是留下了，每当自己的学术良心要屈从于世俗的压力时，就会觉得蔡老师正站在自己的身后，生怕做出让蔡老师失望的事来。我想，这是每一个深受蔡老师学术良心影响的学生都会感觉到的力量。

我们深受蔡老师对生命价值理解的影响，而在一次课堂争论中，我们对蔡老师人格特征的深层思想原因有了更加深入的了解。记得在蔡老师开设的"士人格研究"课上，讨论到屈原与司马迁时，我和邢维凯与蔡老师发生了激烈的争论。按蔡老师的观点，屈原因忠君而舍身，司马迁为传承文化而苟活，所以后者的人格境界高于前者。但我们认为，二者都是为了某种原因，而将个体生命自身的价值置之度外，他们对待生命价值的态度从本质上是相同的；既然是从人本主义立场出发去评价他们的人格，有什么理由认为，为记载文明而苟活者就比忠君殉国者更高尚呢？但蔡老师认为，知识分子是一个特殊的人群，他们在世界上有自己特殊的使命，他们应该在追求创造与承传文化，推动人类文明中实现个人的生命价值，甚至应该不惜为真理与文明而献身。这是一次意义非常深远，并可以透视蔡老师深层生命价值观的争论。我常想，我们年轻一代的人本主义，是以个体为核心的；而蔡老师的人本主义则是群体的、民族的与人类的，而非他自己个人的。对他人，他强调以人为本；而对自己，则充满了舍生取义的情结。他的这种情结，是我们年轻一代所缺少的。或许以个体为核心才是更彻底的人本主义，但应该承认，舍生取义的情结是一种更伟大的人格，而蔡老师终其一生所探究与遵循的正是这种人格的标准。我常想，正是由于人本主义哲学与舍生取义的生命价值观自然地融合在蔡老师身上，才使他成为一个人本主义的斗士。创造文明，传承文化，伸张真理与正义，是蔡老师对自身生命价值的定位，恰恰是这种对自我生命价值的理解，形成了他不顾社会羁绊，秉笔直书，仗义执言的学术风格。

在中国音乐美学史研究领域中，蔡老师的学术地位与成就无人能及，但对蔡老师本人来说，这个领域的成果并不是他学术追求的最终目的，所有他的学术研究都围绕着一个真正的核心——那就是如何让这样一个有着几千年传统的古老国度尽快走向现代化，如何让这个民族中的每个个体成为具有现代文明意识的人，这才是他学术研究的终极目标。对这一目标来说，对中国传统文化与思想的研究仅仅是一个方向，而中国音乐美学史这个学科则是蔡老师的切入点。这个思路可以很清晰地在他的巨著《中国音乐美学史》中体现出来。而在他开设"士人格研究"这门课的过程中，这个目的就显露得更直接了。以对历史上十几位"士"的思想与人格的剖析为媒介，蔡老师把他塑造现代中国知识分子的理想投射到他的学生身上，从身边人做起，践行他对中国知识分子人格的理想。蔡老师通过研究中国知识分子，进而自觉地要求自己，并有意识地塑造学生高尚的人格。正如他对中国传统文化的自省意识一样，蔡老师对自身人格的塑造，对自我生命价值的认识，以及对影响周边学生的人格发展都具有高度的自觉性。从研究传统人格，塑造自我人格，到教育与影响他人人格，蔡老师的人格研究显露出了"学术——人生——社会"三位一体的清晰脉络，这是他在人格领域有别于一般学人的地方；做学问与做人紧密结合，做人与育人紧密结合，蔡老师从自我人格准则与言行上践行着自己的学术研究内容，这又是他超越一般学者的地方。蔡老师走了，带着他也许永远无法实现的对中国知识分子人格的理想走了，也许是因为他身边某些有知识的分子把他的心伤得太重，他看到这些人连"可以不说话"这样的底线都守不住，就失望地走了！当然，我知道，蔡老师绝不会为这个原因而走，他在生命的最后阶段，还支撑着在中央音乐学院上了他人生中的最后一课，这就足以说明他是不可能放弃理想的。在我的心中，蔡老师绝对是一个"只能被打死，而不能被打败的人"！我想，蔡老师应该感到宽慰的是，相当多上过他这门课的学生都真切地领悟到了他的目的，并身体力行地在自我人格塑造中遵循着蔡老师的要求，来实践着蔡老师对中国知识分子的人格理想。蔡老师留下的不仅仅是理想与失望，还有继承了他理想的学生，他们正在努力把蔡老师的理想传承下去，变成现实。

在我们这些学生的心中，对研究古代思想的学者抱有一种成见，觉得这样的学者一定正如他们研究的书本一样，都是古旧、刻板与老朽的。带着这种成见与敬畏的心情，再走进北京大学燕南园57号院，走进光线昏暗、四季阴凉的青砖平房，踩着咯吱作响的老地板，看着家具上放着年代久远的出土文物，及被古籍压弯了隔板的老书架，与古籍相得益彰的因年代久远而发黑的红木中式家具，蔡老师身上又多了一分神秘；加之蔡老师自蓄须后，更多了一分仙风道骨的样子，这么多因素加在一起，我们这些学生在初识蔡老师的时候，很自然地在心中为蔡老师构建了一个不食人间烟火的刻板教授的形象。其实随着与蔡老师交往的深入，蔡老师感性生活的一面使我们对他有了更深的了解，从而也就越发增加了许多景仰。

蔡老师喜欢音乐，在我的建议下，他买了一套发烧音响。安装机器那天，他提出要听德沃夏克的《大提琴协奏曲》，我记得当时听的是 Jacqueline Du Pre 的演奏，Sergui Celibidache 指挥的那个版本。看到蔡老师被音乐感动得流泪满面，我突然理解了蔡老师对中国音乐的希望。在这些他喜欢的西方音乐中，他感受到了人性的自然流露，情感的强烈抒发。蔡老师的感动，让我更真切地明白了他坚持的艺术理想：真正的艺术应该自由地抒发人性的真情，而不应受到礼或道之类理念的约束，更不是某种意识形态的附庸。蔡老师在哲学上称自己是人本主义者，在艺术上强调真情，在做人上呼唤童贞，其实他本人正是自己思想追求的积极践行者。我觉得，从燕南园 57 号院老青砖房中传出的西方古典音乐，似乎就是蔡老师个人特征的体现——在传统形式的外表下，包含着一个激情饱满，对自由充满了渴望的心灵。

如仅仅是一般的国学基础深厚，仅能令人对一个教授的学术根底产生佩服感，而蔡老师真正令人景仰的，不仅在于他对中国传统文化的深入了解与把握，更在于他对中华传统文化所进行的深刻反省与批判。身在此山，而又能静观此山，这才是最难得的。我想这是与蔡老师超拔自我、国家、民族、时代之上的人本主义哲学高度相关的。在这样的哲学视域下，他超越自己的文化，甚至超越自己的国家与民族，他追求的是人类的与人性的终极目标。没有这种胸怀的人，就很难理解蔡老师对某些中华民族文化中的糟粕为什么如此"无情";只有一个对祖国无限忠诚,对民族的命运深切关怀的人,才能够像蔡老师那样对生养自己的文化进行无情的剖析与深刻的批判。

蔡老师是一个置身传统文化而又高度现代化的人。在他身上,深厚的传统文化学养与强烈的现代意识高度结合;他的人本主义生命价值观又与舍生取义的情结高度结合,从而使他成为一个当代中国传统优秀知识分子的典型代表。

我庆幸在自己的人生中不仅能够结识蔡老师,而且能够如此近距离地感受他,观察与学习他。蔡老师离开我们后,每当学术良心遇到世俗压力的时候,都会感觉到冥冥之中,蔡老师好像在用鼓励的眼睛看着我。这时便意识到,蔡老师的精神已经深深地扎在了自己的心中,转化为自己固守学术良心,做一个敢于坚持真理与正义的学人的力量。蔡老师作为一个榜样,每当人生倦怠时,每当眼见着自己被世俗的油滑、功利、苟且偷生的浊流冲得站不住脚的时候,蔡老师的风骨就会跃然眼前,让自己立住脚跟。我想这就是蔡老师留下来的东西吧。

此文由我和徐冬共同完成,以表达我们对蔡老师的感激与思念。

音乐美学因他而闪烁智慧之光

——悼亡友蔡仲德

张　前

时光荏苒，转眼之间，蔡仲德同志（1937—2004）逝世一周年了。挚友逝世之后总想写点什么寄托哀思，然而，提起笔来又觉得十分沉重，仿佛觉得他并没有离开，总想着他有一天还会回到我们中间。但现实毕竟是他已经永远地离开我们走了！在不尽的思念之中，亡友的音容笑貌历历在目，他为建设中国音乐美学鞠躬尽瘁、死而后已的精神和感人事迹一幕幕呈现在眼前。

蔡仲德早年就读于华东师范大学文学系，毕业后被分配到中央音乐学院附中教语文课。他在这个岗位上辛勤工作了二十四个年头，是一位出了名的严师。他上课一丝不苟，对学生的作业要求也很严格，当时许多学生虽然很怕他，但长大了之后却都怀着深深的敬意。"文革"结束后，在筹建音乐美学学科的时候，特别缺少的是研究中国音乐美学的人，而老蔡（我们教研室年纪大一点的同志都这么称呼他）也有"渴望进大学搞科研"的志向。这样，从1983年开始，蔡仲德就正式调入音乐美学教研室工作。从此，我们在一起为中国音乐美学学科的建设共同奋斗了整整二十个寒暑春秋。蔡仲德平时多在北大家中工作，我们见面的机会不多，彼此之间的交往有如"君子之交淡如水"一般，大家都忙着各自的教学和科研。只是在每年春节前后，为了看望多年生病在家的教研室同仁李大士，美学教研室的同志才难得地聚在一起吃一顿饭，畅谈几个小时。最近几年由于教研室同志要在一起编写文化部艺术教育大系中的《音乐美学教程》，还有，老蔡和我共同负责由中央音乐学院发起和主编的中国第一部《音乐百科辞典》音乐学分编的工作，我们在一起讨论问题、研究稿件的机会就多了一些。

大约在四年前，老蔡觉得身体不适，检查的结果出乎所有人的意外，他患了肺癌，而且有扩散的迹象。在我们教研室几位年纪大一点的同志中，平日老蔡的身体是最好的，他身材结实，步伐有力，讲起话来声音宏亮，中气十足，他在讲课和进行学术辩论时慷慨激昂的铿锵之声给人的印象很深。可却偏偏是他患了这不治之症！灾难的突然降临，并没有停止老蔡为事业奋斗的脚步，相反却增强了他时不我待的紧迫感，激发了他更加顽强的斗志。患病之后，他又招收了两名中国音乐美学史的博士研究生，坚持在病榻前为学生上课。对于这件事，教研室的同志心情很复杂。从病情来看，老蔡已经不适合再招收新的博士生了，但是大家又非常清楚，事业是老蔡的命，他之所以在病得如此沉重的时候，仍然有那么大的精神力量支撑着他一如既往地继续工作，就是因为他清楚地知道他所从事的事业需要他，他的学生在等待着他。如果因为病不让他再招博士生，那就等于要了他的命，他不可能平静地接受这个现实，老蔡把这项培养接班人的工作坚持到他生命的最后一息。老蔡患病之后，有一段时间还强撑着从北大赶到学校，为研究生讲授他曾为之钟情和动容的"士人格研究"大课，后来由于学院领导和教研室同志看到他的身体实在难以支持，进行了强行干预，他才被迫停止上课。

在老蔡生病期间，中央音乐学院迎来了建院五十周年的纪念活动，由音乐学研究所举办了系列学术讲座。老蔡不顾病情的日益加重，坚持前来举行关于历史学家陈寅恪的学术讲座。那天，大教室里人坐得很满，老蔡坚持站着讲演。给我印象特别深的是他在报告中联系到自己，深刻反思了他在文化大革命初期的表现，对他曾在造反的风暴中冲击过的老师和领导进行了真诚的道歉和忏悔，讲到动情之处热泪盈眶，当时的情景十分感人。此情此景也使我想到，老蔡之所以对"士人格研究"这门课那么重视，就是因为他要通过这门课来纪念和颂扬那些在中国历史上舍生取义、为真理而不惜生命的杰出的知识分子的光荣传统，鼓励青年学子们以这些具有崇高人格的"士"为榜样，为中华民族的自强而奋斗。老蔡在他生命中的最后一次讲演说明，他是把他推崇的"士"作为榜样，对照自己，反思自己，不断地在完善着自己的人格，他是这样说的，也是这样做的。

这也使我想到老蔡平时正直而大气的为人。由于他的正直和敢言，他曾被音乐学院的群众选为北京市西城区人民代表，他忠实地执行了自己的职责，仗义执言，尽自己的可能为解决群众遇到的困难问题而奔走呼吁。老蔡对学术和事业非常认真，为坚持自己的学术观点经常写文章与人辩论，乃至当面争得面红耳赤，但他却从不为个人的私事、小事而计较。这正是中国知识分子最可宝贵的大义凛然的人格和品行。我不敢说老蔡是一个十全十美的人，但我却可以毫不犹豫地说，老蔡的一生是向着他推崇的"士"人格的目标不断地奋进着，而在他即将离开人世的时候，升华到了一个新的境界。

蔡仲德一生最大的贡献在于他对中国音乐美学学科建设所做的艰苦卓绝的努力和闪烁着智慧之光的突出业绩。蔡仲德是一个对事业、对工作极端认真、极端负责的人。他自 1984 年进入音乐美学教研室，直到他 2004 年初去世，在这二十年间，他和教研室同仁一道，刻苦攻关，携手并进，在教学和科研两方面都取得了优异的成绩。为此，1993 年音乐美学教学集体获得了教育部颁发的普通高校全国优秀教学成果国家级一等奖。老蔡热爱这个

44

集体，把自己全身心地投入到这个集体为之奋斗的事业中去。他在《中国音乐美学史》的后记中曾经深情地写道："我要感谢我所在的音乐美学教研室，这是一个难得的集体，人人潜心研究，个个努力工作，没有文人相轻，不受外来干扰，教研室的浓厚学术空气，教研室同仁曾给予的各种帮助，促进我努力把书写完。"老蔡的中国古文字功底很深，基础非常扎实。由他选辑、整理、校注和今译的《中国音乐美学史资料注译》（上下卷）可以说是一部经典性的注译本。蔡仲德为这部书花了很大的气力，做得非常细致和认真，每一个标点，每一个字、每一个词的出处和注释，每一句、每一段话的解释和今译，都经过反复的斟酌和推敲，真正做到了千锤百炼，一丝不苟。在资料注译和专题研究的基础上完成的《中国音乐美学史》是一部近七十万字的学术巨著，这部书曾获第十届中国图书奖（1996），教育部普通高校人文社会科学研究成果奖（1998），中央音乐学院教材评选一等奖（1991—1994），北京市精品教材（2000）等奖项，不仅受到音乐学界，而且也受到全国学术界的重视。这部著作是中国古代音乐美学思想研究的集大成，对先秦以来儒、道、墨、法、释等各家各派的音乐美学思想进行了全面的梳理和深入的分析。他的论述和点评言简意赅，鞭辟入里，他对中国音乐美学的历史发展及其特征进行的宏观的概括，具有深刻的启示意义。

老蔡是一个入世的，而且是很有激情的人，他对历史的研究，是与对现实问题的关注密切相关的。他本来是学文学的，但在音乐学院熏陶的几十年，使他对音乐理论和现实音乐生活中的美学问题开始关注，并且热情地投身于有关问题的讨论。他的音乐美学论文集《音乐之道的探求》就记录下他对中国音乐现状的关怀之情和他对一些问题的思考。他对青主音乐美学思想的辨析以及"向西方乞灵"说的提出，集中反映了他对发展中国音乐的一些见解。

蔡仲德关于中国音乐美学史的研究和著作，开辟了中国传统音乐美学思想研究前进的道路，为后人的学习和继续研究奠定了坚实的基础，并使他成为一代音乐学人的杰出代表。他的刻苦钻研、矢志不移，他的博学强记、严谨求实，他的勤思好问、追求真理，他的笔耕不辍、奋斗不息，为我们树立了学习的榜样。

故人已去，业绩永存。蔡仲德同志为中国音乐美学事业和学科建设鞠躬尽瘁、死而后已的精神值得我们永远崇敬和学习！音乐美学这一我国新兴的音乐学科因他的业绩和成就而闪烁智慧之光！

2005 年 4 月 22 日于山城重庆

岂止文章惊海内

李起敏

文章惊海内先生归来学界尚有山林待启
松鹤鸣九皋仲德去矣风庐犹存空谷足音

这是我在仲德兄的灵堂挂出的挽联，至今还悬在他的纪念室里。每周总有一天晚上我住在他的纪念室，夜深人静面对他的遗像，同他进行着无言的对话，一如其生前，直到泪花模糊，一片朦胧。想起王粲的《伤夭赋》："物虽存而人亡，心惆怅而长慕。哀长天之不惠，抱此哀而何愬。求魂神之形影，羌幽冥而非延。淹低徊以想象，心弥结而纡紫。昼忽忽其若昏，夜炯炯而至明。"

在一个亟待思索和需要思想家的时候，他却不能再思索；在一个崇尚行动的时代，他却抽身去了。在那个小小的纪念室里，我发现每周都有他的学生置换一束鲜花。春日，素馨、二月兰；夏日，芙蕖、蔓萝；秋日，南天竹、金菊；冬日，瑞香、腊梅、水仙……二十四番花信，祭奠在骨灰盒前，向老师报告着人间的时令和阴晴圆缺。香熏中一缕缕御香飘渺，肃穆、和敬、庄严。作为一个教师，生前为学生热爱，死后能让人如此敬重，怎能不令人心生感动！环顾国内，在善于忘却的时代，身后能享此殊遇者又能有几人？他的人格魅力，他的品行的刚正不阿，他对学生的无私奉献精神，他在学术领域杰出的成就树起了一面旗帜。如今先生一去，大树飘零，在他涉足的领域里，一时显得空空荡荡，后继乏人。谁人会得：人才的逝去，是不可再生的，上帝打碎了模子，就永远不能克隆出同样的另一个，人亡艺绝，往往成为千古一叹！更何况那变动不居，生生不息的独特思想！"三才者，天地人"，天无法毁，地无可灭，然而历史毁灭了多少人才！又有谁叹息过？

江淹《别赋》："黯然销魂者，惟别而已矣！……行子断肠，百感凄恻，风萧萧而异响，云漫漫而奇色……知离孟之踯躅，意别魂之飞扬。"江淹说的是生离，而死别又何以堪！记得宗璞和女儿小玉在送行的花圈上写下四个撼动心魂的字："等着我们。"这是母女俩将化不开的生死之情泣血凝结而成的琥珀般的诗句。贾谊《鹏鸟赋》云："天地为炉兮，造化为工；阴阳为碳兮，万物为铜。合散消息兮，安有常则？千变万化兮，未始有极！忽然为人兮，何足控抟；化为异物兮，又何足患！小智自私兮，贱彼贵我；达人大观兮，物无不可……"那些飞扬跋扈的鹏鸟们常常扮演着鲲鹏的角色，不可一世，而真正的豪士则往往"淡乎若深泉之静，泛乎若不系之舟"。

宗璞先生将蔡兄的有关音乐、美学和文化学的藏书，都悉数陈放在纪念室里，为系内外的学生提供着方便。又同我们商量，拿出他们二人的稿费和奖金十万元设立了"蔡仲德中国音乐美学奖"，用来鼓励和资助全国青年音乐学者的研究和创作。

这是一个中国传统的文化人之家，从冯友兰先生到宗璞和蔡仲德，自觉地承载着古典文化的传统美德，延续着士人为天地立心、为生民立命、为往圣继绝学、为万世开太平以及修、齐、治、平的理想，不同的是已经演化成新时代的风格，发扬成为继承的批判，批判的继承。同时，无私地接纳西风的激荡，以期建设一个人人理想的中华，一个人本主义和人道主义的中华。

今年的2月13日是仲德兄逝世二周年的忌日。在去年的纪念会上，我曾代表音乐学系和美学教研室宣布要筹备出版蔡仲德先

48

生的纪念文集，并向国内外发出了征稿函件。在全国音乐美学学会以及宗璞先生和他的学生们的努力下，纪念文集终于可以出版了，这是一件令人宽慰的事。

人的一生可以忘怀许多人，可是有的人想忘怀也难。不是因为他曾经建树过什么伟业，（那些所谓的"伟业"，不过是尧舜禅让三杯酒，楚汉相争一局棋耳。）也不是由于他身居过什么高位，（那历代的王侯高位不过是烈士的白骨筑就的丛台。）而是源于他可贵、可敬的人格。

一个执著的学者

我和蔡先生共事二十余年，他是我在音乐学院交流最多的同仁和朋友。他1983年调来音乐美学教研室时，我已经在这里工作了四年。由于专业有别，在音乐学院这个学科纯一自守的环境里，虽然音乐学系尤其音乐美学教研室这个集体是个最团结最和谐人文气息最浓最适宜做学问的地方，而我也可以尽我所能开设众多选修和必修课，但由于教育体制的弊病，在这里依然是属于敲边鼓的。因此四年来有时深感孤寂，常怀有橘生北国，雪飘南海的落寞心绪。我在北京大学讲授"中国艺术精神与西方艺术精神"的讲座后，深感那里才是我应该落脚的地方，于是打算调转工作。蔡来后，情况就有所不同了，因为他和我在所学、所思与处境、文化观念方面有许多相近与灵犀相通之处，共同语言自然也就多一些。他同我一样，也不是学音乐出身，却在音院附中教了二十余年语文，以其深厚的国学功底与西学造诣转而研究中国音乐美学思想史。当年他曾慨叹在这个学科势单力薄，我有意想帮他一起做，何乾三老师说："你不搞你的专业了？"一句话，让我知难而退。我没有左右开弓的本事，而一生所涉猎的领域已经够杂的了。蔡先生孤军奋战,他像一株立于荒原的橡树,把根深深地扎进中国音乐美学这片尚待重新开垦的沃土上,十几年后在这个领域竟然硕果累累,蔚成一片绿洲。

从 20 世纪 80 年代末始,他几乎不时有著作问世。先后出版了《中国音乐美学史资料注译》、《中国音乐美学史》、《〈乐记〉〈声无哀乐论〉注释与研究》、《音乐之道的探求》,编纂《三松堂学术文集》、《冯友兰年谱初编》、《三松堂全集》(冯友兰全集)、《宗璞文集》、《蔡元培研究》、《解读冯友兰——亲人回忆卷》(1998 年版)、《关于音乐与文化的人本主义思考》(1999 年版)等著作,另外尚有一批重要的单篇专题文章问世,且每有一出则不同凡响。这些重要的论文结集为《艰难的涅槃——论"五四"与中国文化的转型》。

他的《中国音乐美学史》是在通览古籍并一一详辨细察作出注释并出版了两卷本的《中国音乐美学史资料注译》的基础上写出的。书中贯穿着一条红线,就是对待古典文化的精神——进行梳理、辨析、批判,为继承、变革和发展寻觅出路。他的研究彻底贯彻着人本主义精神,这在同类研究中是少见的,如此,《中国音乐美学史》一书集散的经、史、子、集有关音乐思想之大成,在音乐美学思想史的研究领域能成为一个制高点就不足为奇了。同样,他对冯友兰的研究,也是在整理冯先生之遗著及其年谱的基础上写出的,而且作为家人他对冯先生了解之深刻外人实难企及。可贵的是他从不为长者与尊者讳,他以一个研究者的立场将之视为一个客观的历史人物去观察分析,故其得出的结论是深刻而合乎实际的。

他像陈寅恪一样善于"在史中求史识",但未必同意陈的"精深博奥者,亘万古、横九垓而不变"的议论。因为任何文化的"精深博奥"或先进与否也是在发展中保持的,它总有个语境和时域的局限。譬如牛顿力学在宇宙空间要让位于爱因斯坦的相对论一样，先进文化与后进文化总不能脱离了它的参照系而凭借感情和需要去虚拟。

关于士人格与文化研究

1992—1993 年左右，当一系列有关音乐美学方面的研究完成之后，蔡仲德认为在这个领域，他能做的事情基本上都已经做完。他的视界除了课堂之外始终关心着整个文化领域的风云变幻，因为它关系着国家的前途和命运。大学教育的对象，是决定着未来文化发展和国家命运和前途的人。"文革"以来的社会变化，促使他更多地思考人和文化的关系。尤其是经过八九十年代之交的风风雨雨，目睹国内外的急遽变化，更感觉到中国一切问题的解决都离不开人，而人的问题及解决又离不开文化。人和文化互为因果。在撰写冯友兰先生年谱的过程中，更直接涉及到士文化的问题。其中涉猎的很多资料使他深深感觉到，冯友兰先生的一生典型地反映了中国现代文化和现代知识分子的心路历程。在中国这个特殊环境下不能不把他引入士文化问题的研究。大致从 1993 年开始，他在我院举办了"士·文化·人"系列学术讲座。开始听众寥寥，为了引起同学们的重视，当时教研室的同事都去听课。学生尽管少，他依然认真不苟。后来列为正式选修课，人渐渐从三五个到十来个。他从孔孟商韩老庄讲起，到屈原与司马迁，魏晋时期的阮籍、嵇康、陶渊明、诸葛亮，唐、宋时期的白居易、苏东坡、岳飞、文天祥，讲到明清时期的王阳明、曾国藩和李贽。这些都是中国古代社会各种士大夫的典型。他们的人格及其所传承的文化无疑产生过或依然产生着深刻的影响。中国古代的传统人格资源有优有劣，整体看，他对儒家文化批判较多，但儒家"仁为己任"的抱负，"杀身成仁"的入世精神，

"乐在其中"的境界，在今天仍有着人文价值。庄子"法天贵真"，反异化，求解放，求自由的精神，今天更有着积极的意义。司马迁的文化使命感，也是后人缺乏的。法家顺应时代而进行变革的精神是可取的，但法家根本的精神不是进取，而是维护专制独裁。

　　沿着他的思路研究，我们发现，法家完全置道德于不顾，是反人性反文化的。法家传统本质上是中国走向现代法制的绊脚石。当前，妨碍人们接受法制理念的，不仅是儒家的人治思想，更重要的是法家思想中衍生出来的权力崇拜和泛权力意识。在中国走向法制的过程中，文化传统方面的障碍主要来自法家。因为法家极端君主专制的理论本质上是反法制的，君权至上的思想与现代社会法律至上的理论根本对立。法家的"刑无等级"、"法不阿贵"的思想虽有积极意义，但其隐含着不完整的平等意识，基本思想是不讲平等的，缺乏现代法制所要求的平等思想。一方面它没有把君主包括在法律可制裁的范围内，再就从与法家关系密切的秦律来看，由云梦秦简可知，秦律中有很多照顾贵族官吏的不平等规定。法家关心的不是法之善恶，而是能否满足现实需要。这种观念与现代法制关于法必为良法的要求相去甚远。法家为了政治需要，重视的是法律效果而不计是否是恶法，最鲜明的是法家"重刑"的主张。在现代社会，刑之轻重，不仅牵涉法律效果，而且事关公平与人道，绝无仅从效果考虑之理。法家主张重刑，基本从效果出发，而不考虑此种刑事政策可能带来的不公平和不人道。法家认为法律为"帝王之具"，与现代保护人权，约束权力的精神背道而驰。有识见的法学家认为：一个重道德的民族走向法制并不十分困难，而一个崇拜权力的民族如不转换观念，则几乎没有实现法制的可能。

　　传统士人格中积极的东西应该继承，消极的东西应该批判。蔡仲德的研究重点在近现代部分，系列讲座中讲到王国维、蔡元培、陈独秀、胡适、冯友兰、顾准，每人一个专题。后来有人提议，"士·文化·人"不太明确，他就改成"士人格研究"。士的使命是承传文化，创造文化，而重点是研究士的人格。

教育要培养创造型人才，不是奴才和工具，要培养有独立见解的学生；要培养真正的知识分子，而不是假的知识分子。知识分子是社会的良心。反之，屈从权力昧着良心去为文、做事，就是假知识分子。鲁迅说过："真的知识阶级是不顾利害的，如想到种种利害就是假的，冒充的。"知识分子是智慧和正义的传播者，反之，传播歪理、假冒伪劣和愚昧落后，就是假知识分子。因为这些假知识分子丧失了人格的尊严，有害世风有害邦国，他对一切假知识分子充满了蔑视。

基于此，王国维与陈寅恪人格和学术思想的现代意涵，特别表现在他们对学术独立的诉求上，显得特别可贵。这也是陈寅恪特别称许王国维的地方。王国维明确提出，学术本身应该作为目的，也就是要为学术而学术。他反对学术有另外的目的。他甚至提出："学术之发达，存乎其独立而已。"现代学术一个非常重要的特征就是学术独立，是因为在传统社会里面，学术是不独立的，政教合一是传统社会的特点。而现代学术开始以后，学术界、学人有了追求学术独立的自觉性。如此，学术才能为真理而存，学者才能操正义和真理，不失人格的尊严去参与社会的改革，促进社会的发展。

陈寅恪把王国维的死，看作是一个学者追求和保持自己的"独立自由之意志"之举。接下去又说："来世不可知者也。先生之著述，或有时而不彰。先生之学说，或有时而可商。惟此独立之精神，自由之思想，历千万祀，与天壤而同久，共三光而永光。"

我想，这是蔡仲德将王、陈二人选入课程的主要原因。

后来，"士人格研究"成为博士生固定的选修课，蔡先生对这门课的重视，远远超过了他开设的其他课程。2003 年 11 月上旬距他走完人生历程只有三个月的时候，他还不顾劝阻来学校讲过两次课。那时他的身体已经不支，他深知他最后告别讲堂的时间到了，一个深夜他在病床上拨通了我的电话，几乎用恳求的语气一定要我接过这门课，直到我答应他为止。面对此情此景，我只能安慰他："好吧，你放心，我会替你讲下去，只希望你身体尽早康复。"他说了声"谢谢"，接着是一声长长的叹息！我一时感到那有如托孤一般的郑重。在当周的系务会上通过了蔡先生的要求，决定这门课由我来接替。我来不及备课，于 2003 年 11 月 19 日开讲，直到现在。尽管我每学年有八门课的压力，我还是信守着对逝者的承诺，将此课以"士人格与文化研究"的名称延续了下来。每年都有众多国内外的研究生选修它，也就没有办法将其停下。而蔡仲德本人及他的文化思想也顺理成章成为本课讲授的内容之一。每逢开课我都言明是为蔡先生代课，以期让大家记住仲德兄虽死犹生。

一个可以推心的朋友

1999 年上半年，文化部开启社会科学优秀成果奖的评选活动，这项活动已经中断了 20 年，我和蔡先生都是评审委员。当时蔡先生没有参与具体工作。但是，他却一直关心着这次大规模的评奖。因此，我们之间这一阶段的电话交流也就比平时多。尤其我在花了一个多月的时间阅读参评作品的过程中，不断互相沟通着各自的意见，有时是互相切磋和议论，有时是他给我提供历年来对这些作品的评介。在我的写字台上堆放着的大作有：冯其庸《曹雪芹家世新考》(增订本)、钱世明《易林通说》、程代熙《时与潮》(上下卷)、周汝昌《红学精品集》、李希凡《论鲁迅的五种创作》、刘梦溪《中国现代学术要略》、陆梅林《马克思主义文艺学大词典》、周锡山《王国维美学思想研究》，以及潘必新的论文《"科学美"质疑》等。其中谈论最多的是刘梦溪《中国现代学术要略》和程代熙《时与潮》（上下卷）。他说，李慎之先生对刘梦溪《中国现代学术要略》曾经有过批评，我说我很想看看，当天他就传过来。不料没过几天李慎之先生又亲自寄来他的大作原件及其他几篇文章，大概也是蔡仲德先生介绍之故，使我倍加感动。与此同时，适逢夜间同王蒙先生通话，顺便向他征求对于文学评论的意见，从他那里得知以《时与潮》参评的程代熙当天晚间已经故去。由于只奖活人不奖死者的国际惯例，他的参选资格就成了问题。请示部里，竟不知可否。但不论如何，我还是写出了详细的评审报告。

6月，我对参评的著作所写的评语得到了学界包括蔡先生的首肯。

学人的妙悟哲思，即是庸员俗吏也不至于简单地认为有害于邦国天下，至少与世道、人心、家国的长远利益是有补益的。即便有错误，要允许人家从再实践中再认识，批评家若以钟馗自居，则会满眼皆鬼。若把一己的定向思维封为正统，其余皆在扫荡之例，其结果会如秦火之后，处士禁声，思想受到钳制，学术失却空间。学术思想的多元化和多样化是一种常态，如果一个社会只有一种学术思想，这种学术思想存在的理由也就失去了。一定历史时期之内，假如没有另外的学说与之相抗衡、冲击、互补，则占据主流地位的学说内部，便会分裂、内耗乃至自蔽。两汉经学的命运就是如此。王充说："儒者说五经，多失其实。前儒不见本末，空生虚说；后儒信前师之言，随旧述故，滑习辞语。"两汉经学之末流终于走向了猎取功名利禄的自蔽之路。这是历史的经验，其中隐含着辩证法，不得不察。

历史上各种学术思想流派之间的对立，与其说是思想与学术的对立，不如说与此种思想与学术有关的学人之间的对立更具有实在性。社会化了的人的头脑比学术思想本身更为复杂，学术思想常常受学术以外因素的干扰。这也是无可奈何的事。但游戏规则还是要遵守的：既为权威，不管是任命的还是自封的，学风不能霸道，不能你死我活，论敌毕竟与敌人有别，如此种种。因为原来我对参选作品的批评要比现在写出的激烈得多，我本想通过评选展开对不正学风的批评，希望对学界之流俗有所矫正，电话中读给蔡先生听后，他告诫说："深刻则深刻矣，我希望磨去点棱角。"我明白这位兄长的深意，一如坦诚激扬的他，尚且不得不告诫友人，不要触着有关方面的忌讳，那是路人皆知的原因，真是无可奈何。由此我认定他是一个完全可以推心置腹的朋友。

对音乐之道的探求

1998 年蔡仲德写了一篇长文《"出路在于向西方乞灵"——关于中国音乐出路的人本主义思考》。他写这篇文字的背景是 20 世纪 90 年代以来国内出现了否定"五四"的强劲思潮，其在音乐领域的突出表现，是全盘否定"五四"所开辟的新音乐道路，认为它是西化乃至全盘西化的产物，造成了中国音乐的主体性危机；认为只有根本转移立足点，"改弦更张"，在民族音乐文化的传承中进行创造，中国音乐才能走向未来，走向世界。

历史是这样书写、这样存在的吗？面对上述似是而非的论调，蔡先生作出了回应。文章既指出"五四"以来的新音乐存在的一些不足，又充分肯定新音乐的巨大成就，肯定它是中国人对音乐发展道路所作的主动选择、正确选择；认为经过数百年的努力，西方音乐已经成为自由表现人的精神世界的独立艺术，实现了由前现代向现代的转型，所以中国音乐的出路在于"向西方乞灵"——即努力实现由前现代向现代的转型，使音乐由政治的附

56

庸和奴婢，变为独立的艺术，成为人的灵魂的语言，即自由而充分地表现现代中国人的精神世界的艺术。

本来，这是一篇陈述历史事实，又肯定音乐界为发展新音乐走过的百年历程，同时探索未来音乐繁荣之路的学术文章，其基本观点言之成理、持之有故，却在音乐界引起了一片哗然。在相当长的时间内，一些人对这篇文章（尤其是它的正标题"向西方乞灵"——本是引的青主的话，"乞灵"乃寻求借鉴和帮助之意，余在为声援他而写的《重建中国现代音乐美学之基石》一文中作过详细阐释——李注）不仅不能理解，而且持强烈的否定态度。真难相信，学术之辩竟纠缠于一个词语的习惯与否，令人汗颜。面对此情此景，在全国音乐美学年会兰州会议上我迫不得已发表了《重建中国现代音乐美学之基石》来声援他，也同样受到一些人非议。而李慎之等先生却坚定站在他这一边，给他以明确的理解和支持。

可是，事情到此并没有结束。竟有人利用权力手段组织名为研究实为批判的研讨会，并发表了片面的报道。对此，蔡仲德当然不能置若罔闻，随即向《人民音乐》投寄出《如此报道为哪般——对一篇学术会议的报道的质疑》，长期不见发表，2003 年 9 月 9 日蔡仲德只好以"公开信"的方式再次投书该杂志，其信不长，照抄如下：

《人民音乐》编辑部：

2001 年贵刊第八期增刊刊出陈克秀先生的文章（以下简称"陈文"），对该年 5 月 23 日中国音乐研究所召开的"新世纪中国音乐发展道路研讨会"作了报道。

此后不久，我即有《如此报道为哪般——对一篇学术会议的报道的质疑》（以下简称《质疑》）投寄贵刊，对陈文提出如下三点质疑：

1. 陈文报道了与会者对我的《出路在于"向西方乞灵"——关于中国音乐出路的人本主义思考》（以下简称《思考》）的批评，却只字不提我对自己观点的答辩，这是为什么？

2. 我曾在会上多次发言，不仅充分阐述了《思考》一文的题意，也进而介绍了文中的有关内容，尤其着重说明了这样几点："乞"是寻求，"乞灵"是寻求音乐之道，目的是以人本主义为基石，实现音乐文化从前现代向现代的转型，使音乐由礼的附庸变为人的灵魂的语言；"向西方乞灵"就是向西方学习，因为西方已经实现了音乐文化从前现代向现代的转型；我之所以不顾多数人的反对而坚持用"出路在于'向西方乞灵'"这一标题，是为了强调向先进学习必须老老实实、踏踏实实，也是为了在这一点上引起人们的足够的重视，展开深入的讨论。以上是我的基本观点，而在陈文中，却根本不见这些基本观点，我的发言变成了一句话——"对于以'乞灵'为题……蔡仲德在发言中也说是'一百个人有九十九个反对或不同意'"（这一句与我的原话也有出入），这是为什么？

3. 对于我的上述观点，与会其他学者有的给予同情的理解，有的提出友善的商讨，有的则表示"我虽然不赞同蔡先生的基本观点，但我要坚定地捍卫蔡先生发表自己观点的权利"。而在陈文中这些内容大部分也不见了，这又是为什么？

现在，时间过去了整整两年，贵刊既没有刊出《质疑》一文，也没有就为什么不刊出此文对我作出必要的说明，因此，我不得不写这一封公开信，提出我对贵刊的要求。

我的要求是，如果贵刊现在认为不刊出《质疑》一文是错了，那就请尽快刊出此文。"亡羊补牢，时犹未晚"。如果贵刊仍坚持认为不刊出此文是正确的，那就请公开说明这样做的理由是什么。当然也存在另一种可能的情况，即决定不发表此文的，不是贵刊编辑部自身，而是你们的哪一级、哪一位领导，那就请该领导来说明做出这一决定的法律根据和政策依据是什么？

《中华人民共和国宪法》明确规定公民有言论、出版自由等基本权利。请问你们不发表《质疑》一文，是维护了宪法明文规定的公民权利，还是侵犯了这些权利？

关于学术问题，我国还明确规定了"百家争鸣"、自由讨论的方针政策。请问你们不发表《质疑》一文，是贯彻了这一方针，还是违背了这一方针政策？

目前举国上下正在大讲"三个代表"的理论，要求党、政各方面的所作所为代表广大人民的利益、代表先进的生产力、代表先进的文化。是否发表《质疑》一文与是否代表先进生产力的问题似乎没有什么直接关系，这里就不必说它了。

是否发表《质疑》一文就是一个维护还是侵犯公民权利的问题，所以也就有一个代表人民利益还是违背人民利益的问题。但这一问题显而易见，所以这里也没有必要多说。与是否发表《质疑》一文关涉最为密切的无疑是是否代表先进文化的问题。众所周知，中国文化正处在从前现代向现代转型的时期。在我看来，贵刊前几年既发表我的《思考》一文的摘要，也发表对此摘要进行批评的文章，这一做法值得肯定。中国音乐研究所 2001 年召开的音乐发展道路研讨会就我的《思考》一文进行自由、平等的讨论和争鸣，这一做法也值得肯定。它们都无疑符合学术自由、"百家争鸣"的方针，有利于学术文化的发展与繁荣，因而代表了先进文化，即现代文化。而陈文对学术研讨会的歪曲报道则可能引起读者的误解，以为在 21 世纪召开的学术会议还在重复以往的错误做法，对学术问题上的不同观点进行讨伐，而不允许申辩。贵编辑部只发表陈文对学术会议的歪曲报道，不发表针对这一报道进行批评的文章，则有可能加深读者的误解。陈文和贵编辑部的做法完全违背学术自由、"百家争鸣"的方针政策，显然不利于学术文化的发展与繁荣，因而代表了落后文化，即前现代文化。

以上所说，希望贵刊能予以刊出。

然而，又是三年过去了，蔡仲德也已经作古两年，他没能看到他的质疑、他的申辩、他的公开信的发表，带着遗憾和疑问走了，只好去问天。

我不明白，音乐界的"与时俱进"的口号挂在嘴边，在国运昌明的今天，竟然与改革的精神相背，在学术问题上还干着与"文革"时似曾相识的勾当。我总以为也只有那时才虚张声势有组织地对某人实施围攻批判，那极不正常的"文革"传统已经后继无人了，没想到它还时隐时现地变相发作。有些人习惯了看着上司的眼色行事，也是一种"国粹"吧。好在今天学术界的主流已经步入健康发展的轨道，"文革"的偏执狂几近匿迹，但遗憾的是当大多数学者与人为善的时候，个别心术不正者并非如此。不是有人还要对蔡仲德的文章"上纲上线"吗？真令人难以置信。时代播种下了龙种，岂能再收获跳蚤！

蔡仲德先生一生不屈服于淫威，不取媚于权势，不趋承上意和随波逐流。我为有这样的同事和朋友而自豪。自我膨胀口出狂言的青年思想家是令人厌恶的。他们急于把些许思想火花兑换成权利的符号，以获得叫嚣和炫耀的资格。我们有足够理由怀疑那些企图负责诠释一切并对事物粗暴命名和给人扣帽子的人的居心，更不论那红卫兵式的将学术无限上纲的学棍。我真怀疑他们继承的是什么人的衣钵。鲁迅曾说，他过去认为青年必胜于老年，大革命的血腥屠杀才使他纠正了相信进化论的偏颇。他批判那些卖友甚至卖师求荣者是些用鲜血染红顶子的丑类。

另外，人们知道这次争论潜在的背景是当代保守主义和狭隘民族主义的回潮。进入 20 世纪 90 年代以来，国内占主导地位的一种思潮是,从批判"全盘西化论",弘扬所谓传统文化出发,掀起"国学热"。这本来未可厚非,因为人们经历过太多的历史重演,我们的国学的的确确有光辉灿烂的历史内容,那是所有洋鬼子们望尘莫及的,我们千秋万代都将为有这样的文化而自豪!但是,今天在中国一方面要充分弘扬自己的文化,一方面同样需要在文化领域充分世界化。它不但不会防碍民族感情的凝聚,反而展现着一个大国的风仪。本来,20世纪80年代的文化热和90年代的国学热对中国文化的大发展同样必要,不知为什么有些人却莫名其妙地要把它们对立起来看?作为中国人,谁不愿意自己民族的文化成为世界强势文化而将光辉衣被世界?问题在于怎样才能如此?是靠固有文化的纯一自守,还是不断吸纳外来文化以求不断创造发展?在今天已经是勿需再争论的问题。可是,它以否定"五四"的思潮出现时,问题就不那么简单。一些人把"五四"说成是激进主义,他们认为要清算激进主义,实现文化保守主义,才能走向未来。对五四到底应该怎么看?这确实是目前的一个突出问题,我们后面再议。

不可忽视,蔡仲德本身就是研究"国学"出身,他的《出路在于"向西方乞灵"——关于中国音乐出路的人本主义思考》是在五四以来中国文化的整体思考的前提下,在音乐领域的展开。他的哲学依据是什么呢?

冯友兰上个世纪30年代从"新理学"体系"别共殊"的观点出发,比较中西文化认为:"一般人心目所有之中西之分,大部分都是古今之异……西洋文化之所以是优越底,并不是因为它是西洋底,而是因为它是近代底或现代底。我们近百年来之所以到处吃亏,并不是因为我们的文化是中国底,而是因为我们的文化是中古底"。蔡仲德认为,以此观点处理中西文化关系,处理中国传统文化与现代化的关系,便应认识中国文化的任务是由前现代文化向现代文化转型,而西方文化已完成这一转型,故应向西方学习。但所学应是西方文化中对现代化具有普遍意义的东西，而不是西方文化的民族性，故其中与现代化相关的主要部分是我们需要吸取的，与现代化无关的偶然部分是我们不必吸取的；同理，中国传统文化中与现代化相冲突的部分是我们应当改变的，与现代化不相冲突的部分是我们不需改变的；就与现代化相冲突者均需改变而言，这种改变是全盘的；就与现代化不相冲突者均不需改变，只改变文化类型而不改变民族性而言，这种改变又是中国本位的。

这难道错了吗？在文化上中西相互学习，相互引进，取长补短本是常识，蔡仲德的愿望不过是为中国音乐的现代化发展寻找一条出路，它不可能是惟一的，可以有人走，也可以有人不走，有选择的自由，也有探索的自由。难道只要官家指路，不让民间探路吗？我赞赏学者们的探路精神。精神，就是一种"自觉的意志"，它向来是无法禁锢的。在中国思想史上，有无数先进的人物都是杰出的，比如士人格与文化研究课所涉及的顾准和李贽。朱学勤曾言："中国历来有始皇焚书之传统，然而，也有李贽藏书之传统。小儒规规，视后者如畏途，闻之色变。唯有如顾准者，始终不认同官方价值，甚至不认同主流学术界之价值，方能续李贽作藏书之传统。"（《地狱里的思考》，原载《风声雨声读书声》，三联书店1994年版。）利玛窦侨居中国三十年，他的到来，在明朝朝野引起很大震动。万历二十六年（1598年）在南京，一些儒家传统思想维护者组织文人聚会，与利玛窦进行哲学思想辩论，李贽在出席这些聚会时"始终保持沉默"，不像其他迂儒在会上扰攘不已，他认真倾听利玛窦的讲述，还赠送给他一把纸折扇，上面题有两首赠诗。李贽尊重、认同并接受利玛窦的一部分西方知识，这在当时是难能可贵的，这在今天还不足以照出我们的"小"来？

还有顾准，"几乎言必称希腊，其实所言并非希腊，正如言

62

不及中国，其实所言全在中国。"（林贤治：《读顾准》）他难道是某些人所说的"黄香蕉"吗？对民族精华文化的歌颂是一种弘扬，而对民族文化糟粕的批判也是弘扬，而且是一种更高意义上的弘扬。因为任何民族的文化都包含精华和糟粕两部分，剔除糟粕是为了更适应生存，那不是什么丢面子的事。母亲患了盲肠炎，你偏说那是"国粹"，长的是"牛黄"或"麝香"！难道就算孝子？

反思人类的理性的时候，却有人挥动某种大棒，口诛笔伐。这恰恰证明了日本学者星野芳朗的观点，他说："在现实中……有自己坚定主张和信念的科学家是极少数。并且，他们还经常遭到来自行政和政治方面的敬而远之的冷落。另一方面，那些丧失了学术能力，投身到政界的科学家们，在政治舞台上却倍受欢迎，所以对于这类科学家的言行著述，如果认为都符合科学本身的发展逻辑，那将是大错而特错了。在这种情况，他们只不过是用科学术语粉饰起来的某种政治逻辑的辩护士罢了。"（〔日〕星野芳朗著《未来文明的原点》，哈尔滨工业大学出版社，1985年版第178页。）所幸现在自然科学没有阶级性已经成为共识，这在中国实际是巨大的进步。但论及社会理论，中国学人无论是援引马克思的意识形态理论，还是援引福柯的"知识—权力论"，似乎都主张社会理论是意识形态或是所谓"权力话语"，是不能科学争论的，于是社会理论之争用给对方扣"某某阶级的辩护士和代言人"，声称自己是"某某先进阶级的代言人"的做法司空见惯。我们要指出的是，各种社会理论虽然其主张的终极目标有冲突，但是它们是可以科学争论和科学检验的。社会理论其解释性的部分可以通过对理论内在理路的分析和对社会事实的观察理性批评和检验，其建设性的部分更可以通过社会实践检验。

上面我说过，不免再重复一遍：学人的妙悟哲思，即是庸员俗吏也不至于简单地认为有害于邦国天下，至少与世道、人心、家国的长远利益是有补益的。即便有错误，要允许人家从新再实践中再认识，批评家若以钟馗自居，则会满眼皆鬼。若把一己的定向思维封为正统，其余皆在扫荡之例，其结果会如秦火之后，处士禁声，思想受到钳制，学术失却空间，难道不是促秦速亡的根由。学术思想的多元化和多样化是一种常态，如果一个社会只有一种学术思想，这种学术思想存在的理由也就失去了。这是历史的经验，其中隐含着辩证法，不得不察。

一个文化批判者，往往陷入历史的困境。譬如那个写过"九州生气恃风雷，万马齐暗究可哀。我劝天公重抖擞，不拘一格降人才"的龚自珍，在他看来，社会衰弱不振的根本原因，是个人的尊严和创造才能受到压抑，尤其是作为社会中坚的士大夫普遍人格低落。一方面，士大夫屈服于专制政权，唯知阿谀取媚，"自其敷奏之日，始进之年，而耻已存者寡矣！"那些政要之官，"知车马服饰、言词捷给而已，外此非所知也"。官场中"累日以为劳，计岁以为阶"，一片浊气沉沉。另一方面，当"才士与才民出，则百不才督之缚之，以至于戮之。戮之非刀非锯非水火；文亦戮之，名亦戮之，声音笑貌亦戮之"。正基于此，他对清政府的昏庸腐朽表示了彻底批判的态度。龚自珍吸引后人的地方，不仅在他的思想的深刻，而且也在于他的人格的魅力。国人（其实远不止国人）对于具有超常才智的杰出人物，出于本能的畏惧，从来是持拒绝、排斥、压制、扼杀的态度，能张开双臂欢迎者定是一代圣明了。

重估"五四"

1992年9月蔡仲德接受丁东的采访时谈到："我认为，整个五四，从思想意义上，身为北京大学校长的蔡元培才是主帅，而陈独秀、胡适是先锋。早在陈独秀办《青年》前三年，蔡元培就已开始宣传民主、科学原则，且始终贯彻，从不动摇；担任教育总长时提出超越正常政治而独立、使教育对象发展能力完成人格、使受教育者德智体美全面发展、学术自由兼容并包、教授治校五项原则，为中国现代教育奠定基础；改造北京大学，使之由官僚养成所变为中国现代文化发源地和中国民主摇篮；创建并领导中央研究院，改变封建时代忽视科研的状况，网罗全国各学科一流人才，为中国现代科学事业尊定了基础；他主张以人权、民主、科学、自由、平等、博爱为价值标准，以公开而受监督、为全民谋福利、保障个人自由、促进个性发展为原则，以教育为途径，以社会改良、和平渐进为方法，他的思想在今天仍具有重要意义，他才是中国现代文化的奠基人。但近半个世纪以来，对蔡元培，表面上是尊崇的，实际上并没有真正认识到他的地位和作用。以他代表的思想，在历次'兴无灭资'运动中，实际上是批判对象。今天有必要重新认识和估价蔡元培，让他的思想在今后的文化建设中发挥作用。"

进入 20 世纪 90 年代以来，在中国思想文化界，有人认为"五四"运动是激进主义。国内占主导地位的一种思潮是：从批判"全盘西化论"，弘扬所谓传统文化出发，掀起"国学热"。在我看来，这不过是对应 80 年代"文化热"的反驳，原勿须怪。但是，要扬此而必抑彼吗？这本身就不是科学的态度，更不是"国学"优良传统以及"中庸之道"的作为。就其出现的否定"五四"的思潮来说，一些人把"五四"说成是激进主义，他们认为要清算激进主义，实现文化保守主义，才能走向未来。蔡仲德则认为："对'五四'到底应该怎么看？这确实是当前的一个突出问题。"他明确地认为：要分清两个"五四"。一个是文化的、渐进的、宽容的"五四"，一个是政治的、激进的、排他的"五四"。前者的主要代表是蔡元培，后者在陈独秀身上比较突出。"五四"激进的一面确实存在，1919年以前就有，1920年以后越来越突出，后来导致所谓"兴无灭资"，直到文化大革命。影响文化大革命的不是"五四"的主流和整体，而是其中政治的、激进的、排他的那一面，文化大革命是那一面的恶性发展。不作分析，笼统地把五四归结为激进主义，是简单化的做法。这个问题，几年来他一直在思考，如同骨髓在喉，不吐不快。所以写了《"五四"的重估与中国文化的未来》这篇文章。

学者单纯的研究指出：以前人们认为，"五四"就是陈独秀、李大钊，还有就是鲁迅，他们都代表了民主和科学，进一步讲，他们都代表了共产党的意识形态，这个思想。研究者后来发现：共产党执政之后就没有"五四"这个精神了，没有这个批判精神了。为什么？结果发现问题在于源头追溯到这几个人对不对？"为什么他们代表的，被变成一个政治现实之后，这个思想的活力就没有了？"蔡仲德认为这个源头应该追溯到更前的蔡元培时代。在蔡元培主校政的北大，左派右派的人都受到尊重，所以，蔡仲德之所以说"五四"的旗手应该是蔡元培，因为思想主流应该是蔡元培的"兼容并包，学术自由"的思想。这样看，回归"五四"，不是回到陈独秀、李大钊，当然他们也有贡献，他们的贡献是把马克思主义介绍到中国来。但是，实际上，这个更大的背景，不光是马克思主义来了，包括现在能够重新评价市场经济，重新评价资产阶级民主政治，这些都不是陈独秀、李大钊的思想，而是在蔡元培的思想体系之下的东西。所以蔡先生把"五四"的精神归结到蔡元培的思想，蔡元培是"五四"的主帅，这是一个了不起的创见，现在评价"五四"都慢慢倾向于蔡仲德先生的这个评价。他对"五四"运动的评价，到现在大家慢慢认可了。中国的知识阶层对很多现代文明的基本观点都茫无所知，说得不客气一点，当今中国知识阶层不少人有关人文和社会科学的认识，总体上恐怕还没有达到20世纪二三十年代本国前辈的水平。近年喜欢评论新文化运动的人很多，但是不少人没有认真研究历史文献。他们对"五四"运动的论断，往往与历史实际不符。"五四"新文化运动不仅仅是一次爱国主义运动，而且还是一次自由主义的思想运动。它提出的口号最初三年多是人权与科学，1919年开始改为民主与科学，但其基本精神都是：自由、法治、民主、理性，即追求独立自由的精神和相应的制度保障，培育具有独立自由精神的现代公民，为向现代社会转型奠立牢固基础。中外历次启蒙运动没有错。

质言之，蔡元培堪称"五四"新文化运动领袖：1912年即提出民主、科学原则，又始终贯彻执行；改造北大，为运动奠定了思想、人才基础。陈独秀认为蔡元培、胡适及他自己对"五四"应负主要责任，实则陈、胡是先锋，而蔡是主帅。

重估"五四"，是现实的需要，也是未来的需要。"文革"在中国发生，它的根源在哪里？怎样才能避免它再次发生？这是蔡仲德近二十年来反复思考的问题。他曾经准备开一个讲座，叫《反省与反思：文化大革命三十年祭》，但因故未讲成。20世纪80年代出现"文化热"，在他看来，是历史的必然，尽管有不少人对它持否定态度，把它也归结为激进主义，或者归结为全盘西化。他认为，"五四"提出的问题没有解决，所以80年代才要重新讨论中西文化问题。经过八九十年代之交国际国内一系列重大事变，对中西文化怎么看的问题，中国文化向何处去的问题，对"五四"怎么认识的问题，又一次提了出来。这几个问题是密切相关的。

其实，在我看来，我们的"文化热"应该持续不断地展开，因为它是对"文革"的有力而直接的反驳！长期以来，由于罢黜百家，独尊一家，我们与世界隔膜得太久。在学术领域我们曾经不知道世界发生了什么，甚至包括西方马克思主义。改革开放，我们要全面认识世界，兵家还讲究知己知彼，何况囊括万家的一个大国？可是在相当一个历史时期，我们既不知己，也不知彼。故上世纪 80 年代才有大量外国学术成就的介绍和文献的逐译，才有中国文化书院的建立，才有大批世界一流学者的引进，才有了国内学界眼界的大开，才开始走出蒙昧与偏狭的遮蔽，成为改革开放的一股强大的助力，并有一批国内学者的研究成果发表，此为知彼。而 90 年代的新儒学热和"国学热"，如果健康发展，也不失对自己再认识的明智之举，因为我们需要真正知道自己，创造中华民族自己的新文化。我们深信，中国文化也一定会在世界大放光芒的。

对于"五四"的众语喧哗，尘埃落定之后，人们之所以基本认同了蔡仲德的观点，原因在于他研究"五四"是从历史事实出发，是从"五四"时期所有文献和人物的实事求是的研究出发，既不是想当然，更不是随波逐流者辈所能梦见。

蔡仲德与冯学研究

对冯友兰这位伟大的哲学家生前死后的研究可谓汗牛充栋，异说并立，歧见丛生，可见影响之巨。冯友兰先生在其《三松堂学术文集·自序》中说："我在六十多年中，有的时候独创己见，有的时候随波逐流。独创己见则有得有失；随波逐流则忽左忽右。"显示了一个真正的哲学巨人坦坦荡荡的自我批判精神，绝不文过饰非。他将自己的一生成就归结为"三史释今古，六书纪贞元。"他毕生所讨论的问题"笼统一点说，就是以哲学史为中心的东西文化问题"。在一个不同文化的矛盾和斗争时期，一个典型的中国知识分子怎样理解这个矛盾，怎样处理这个矛盾，以及在这个矛盾中何以自处，这是冯友兰先生正面回答的问题。"阐旧邦以辅新命""承百代之流，而会乎当今之变"加之横渠四句："为天地立心，为生民立命，为往圣继绝学，为万世开太平"是他终其一生的学术旨归，他对此"高山仰止，景行行止。虽不能至，心向往之"。在这个命题下，既成就了他的辉煌，也曾经使其遭致颠踬，但这终究成为负载历史责任的中国哲学和哲学家心灵上一面高高飘扬的旗帜。

张岱年先生说当代中国哲学"惟有冯友兰先生的哲学体系可以说是中西各半，是比较完整意义上的中西结合"。冯友兰先生的"旧邦新命"说，在"抽象继承"的方法论下对待"旧邦"，采取"释古"以打通儒、墨、道、玄、禅的界限，为"辅新命"而打通中西的界限，为中国文化由前现代向现代转型疏通了理路。

冯友兰先生刚刚完成其生命绝唱《中国哲学史新编》时，在我们教研室例行的一次学术研讨会上，主题是蔡仲德评说新儒家。当时，谈到冯先生的这部新作国内不能全部正常出版的情况，原因在于"新见叠出，每与时论不合"，尤其第七卷所揭示的问题更是有其敏感性。冯友兰归结中国哲学同西方哲学包括跟马列主义哲学的区别——他的《中国哲学史新编》第七册最后一章，在哲学理论上冯友兰只简单指出两点：第一，他对"内圣外王"作了解释，引用孟子说的王者"以德服人"，霸者"以力服人"，说"中国的历代王朝都是用武力征服来建立和维持其统治的，这些都是'霸'。至于以德服人的则还没有。"显然，以暴力取得统治者，其政权是强加给国人的，其合法性都可质疑。第二，在辩证法的统一和斗争这两个方面，他说马克思主义将矛盾斗争放在第一位，而中国古典哲学是将统一放在第一位的。他主张用张载所说的"仇必和而解"；反对西方的"仇必仇到底"。这应是冯先生作为20世纪最出色的哲学家留给国人的智慧。

冯友兰先生尝言："如果有人不以为然，因之不能出版，吾其为王船山矣。"但时代毕竟不同了，随着《中国哲学史新编》

在海外的出版，大陆也早已有了不同版本的印行。

蔡仲德将冯友兰先生的一生总结为三个阶段——实现自我、失落自我、回归自我。（其中第二时期并未完全失落自我，第三时期则在回归自我中既有修正又有发展，失落、回归是就大体而言。）冯友兰"希望不久以后我们可以看到，欧洲哲学观念得到中国的直觉和体验的补充，中国哲学观念得到欧洲逻辑和清晰思想的澄清"。中西完全可以而且应该互补，不应是永远对立。

蔡仲德认为"与其称冯先生为现代新儒家，不如称冯先生为有儒家倾向的中国现代哲学家"。蔡先生以亲属论长辈，始终采取的是一个研究者的客观态度，有阐释，有分析，有异议，也有批评，从不为长者讳。譬如冯友兰等老一辈对群体与个体、国家与个人的矛盾问题往往放弃知识分子的独立思考与独立人格，他对老一辈的迂腐和无奈，采取了毫不容情的批判态度。

一个网友对此有过精辟的论述："中国人把自己只看做一个种族、民族、党派、家庭或社团的一分子，而且，他只是从种族、民族这些一般群体出发来观察自己。中国人的内在意识和外在意识，好像都还停留在前现代，所要求于人者，也是共性多于个性，特立独行者便被看做异类。我们把个人的依附性称做集体主义。所谓集体，就是人人等于零。以反对他人个人主义的罪恶掩饰自己的个人主义罪恶，不仅不受制裁反而得到鼓励，因为他并不觉得自己是在犯罪，而是觉得是在维护集体利益。"费正清说得很直率："中国人是从团体和当局的表彰中获得满足而不是从个人抱负的实现或个人任何形式的自我发展中得到满足，所以一见到能主宰他人升沉荣辱的大人物就直不起腰杆了。"（对县长或县委书记这样一个小小七品芝麻官，至今的个别电视主持人还称其为"父母官"，且认真地并无调侃之意。）在今天的西方以思想自由和个人独立为出发点，因而看重人权，给人以自我发展的自由。每当美国人以人权保护者的姿态开刀中国人，中国人就举

70

起正义的旗子来教化美国人。这类似下棋，美国人下跳棋，中国人下象棋，各有各的路数。跳棋每个棋子都是活跃的，全部棋子到达位置"自我实现"之后，就是成功。而象棋每个棋子都以将帅为中心定进退，作牺牲，如果将帅困死，即使不失一兵一卒也输了。这倒像黑格尔说的，眼睛只有附于身体时才有价值，如果脱离身体就没有价值了。然而，黑格尔在这里无疑是一种诡辩，眼睛不脱离身体倘失去独立的视觉意义——瞎了，难道还有价值吗？

马克思将集体作为实现个人自由的手段，"各个个人在自己的联合中并通过这种集体获得自由"；集体保障个人自主活动的实现。不能促进每个人自由全面发展的集体，就是冒牌货，"它不仅是完全虚幻的集体，而且是新的桎梏"（《马恩选集》第1卷、第82页）。爱国主义、民族主义、集体主义都不是剥夺个人权利的理由。个人权利是普遍权利，不是特殊权利；它同国家权利、阶级权利有一致性，也有不一致性。一切专制制度都有以集体名义吞噬个人权利、把自己的特殊权利冒充普遍权利的特征。马克思指出，"组成社会的各个个人迄今都表现为某种整体"，"他们应当使自己作为个性的个人确立下来"。集体主义异化为整体主义，正是马克思要我们予以消灭的生存条件。

个人价值的被确立是一个伟大的历史事件，也是现代社会的发端，欧洲文艺复兴运动就是要求个人地位在更大的程度上得到确认。恩格斯作过这样的评价："这是一次人类从来没有经历过的最伟大的、进步的变革，是一个需要巨人而且产生了巨人——在思维能力、热情和性格方面，在多才多艺和学识渊博方面的巨人的时代。"中世纪的幽灵消逝了，教会的精神独裁被摧毁了，真正的地球被发现了，文学艺术突起的高峰至今还没有被超越，现代大工业已经进入了起跑线，希望哲学的自由思想被广泛传播。"差不多没有一个著名人物不曾作过长途的旅行，不会说四五种语言，不在几个专业上放射出光芒"，"他们几乎全部处在时代运动中，一些人用舌和笔，一些人用剑，一些人则两者并用。因此就有了使他们成为完人的那种性格上的完整和坚强。"几个世纪以后发生的被胡适称为"中国文艺复兴"的"五四"新文化运动，欢呼个性解放，引导人们寻求新的生活方式，虽然同时发生的爱国运动很快转入政治斗争，"救亡压倒了启蒙"，但如果我们不过分拘泥于教科书上的历史阶段划分，而着眼于中国进入世界历史的过程，着眼于思想启蒙的主题——人的解放，会发现救亡正是它的题中应有之义。中国的人文运动在东西方两大文明巨流汇合的过程中，经过许多回合的反复冲撞，波澜壮阔，高潮迭起。

我们的得救，只能求助于人性的复归。因此，"人的解放"决不是只有抽象的意义，它首先要求对人采取一种世俗态度，追求一种合理的生活方式，放弃对物欲的贪婪，放弃对自然的勒索，放弃对一切图腾偶像的崇拜。从柏拉图的《理想国》到托马斯·莫尔的《乌托邦》，都认为先有了纯洁无私、诚实正直的理想的人，才能建立理想的国家。其实柏拉图以前的斯巴达城邦业已证明此路不通。斯巴达人人都是钢铁勇士，形同机器，战必胜，攻必克，然而最后还是难逃灭亡之祸。因为斯巴达失却了人性，它除了粮食，除了铁剑，别无所需。斯巴达王就曾大言不惭地说："斯巴达人无意向任何国家学习任何东西。"没有文学、艺术，没有哲学、逻辑，没有思想也没有人性。整个城邦是一座大兵营，以征服杀伐为能事，人民生活乏味、社会停滞、国运日衰。军事机器一朝失灵，寡头统治随即垮台，它甚至连一件像样的文物古迹也没有留给后代。

再看我们，上个世纪曾在全国范围内和全体规模上进行的人性改造工程，按照完全彻底的模式塑造理想的人民，其崇尚冒险精神、拼命精神、禁欲精神、敢想敢干精神，敢于斗争敢于胜利

72

的精神，其实很接近斯巴达精神，矫枉过正地执着改造一个民族，一个数亿人口的大国的国民。或许能培养出视死如归的战士，却不能培养出独立思考的人。历史上一切依靠短暂运动和个人意志改造人性、国民性的理想都失败了。因为理想的人不是历史发展的起点，而是历史发展的结果。

蔡仲德从编撰冯友兰年谱和编纂《三松堂全集》，以及对冯友兰现象的提出和对冯友兰思想的研究，可以说他继承了冯友兰思想的精髓和文化使命感，并把它发扬光大，直至集雨沉舟耗尽了自己的生命。

实际上，蔡仲德是在通过冯友兰的思想历程透视中国知识分子这一百年的思想历程和转变。他是一个典型，通过他这个典型，透视了百年来中国知识分子艰苦的历程，甚至折射了中国五千年的文明历程。所以，单纯先生认为蔡先生的许多新思想都可以在这样一个框架来重新发现，被挖掘出来。

读书的态度与思想的考量

尽信书不如无书，蔡先生读书读文章总警戒而清醒地手持一把批判的尺度。他曾从一个声称要自创体系者的出版物中挑出一百余条错误。

读书涉及思想交锋的篇章他都以红线划出，表示出他对问题的关注，在他读过的书籍中常见写满密密麻麻的批语。如读王元化《清园近思录》中谈到张奚若论卢梭的《社会契约论》时，张认为法国人的《人权宣言》不可能来自《社会契约论》，理由是：一、卢梭认为个人在建设国家时不得保留任何权力，而应把自己的权力毫无保留地全部转给集体。只有这样才能是尽可能完美的联合体。这种主张和用《人权宣言》的方法去限制国家的精神与办法，相去殆不可以道里计。二、卢梭毫不含糊地认为，用上述办法造就的国家是不受任何一种根本大法（纵使社会契约的本身）所制约的，因为那便违反了共同体的本性。三、既然个人不能保留权利和国家不受限制，那么这种不受限制的国家岂不容易流于专制，妨碍人民的安宁和幸福？卢梭的回答是当然不会。因为卢梭的国家是人民的国家，人民自己就是主权者，就是国家。国家不能伤害人民，就如同人民不能伤害自己一样。（殊不知，历史证明按照卢梭的理论实践，人民终将成为一个虚拟的符号，而国家却异化成一只怪兽。卢梭的公益概念，是一个名为涵盖个别实则排除了所有个别的黑格尔式的抽象。——李注）四、卢梭的主权者，自定义言之，不能作非，所以用不着限制，所以无需对人民提供任何保证，所以主权者由于他是主权者，便永远都是他所当然的那样。（日后成为独裁专政的辩护词——李注）五、《社会契约论》除开头谈奴隶社会等，承《人类不平等论》及《教育篇》中个人主义余绪外，自第一卷第六章起涉及由人民建成的国家之后，卢梭就站到集体主义者（Collectiviste）或国家主义者（Etatiste），甚至也可以说是专制主义者（Absolutiste）的立场上了。

卢梭的国家主义对后世产生的影响是严重的，长期以来引起广大学人的关注。卢梭认为人民建立的国家其性质规定了它是不会作非的。张奚若针对这种观点，在1935年发表在《独立评论》上的两篇讨论国民人格的文章中说："假使国家真不能作非，政府是的确万能，那么，绝对的服从，无条件的拥护，至少还有实际的利益。不过，不幸经验告诉我们，世上没有这样的国家和政府。最简单的理由就是因为政府是由人组成的，不是由神组成的。政府中人与我们普通人一样，他们的理智也是半偏不全的，他们的操守也是容易诱惑的。以实际上如此平常如此不可靠的人而假之以理论上无所不包无所不能的权力，结果焉能不危险。"

为了防止权力的腐蚀，他说："经验告诉我们，接受批评容纳意见是有效方法中最重要的一种。"七十年过去了，王元化说：这些话在今天看来也是十分深刻的。蔡先生是赞成张、王这些意见的，而对书中另一些思想却并不以为然，并在书中一一写有眉批。例如，有关中国传统文化问题：一些人认为如果抽掉伦理道德的内容，中国文化传统也就只剩下空壳了。中国传统的伦理道德是以纲常名教为骨干的，以《白虎通》三纲六纪作为中国文化的定义，或者根本精神，而这种柏拉图理念似的"抽象理想的最高之境"，亦即道德主体中抽象出来的"和谐意识"。蔡仲德就此批注：王"接受余（英时）、林（毓生）影响，从纲常名教中求'和谐精神'，肯定传统伦理道德'理念'"，并指出"和谐不在三纲，而在忠恕。从三纲中寻求和谐意识恐怕求得的'和谐'足可怀疑"。另外，指出王在评杜亚泉的文章中虽"对杜也有批评，基本态度则是杜而非陈（独秀）"，有不少地方值得商榷。

教育回到蔡元培

在教育领域，蔡仲德有个主张叫做"教育回到蔡元培去"。勿庸置疑，中国文化的现代化首先是人的现代化。蔡仲德认为：作为现代化的知识分子首先必须具备三种品格，一是超越的精神，二是干预的精神，三是独立意志、自由人格。

蔡元培是孔子之后最伟大的教育家。他的教育思想代表着现代教育的方向。其第一大功迹是成功地改造北大，使之由官僚养成所变为全国最高学府、中国现代文化发祥地、中国的民主摇篮与堡垒。从其教育思想及其在北大的实践看，堪称中国现代最伟大的教育家，其教育思想奠定了中国现代教育基础。现代教育主要是着眼于今天的知识分子怎样才能具备现代的人格。他认为，中国教育的出路在此。

世界现代文化源于西方，其中最有价值的东西包括三个层面，经济上是市场经济，政治上是民主制度，还有以人权为核心的一系列价值范畴。这都是世界文化的伟大成果，是全人类共同的精神财富，对各国具有普遍意义。三者是一个整体。如果没有后两者，市场经济不可能健康发展。这三者都体现了自由主义、个人主义的价值观，都需要具有自由意志、独立人格的人来承担。但中国传统文化中没有市场经济、民主制度和以人权为核心的价值系统，中国知识分子则缺乏自由意志、独立人格，后一点在"反右"到文化大革命期间表现得尤其触目惊心。知识分子作为整体未能承担"社会良心"的职责，这是大悲剧、大耻辱。根本的问题是要在市场经济的进程中发展教育，发展文化，用文化改变人，解决人的素质，这是根本。

对大学教育蔡元培有两种主张：（一）对于学说，仿世界各大学通例，"循思想自由原则，取兼容并包主义……无论何种学派，苟其言之成理，持之有故，尚不达自然淘汰之命运者，虽彼此相反，而悉听其自由发展……（二）对于教员，以学诣为主。在校讲授以无背于第一种之主张为界限。其在校外之言动，悉听自由。"主张教育要超越政治，强调学术自由，"大学者，'囊括大典，网罗众家'之学府也……各国大学哲学之唯心论与唯物论，文学、美术之理想派与写实派，……伦理学之动机论与功利论，宇宙论之乐天派与厌世派，常樊然并峙于其中，此思想自由之通则，而大学之所以为大也"，"循思想自由言论自由之公例，不以一流派之哲学、一宗门之教义梏其心"。强调教育根本目的在培养独立人格，"教育者，养成人格之事业也"，培养"独立不惧之精神"，以美育代宗教，认为美育"所以陶养吾人之感情，使有高尚之习惯，而使人我之见、利己损人之思念以消沮也。盖以美为普遍性……不复有人我之关系，遂亦不能有利害之关系……足以破人我之见，去利害得失之计较"。

蔡元培的教育思想经蔡仲德归纳可列为五项基本原则：

①教育独立，超越政党政治，全民利益至上。

②根本目的在使对象发展能力，完成人格，不再使对象成为工具，供他人驱使。

③德智体美全面发展，德以自由平等博爱为根本。

④学术自由，兼容并包。

⑤以全部由教授组成之教授会、评议会、行政会及各种事务委员会等一整套制度保障教授治校。

这些卓尔不群的见解，虽然并不合时宜，但凡所系所念，都与民族命运、国家前途、民主理念息息相关。作为一家之言，其心之热诚与坦荡，在习惯了吞吞吐吐的年代几成绝响。中国的教育界需要蔡元培的精神和思想，需要蔡仲德这样富有潜力的知识分子和有思想的教授，中国的学术需要于几乎众口一词之中独树己见的学者，需要有学术良心、独立人格、自由思想的文化人。

柏拉图曾经将人的灵魂视为一架由骏马和驽马拉驭的马车，骏马向往着明朗的天空，驽马却要在混沌的大地上匍匐前行。中国的知识分子从来就生存在灵魂二分的困境中。学问是一种思考人类生存方式的职业和志业的统一体。马克斯·韦伯把学问的专门化作为人类认识能力脱离巫术化的过程中来接受，进而认识到学问成为了巨大的文化产业的一部分，学者也不得不成为一种职业人。他提倡学问的"价值自由"，强调研究的客观性，都是针对学问逐步官僚制度化有感而发。而所谓"志业"，用吴宓所说："志业者，吾闲暇从容之时，为自己而做事，毫无报酬，纵有报酬亦自然而来，非吾之所望或措意。其事必为吾之所极乐为，能尽用我之所长，他人为之未必及我。而所以为此者，则由一己坚决之志愿，百折不挠之热诚毅力，纵牺牲极巨，阻难至多，仍必为之无懈。"

我在蔡仲德的学术纪念会上曾说：他的所有著述在我看来有一个非常重要的核心，他把这个核心贯穿到他的学术著作的始终，那就是，他对中国文化革故鼎新的终极关怀，他对人文精神、人本主义、人性、民主、自由、平等、人权、个性解放和独立人格的关注。这个思想贯彻于他的学术，更贯彻于他的社会批评，贯穿于他的所有文章当中，更贯穿于他的整个学术思想。他的思想焦点，他之所以对中国历史，对前现代的中国现实，对集权体制，对传统文化的糟粕采取不妥协的这样一个批判态度，其根本原因就在于他触着了一切腐败的根源，文化危机的根源，而他所批判的这一点恰恰是中国的病根，是中国走向民主，走向现代化的一个痼疾。

　　中国思想家梦想的"天人合一"，救不了世界，甚至从来没有进入现实生活，大半存在于中国艺术创造之中，所以有人认为那只是一个童话，起码是需要为之奋斗付诸实现的一个童话。人的历史是一部和自然交战、和人交战的历史。人和人曾经不能和谐相处，人和自然也在相当程度上不能和谐相处。青年马克思曾经以典型的思辩语言说过："共产主义使人全面地自觉地回到人的地位。这种共产主义，作为完善化的（完全发展的）自然主义，就等于人道主义，作为完善化的人道主义，也就等于自然主义。共产主义就是人与自然和人与人之间的对立冲突的真正解决。"这应该视为对"天人合一"思想最完善的表述。我们要建立一个和谐社会，建立一个和谐的世界，我们就必须承担起历史的责任，为实现这种和谐而创造新文化。

　　中国传统文化只有从传统观念的束缚下解放出来，从各种人身依附关系中解放出来，每个人作为独立的人，充分展示他的个性和才能，才有可能实现"天人合一"。我们长期经历过治乱兴衰，循环往复，我们就处于这种不自觉的状态，载沉载浮，原地踏步。历史上我们的社会结构和思维方式远不足以应付我们造出的罪孽，更不用说为人的发展提供一个坚实可靠的基础。历史学家和哲学史家说，历史上我们立国的精神没有"天赋人权"，即使最英明的人物，一旦尝到权力的乐趣，就很难分清领导和统治的区别。领导是以思想取得民众拥护，统治是以暴力迫使民众就范。从而演绎出另一命题：国家应该保护个人的自由，个人当然拥有争取自由的权利。这就是进入现代文明的出发点。何时消除集体抹煞个人的现象，或个体都具有集体的神性，社会主义就有希望了。

蔡先生的思想和态度代表了有良知的知识分子对国家、社会进步发展的自觉承担，尤其是对独立意志自由思想的渴求。蔡先生是一个普通的大学教授，同时又是一个极不普通的文化学者，一个思想斗士。一个哲学家与一个哲学教授的根本区别就在于有没有独立的思想和独立的人格。雨果在哀悼巴尔扎克的时候说过："从今以后，众目仰望的不是统治者，而是思想家。""上天在让人民面对崇高、奥秘甚至死亡加以思考的时候，知道自己做的是什么；死亡是伟大的平等也是伟大的自由。当一个高尚的灵魂走进另一个世界的时候，当他展开另外的看不见的翅膀消失在未知之乡的时候，我们心中只能充满严肃和诚挚。"

蔡仲德先生去了，在他的人生历程中有着足够的云翳来构成一个美丽的落照，他的思想将化为不灭之灵魂。

岂止文章惊海内，浩然气格树风标。

风雨苍黄过乱世，曾燃巨犀照牛渚！

2006 年 2 月于中央音乐学院

追随先贤　为现代化大厦添砖加瓦

——痛切缅怀学兄蔡仲德

黄 旭 东

蔡仲德，比我小两岁。就年龄而言，他是我的弟辈。而在学识修养、教学业绩与学术成果诸多方面，我这个学友是望尘莫及，无法与之相比的。我称他为学兄，主要在于真诚表达我内心对他的尊崇与敬慕，鞭策自己好好向他学习。诗人臧克家有名句："有的人死了，他还活着。"蔡兄就是这样一位死而犹生的人，永远活在中国有良知的知识分子心中。今撰短文一篇，以志缅怀。

弥补损失 尚需时日

我与蔡兄 1956 年相识于上海华东师范大学。同窗四载后，统一分配到北京。1960 年 8 月的同一天（30 日），我与他乘同一次火车，坐同一节车厢，离沪北上；到同一单位，住同一房间，在同一学科，教同一课程，共事五年。继而又同下农村参加"四清运动"，同在一个群众组织参加"文化革命"；后又同去部队进行劳动锻炼，星移斗转，过了八个春秋。1973 年返回音乐学院，虽从此分开，不在一个部门，但仍在鲍家街 43 号院内一起工作，直至他身患不治之症于 2004 年 2 月 13 日仙逝而去。掐指一算，我俩相处、交往了整整 48 个年头了。今年 5 月 23 日举办了蔡兄"逝世百日纪念追思会",我在书面发言中曾这么说:"对老蔡的熟悉、了解,对他的人生道路与学术追求的理解,在学院里,可以说莫过于我。"但今天一提笔,凝视着我与他最后一次见面时(2003 年 11 月 8 日)的合影,不由得悲从中来,历历往事,如在眼前;思潮起伏,心绪难平,万语千言,正不知如何下笔,从哪儿说起……

在当代中国文化知识界,有多少人知道蔡仲德?我不清楚,也无法统计。而蔡兄的中国音乐美学史论著作与他求真务实、敏锐深刻、切中时弊的不少思想理论,在音乐界,在哲学、社会科学界,是有广泛影响的。这是事实。他的为人和业绩,人们是了解的;他的不幸早逝,人们深感悲痛。正如定居香港的著名音乐史论家毛宇宽在唁函中所说:"仲德是一位真正意义上的中国知识分子。他的过早辞世,既是中国音乐历史学界,也是中国思想领域的一大损失。"像他这样有学术功底、有独立思想、有理论激情、有干预精神的学者,在中国音乐美学史界,可说是凤毛麟角。从某种意义上讲,他的离去,同时也带走了一个学科(中国音乐美学史);其损失一时难于弥补,或尚需相当时日。一代必将胜似一代,为历史规律。而就个体而言,并非人人皆能胜过前辈。可代而继蔡者,何人耶?

语文教学　一流水平

1937 年 2 月 26 日,仲德出生在绍兴乡下的一个农民家庭。少年时代,随父母辗转苏北、嵊县、上海等地,没有条件好好读书。因家境清贫,初中毕业后,只能进免费食宿的中等师范。他好学上进,求知欲强,当了两年小学教师后,考上了华东师大。

工作期间与中学、大学时期，他就养成了勤奋刻苦、独立思考的良好习惯。他的生活与学习很有规律，计划性很强，从不睡懒觉，起床钟未响，就悄悄离开寝室，在校园里读俄语背生词。晚自习也总是最后几个离开教室的人之一。图书馆出借处、阅览室经常有他的身影。课内，他有条理清晰、字体工整的课堂笔记；课外，广泛阅读古今中外各种名著。他扎实的文史哲功底，就是这个时期打下的。1960年分配到音乐学院附中任语文教员，他备课认真，内容充实，每堂课有教案，讲授生动得法，且又根据音乐专业的特点，有计划地选讲补充教材。他的课备受学生的欢迎，教学水平堪称一流。同时还兼班主任，教书育人，对学生既严格要求又亲切爱护，深受学生们的敬重。几十年后，在他身罹重病期间，他教过的学生都十分关心他们的蔡老师，经常来电询问病情。港台的学生还相约捐款以表心意。蔡老师受学生的爱戴，由此可见一斑。

涉足科研　崭露头角

仲德在附中勤勤恳恳教学，一教就是24年；在最后几年里，开始涉足音乐研究。他十分喜欢音乐，爱唱歌，也颇有音乐鉴赏力，但终究并非音乐科班出身，于是就避短扬长，发挥自己的优势，从梳理与探究中国古代音乐思想入手。他充分利用岳父冯友兰拥有的大量藏书，冯先生生命不息写作不止的精神与行事则使他景仰，以为榜样。妻子宗璞给他以支持、鼓励。这样一个洋溢着浓郁文化、学术气息的家庭，为他专心治学创造了良好的条件。1979年起的两年内，他撰写了多篇关于中国传统音乐美学思想代表作《乐记》的论文，列席了中国古代音乐史座谈会并作了重点发言。观点鲜明、言之有据、针对性强的论文《〈乐记〉作者问题辨证》，在 1980 年 12 月《中央音乐学院学报》创刊号上发表。时年 43 岁。紧接着《〈乐记〉音乐思想述评》《〈乐记〉哲学思想辨析》等文论先后刊出。他在学术上崭露头角。

独树一帜　自成一家

1980 年，学院音乐学系开设的古汉语课没有教师讲授。从事中国音乐史教学与研究的冯文慈先生请蔡仲德去授课。富有创新精神的他，建议不要按传统习惯孤立地单讲古汉语，而是结合古代乐论的选读来学习和掌握古汉语知识与阅读能力。得到冯先生的赞同后，他边讲课，边写教材，整整苦干一年，编出了一部《历代乐论选》。这时他的人事编制仍在附中，一面教语文，一面讲乐论选读。1983 年，他正式调入音乐学系的音乐美学教研室，开始了专职从事中国音乐美学史的教学与研究。

到大学部以后，他不骄不躁，脚踏实地，严格遵守学术研究的基本规律，广泛搜集资料，刻苦攻读，深入钻研，条分缕析，剔抉编次，于 1990 年出版了中国乐界第一部系统的古代乐论集《中国音乐美学史资料注译》，汇编了先秦至清末两千多年间有代表性的音乐美学文献，为人们学习与研究中国音乐美学史创造了极为方便而又最基本的条件。在首篇论文公开刊出后，他一发而不可收，在几年内，接连发表了数十篇内容充实、观点鲜明、有新意的文论，1988 年 10 月结集出版了《中国音乐美学史论》一书。他凭借近十年的学术积累，依据多年的教学心得，面对中国音乐美学史论界的学术现状，衡量了自己的学识与能力，决心要为写出一部《中国音乐美学史》而"奋斗一番"。他从 1989 年 4 月 17 日动笔，花了整整三年时间，终于在 1992 年 4 月 10 日完稿。由于当年国内大陆学术著作出版难上加难，便交由台湾蓝灯文化事业股份有限公司，于 1993 年 2 月出版。这部专著在 1994 年中央音乐学院教材评选中获一等奖；1996 年获第十届中国图书奖；1998 年获教育部普通高校人文社会科学研究成果奖；2000 年被评为北京市精品教材；2003 年修订本出版被列入"中国文库"。以上三部著作，自成系统，又相互关联，作为整体学术成果，独树一帜，自成一家，深受读者和学界好评，从而奠定了蔡仲德在中国音乐美学史研究领域的开创者地位。

发愤著述　为我生民

仲德兄治学时所处的家庭境况、社会环境与世界局势很不平静，令人忧虑，尤其是在写作《中国音乐美学史》的那几年里。正如他心情沉重而又坦诚地向大家诉说的那样："其间曾出现震动神州、震惊人寰的政治风波与风波的平息，曾发生海湾战争与东欧、苏联的剧变，又曾经历岳父的去世、妻子的重病。家事国事天下事，使人感慨良多，心潮难平，也使人发愤著书，为我生民。"完全可以这样说，蔡仲德不是闭门治学、不闻窗外事的书斋学者。他是明确地将学术研究与自己的同胞、祖国和世界生民的命运联系在一起。正是出于这样的考虑，所以他的学术眼界不仅局限在他的主攻方向中国音乐美学史一个学科上，而是依托他丰厚的学养，向时还把自己的视野扩展到中国哲学、士（即知识分子）人格以及整个中国文化的建设与发展这样一个广阔领域。他承继前辈的学术成果，广学博取，潜心研究，发表了数十篇文论，提出了许多独到、精辟的见解，后结集为《艰难的涅槃——论"五四"与中国文化的转型》一书。

仲德兄牵挂着社会的文明与进步，牵挂着中国的现代化建设。他正是为此而奋笔疾书，倾注着自己的生命写作。他以人本主义为指导思想，从与人的关系中去探求音乐之道，去认清文化的本质，去寻求实现现代化的道路。他默默伏案，在历史与现实的时空中，深深思索……终于总结出一个重要的结论："在中国，一百多年来，现代化事业几经挫折，收效甚微。出路何在？根本的出路是在发展生产力的基础上发展教育，改造文化，实现人的现代化。当然要首先发展科技，发展工农业，发展生产力。但科技靠人，工农业靠人，生产力的第一要素是人，没有人的现代化，科技的现代化、工农业的现代化都将是一句空话。"真是铿锵有力，掷地有声。在文化与人的关系上，他的研究重在探索中国文化怎样才能走向未来，中国知识分子怎样才能具有现代人格。他的结论是："人创造文化，文化也创造人。人就是文化，文化也就是人。文化的现代化离不开人的现代化，没有人的现代化，文化的现代化（包括音乐文化及其美学的现代化）乃至一切现代化到头来只能是一句空话。"他思想的独到之处与理论勇气，还在于提出了现代化知识分子除要有现代化的知识外，必须具备超越精神、干预精神、独立人格与自由意志三种品格。仲德兄不仅这么说，自己也照着做；这三种品格、在他身上程度不同地得到了体现。

"答辩"被压　又遭批判

在对中国音乐美学史的研究中，仲德兄有一长篇论文，借用现代音乐美学家青主（1893—1959）的"向西方乞灵"这句话作为大标题，副题是"关于中国音乐出路的人本主义思考"。当年我读到此文后，基本同意他的观点，但就我对中国当今乐坛的了解，不赞成用"向西方乞灵"来作标题，理由是会招来麻烦，容易使人望文生义，引起误解或曲解，建议不用这个标题。他没有接受。

该文的核心内容在《人民音乐》发表后，引起了争论。这本来是很正常的。可不久，事情发生了变化。2001 年 5 月 23 日有关部门领导布置要就这篇文章在内部进行学术探讨，也邀请蔡兄出席。这是一次小型会议，气氛很热烈，仲德也在会上多次发言，就有些人提出的批评进行答辩，也对其他学者的看法谈了他的见解；与会者各抒己见，展开自由讨论，体现了改革开放后的时代精神，有利于"双百"方针的贯彻。但会后在一篇以个人署名的方式对此次会议所作的公开报道中，却根本不提蔡兄对自己基本观点的介绍与答辩，只有一句与蔡兄原意也有出入的话："对于以'乞灵'为题……蔡仲德在发言中也说是'一百个人有九十九个反对或不同意'。"这篇报道显然是不公正的。对此，一向不苟且了事的蔡兄，写了篇千字短文，重申自己的基本观点，同时对上述报道进行质疑。但那个刊物由于主管领导的干预始终没有发表。一晃两年过去了。2003 年 9 月 9 日，重病中的蔡兄写了一封致编辑部的公开信，严肃批评编辑部违背百家争鸣的方针政策，只发表对学术会议的歪曲报道，重复以往对不同观点进行批判而不允许申辩的错误做法，要求编辑部或明确回答不发表的理由，或以"三个代表"重要思想为指导，刊出他的信稿，进行平等、自由的争鸣。但仍然没有回音。这虽是一件小事，但牵扯到要不要贯彻"双百"方针，要不要维护一个公民的民主权利的问题。蔡兄对这件事的态度，充分体现了他胸怀坦荡，刚正不阿，敢于直言，决不隐瞒自己观点的高尚、可贵品质。正是这种人格精神和他在学术上骄人的成就使之深孚众望，1993、1998 连续两届被选为北京市西城区人大代表。任职期间，他积极反映社情民意，参政、议政，为推进现代民主政治做出了自己的尝试，受到选民的拥护。

还须补充一事。就在上述"5.23"会议开过，上级领导听到汇报后，认为会议开得不成功，没有达到预期目的。于是，又布置在 7 月 18 日召开以"学习三个代表重要指导思想，促进音乐艺术发展"的研讨会。这次没有邀请蔡兄参加。会议开始不久，一位原蔡兄的学生站起来发言，一开口就说什么"蔡仲德的思想理论观点，就在纲上、线上……"，这给仲德兄以极大的伤害。上述两件事给他的晚年留下了最大的遗憾。

　　金无足赤，人无完人。仲德兄也不例外。他留下的二百多万字著述，其中就他所持的各种学术观点和对古代文献语言的理解，也有可商榷之处。2000 年 10 月学院五十周年大庆时，他做过一个回顾性学术报告，对自己的生平行事实事求是地作了总结，并对有些事作了诚恳的自我批评。他能正确对待自我，并始终把自己所从事的学术工作看作是在"追随先贤，为现代化大厦增添一砖一瓦"。这，就是我的学兄蔡仲德。

原载《人民音乐》2004 年第 11 期

回　忆　老　蔡

陈自明

　　20世纪60年代初，老蔡从上海华东师大分配到中央音乐学院工作，我们都住在2号楼三层，我就是在这个时候认识他的。当时我还是一个摘帽右派，也可以说是一个受人歧视的贱民，至于当党委书记，那是后来的事。

　　老蔡在文化大革命期间受到过冲击，那真是个疯狂的年代，没有任何道理可讲。有一次他被对立派抓走了，理由可能是说他出身不好。他被关在2号楼二层的一间房子里，而且不能与别人联系。他实在气不过，居然从楼上跳了下来。结果他的腰摔伤了，无法动弹，被人抬回到他的宿舍里。对立派说他是反革命，和他同一派的人自然不敢来照顾他。那时我在音乐研究所工作，每天早出晚归，住在音乐学院。我当时比较超脱，没有参加音乐学院的哪一派，于是吴元芳同志找到了我，和我商量如何照顾仲德的生活。我很同情他，也觉得这是我的责任，所以也不顾我的右派身份，负责了他的饮食起居（大概有一个多星期的时间），直到他的弟弟从上海赶来，我才离开了他的房间。通过这段时间的接触，加深了我们之间的友情，也可以说是患难之交吧！

　　后来，我知道仲德与宗璞结婚，成了冯友兰先生的女婿，我也很为他高兴，曾经多次到过燕南园——他的家中叙谈。1979年—1980年我在北大学西班牙文，常去看他，但从1983年到1992

88

年期间，我担任了音乐学院党委书记，因为工作太忙，来往就少了，这也是我的一个遗憾。

老蔡从事中国音乐美学史的研究大大出乎我的意料，他本来是学中文的，后来转到音乐学领域，开创了这个学科，这很不容易。首先要有勇气，其次要有学术功底和坚强的毅力。他的古文功底好，而且能与冯友兰老先生朝夕共处、聆听教诲，还有宗璞这样的大文学家在身旁，客观条件是很优越的。但是，最根本的，还是他勤奋。没有长期的勤奋，没有日积月累的功夫，再好的条件也不可能有什么建树。

老蔡把他的主要著作都送给了我，他的研究一是广博，二是深刻。他的著作涉及中国音乐美学和中国文化，一直到对整个中国知识分子人格的评价、思考。特别是他开设的一门研究生研讨课——"士人格与文化研究"，将中国古代、近现代以至于当代知识分子的思想与人格进行比较研究、评估，这是一个巨大的工程，既需要勇气，也需要有广博的知识和高远的眼界。在这门课上，人们独立思考，畅所欲言，建立了一种自由探讨的学术风气。

我建议将老蔡的文章和书收集起来，编一本《蔡仲德全集》或《蔡仲德选集》，因为中国音乐美学固然是他的主要成就，但不能代表他的全部思想和成就，这部书还应该包括其他方面的内容。我们可以从这部书中全面了解蔡仲德先生的思想，也可以从一个侧面了解中国知识分子近百年来的遭遇，并以此来思考我们现在应该走什么样的道路。我基本同意他的说法，我们应该"回到蔡元培去"。我对老蔡的人格非常佩服，我们彼此信任，可以说是无话不谈。我很了解他，他是从一个正直知识分子的角度来看待一切事物的，并不去考虑会不会得罪哪一个人，或得罪了上面。他这种正直、真诚地表露自己思想的人格、气度是很多知识分子缺乏的。当然，他也因此得罪了一些人，包括上面。好在改革开放后的中央音乐学院有一个好的传统，我们会保护自己的教师，包括李春光、蔡仲德，这很好，蔡元培先生就是竭力保护知识分子的。可惜，并不是所有的学校都能做到这一点。

仲德不仅在新学科的开创工作中成绩卓然，他的人格更是值得大家学习和敬仰，我也要继续向他学习。希望宗璞要节哀，保重身体。

2004 年 5 月

师门地望铸高名

——怀念蔡仲德先生

单　纯

　　中央音乐学院教授蔡仲德先生英年辞世，不仅使他的亲友感到悲痛，而且也给中国学术界带来了难以弥补的损失，特别是在那些他卓有建树的领域。中国音乐教育界、音乐美学研究领域他诸多的师友、同行、学生都对他的辞世表达了哀痛之情及诚敬之意，这自然也在引发我对蔡先生的哀思。固然，对于他供职的专业，我所知甚少，但他那部开创性的宏思伟构——《中国音乐美学史》，却在当代中国学术领域享有广泛的声誉，这倒不在我或者其他当代中国学人的理解之外。这恐怕是我们这个具有五千年文明史的国家仍然保留了"礼乐治国"的文化情结之故，所以，蔡先生就不仅是音乐理论界的学者，同时也是中国学术思想界的卓然有成者。

　　然而，就我这样一个研究中国哲学史的人来说，或者是来自浙江绍兴的同乡来说，甚至是曾在云南求学的学子来说，与蔡先生都有着三重雅缘。

　　首先，蔡先生的岳父冯友兰先生是 20 世纪中国哲学界、哲学史界冠绝一时的宗师，是所谓治中国思想史、中国哲学史中"可超而不可越的人物"。我读博士时的导师正是冯友兰先生的弟子——牟钟鉴先生，而在此之前我还在《百科知识》上发表了一篇研究冯友兰先生哲学思想的短文。之所以有这样的因缘又是因为我在云南大学读书时美国教授的一段话："冯友兰的哲学史每读一次都是一本新书，从任意一页翻开来读，你都不会失望。它简直就像枕头旁边的'圣经'。"我在上个世纪90年代初考取牟钟鉴先生的博士，按照导师的建议——其实，我也心仪冯友兰先生的哲学——专门研究冯友兰先生的哲学体系，以作为我的博士论文。因为这个缘故，牟钟鉴先生将我介绍到了冯友兰先生的寓所——北京大学内的"三松堂"并在那里认识了冯友兰先生的女儿、作家宗璞及女婿蔡仲德教授。此后，因为研究方面的问题经常上门请教蔡仲德先生及宗璞先生，每次都能得到他们无私的帮助。特别是蔡仲德先生编撰的《冯友兰先生年谱初编》对我的研究极为重要。那里面提供了丰富的有关冯友兰先生思想的资料以及形成的背景，我还就自己对这本书的体会写出了一篇"中国知识分子的心路历程——读《冯友兰先生年谱初编》"并发表于《读书》1997年第2期上，其深义如我在此文结尾时所说的："掩卷之余，我同时想到了谢尔曼（Stuart P. Sherman）的一段话：'所谓伟大的书是从丰富而充实的人生中摘取出来而填入字里行间的……你在不同的时日和不同的心情下阅读，你仍可感受到它成书时的气息和命脉。'通过《冯友兰先生年谱初编》来感受冯友兰，感受中国现代、当代哲学，感受20世纪中国知识分子的心态，读者会觉得谢尔曼的话是不错的。"后来这篇文章在海内外得到广泛的传播，我自然也感到荣幸。但是，无论如何我觉得这里面都有蔡仲德先生编撰冯友兰先生年谱之功。还有，关于冯友兰先生思想的发展历程，蔡仲德先生在《哲学研究》上发表了重要的论文，提出了"实现自我、失落自我、回归自我"的"三阶段"说，这个洞见现在基本上为中国哲学史研究领域内的专家所接受，其功劳无论如何都应该归于蔡先生名下。就我记忆所及，蔡先生还对中国清代以来的几位最具代表性的儒家人物发表了十分独到评论，如顾炎武、王国维、陈寅恪等。在读了这些论著之后，我们社科院的天爵老先生——他是冯友兰先生学生辈中最具独立思想和人格魅力的思想家——告诉我："蔡仲德对这些重要人物的思想研究都是下了大功夫的。他是我所能够想到的中年学者中思想最具创新能力，学问最严谨的佼佼者之一。"天爵先生对蔡先生的评价让我感到心灵的震撼：源出孟子藐视帝王将相的"人爵"而自名"天爵"，他算是"睥睨寰宇仅一人"的思想巨擘，他所愿意正面评价的当今中国学者只能以个位计算。更令人扼腕叹息的是，他们这两个"绝代才怜绝代才"，"自有仙才自不惜"的人物居然先后于2003、2004年离开了我们，离开了最该珍惜他们思想和人格的中国社会。但愿他们是往生到了哲学的西方净土，与先期到达那里的冯先生并其他贤哲相聚，继续讨论他们所关心的哲学和思想问题。于他们二位师长，我虽以晚生而晚识，但总以能亲炙其教诲而庆幸。这大约算得上我与蔡先生相识的学缘。

　　我与蔡先生的第二种雅缘就是同乡，所不同的是他的学问、思想、人品是足可承当我们家乡的地望的。记得第一次到三松堂造访，蔡先生给我的名片上赫然印着"中央音乐学院教授：绍兴蔡仲德"。我也是绍兴人，自小就在家乡的气息中感受到一种难以表达的复杂情绪：不知是不是自豪、压力、冲动、沮丧……反正到现在也说不清楚。绍兴的地面上名望高的人可谓粲若群星，这当然是那里的地望，自然也是那里的人一种潜意识中的自豪。同样也是这地望，当你被问到"你也是绍兴人"，这该是对你多高的期待、疑问、挑战！你就不能不感受到心理的压力甚至沮丧。在当代的学者中，自觉这种地望在自己生命中所占的价值的人已经不多见了，但蔡先生却是我见到的第一个。他曾在他的巨著的"后记"中这样说："今天面对书稿，我满怀感激之情。我要感谢生育我的故乡，'会稽乃报仇雪耻之乡，非藏污纳垢之地'，故乡还有众多先贤曾为中国文化做出突出贡献，不敢愧对前人是我写作的动力之一。"别的不说，仅是一个北京大学，可以配得上绍兴地望的就有两任校长，一是蔡元培，一是马寅初。马寅初执掌北大时已进入共和国时代，几乎没有人再敢以地望冠名，如历史上的王船山（王夫之）、康南海（康有为）、梁新会（梁启超）者；加之，《新人口论》使马寅初已背了一身政治骂名，他自然在名义上是不能享用绍兴地望的了。可是，先他之前的蔡元培，却自然享有"蔡绍兴"的雅名。我想，那是当之无愧的。当年，享有"美国人民的朋友、导师和良心"声名的哲学家杜威在评价蔡元培时就说："拿世界各国的大学校长来比较一下，牛津、剑桥、巴黎、柏林、哈佛、哥伦比亚等等，这些校长中，在某些学科上有卓越贡献的，固不乏其人；但是，以一个校长身份，而能领导那所大学对一个民族、一个时代起到转折作用的，除蔡元培而外，恐怕找不到第二个。"十分凑巧的是，杜威也是仲德先生的岳父冯友兰的博士导师，他曾对自己这个天赋极高的中国学生写下了这样的评语："冯友兰君是我所知道的、一个真正学者的材料（Mr. Fung is a student of real scholarly calibre）。"以杜威那样傲视美国学界的泰斗身份赞扬一个中国学生，也真是罕见！

从蔡仲德先生讲到地望，讲到绍兴人，讲到蔡元培，我实际是想到了蔡仲德先生一个十分重要的学术观点。那便是"五四运动"的旗手和主导精神问题。我们的教科书或者历史材料，对于"五四运动"的旗手和主导精神有些不太统一的说法：间或说是鲁迅、李大钊，间或捎上陈独秀，最宽宏大量的时候还提到胡适；主导精神以前大家都说是"民主与科学"即"赛先生"和"德先生"，后来由于政治需要又大谈是爱国主义。对这些变来变去的说法，蔡先生很不以为然。他在许多场合坚持阐述自己的观点："五四运动"的旗手是蔡元培，形成的时间应从他执掌北大校长算起，主导精神是自由主义。在此主导精神之下，才能养成、容忍民主、科学、爱国主义、实用主义，甚至是跟它唱反调的"文化保守主义"，才能合理解释两个对立派别的人物同时出现在那个时代的北京大学，居右的有胡适，居左的有陈独秀、鲁迅等人，甚至唱反调的也还有刘师培、辜鸿铭等。我想蔡先生的观点虽然与众不同，但是经得起历史检验。记得，北京大学百年校庆时，有关方面邀请中国社科院最老资格的学者陈翰笙写贺词，当时翰笙老年岁可能高过北大，大家以为帮他写个冠冕堂皇的贺词也就算了。结果他让人念给他听写的是什么。当别人告诉他是很常规的"祝北京大学越办越好"，他却说，不要这样写，办得跟过去一样好就不错了！大家当然不敢把这句话拿去当贺词了。不过，如果我们能够像蔡仲德先生那样地评价"五四运动"，那样推崇蔡元培，想想两个作为仲德先生家乡人的校长，翰笙老有那样的说法也就不足为奇了。想到这些，我倒是为忝居绍兴人而感到有些惭愧，但也暗自有些庆幸，因为我毕竟与仲德先生有这层乡缘。

私下里我也常常在想，我与仲德先生是否还有间接的"史缘"呢？我是绍兴人，随父母到云南也生活了十多年。但是，江浙人或者中原地方的人到边陲省份，多少都有点怀疑当地的人或文化比较落后。中国禅宗讲，慧能一见五祖弘忍就被刺痛了一下：慧能初见弘忍就表示是要学作佛。弘忍本能地怀疑他是南方的少数民族，怎么能够成佛呢？但是，慧能却以佛性平等论回敬了弘忍，最终成为了中国佛教史上最有贡献的南宗祖师。抗日战争期间，冯友兰先生全家曾随清华大学移居云南，担任后来成立的西南联大文学院院长一职，所以也经历了中原人在"南渡"时对云南人、云南地方文化的感受。某些移居者是掺杂有对边陲云南人或其文化的偏见，可是，我在读到冯友兰先生的《南渡集》和《新事论》时，在读到宗璞的小说中关于云南人的故事、逸闻

95

时，我发现他们对待云南人、边陲文化风俗是那样的理性、公允甚至有感激之情时，我很受感动。冯友兰先生以旷世哲人的身份，以非常理解的心境，为云南人、云南地方文化说了一般人说不出来的公道话；宗璞后来在小说中对云南的眷念、深情的回忆，也深得云南地方的学人、外地在云南求学的学子的好感，大家都愿意读他们的文字。我到三松堂时常将这些情况告诉宗璞先生，蔡先生也常常是聚精会神地在听，表示出对这个彩云之南的边陲省份的浓厚兴趣。2000年云南省委宣传部举办"民族文化研讨会"，请宗璞先生和仲德先生出席，他们也顺便访问了昆明、丽江等地。大概是对云南的民族风情、文化充满好感，蔡先生决定应邀于第二年到云南艺术学院讲授他的音乐美学，可惜由于宗璞先生身体的缘故他们没有再访云南。可是，我听说蔡先生的博士生中就有从云南考上的，这也很让我为云南的学子感到高兴、自豪。

上述三种雅缘使我时常在反思，像我这样对于冯友兰先生的哲学思想研究属于后学、晚辈者，这样少年时代便离开人文荟萃的绍兴，投止于边陲云南且长成于动乱年代而缺乏系统的初等教育者，是受到了仲德先生、宗璞先生的无私帮助和教诲的，这些恩惠当然不止于我对于冯学的研究，还涉及到做人的良知、不讲假话及公平待人方面。感怀于此，我在新近出版的《当代西方宗教哲学》一书的后记中这样写到："本书的写作过程中，我痛失师长：2003年天爵先生驾鹤西去；2004年仲德先生英年辞世。他们的去世使我永远地失去了与他们交游、问学的机会。虽然现在已是人冥两界，然而神游于学问间的景象时时浮现脑际。我本该停下笔来写点纪念他们的文字，可是总以此书未成、不可中途旁骛为遁词，竟然没有以我能够做到的方式祭奠我的师长，真是心痛之极！惭愧之极！但愿二位师长在黄泉路上还能感受到我深切的哀思。"人生百年，终归会有大限，但应以完成生平志愿者为来去无牵挂。但蔡先生走得令人痛惜，因为我知道他还有一部探讨"中国知识分子的士人格"的巨著没有完成，他也没有能够等到如他所愿的那样协助宗璞完成她"四部曲"——《南渡记》、《东藏记》、《西征记》和《北归记》。我猜想这些会是蔡先生走得不甘心的牵挂，而对忍痛送别蔡先生的人来说这些也是难于忍受的损失。这些损失对于宗璞先生，对于他们的女儿、蔡先生的亲友来说，都是无法弥补的，对于中国学术界来说也是无法弥补的。

命运之所以是命运就在于它经常会出其不意地袭击我们，病魔以一种极不公平的方式从亲人的关爱和师友的敬重中夺走了我们的仲德先生，将哀痛、惋惜留给我们。这简直不是让我们选择，而是武断地将我们最不愿意接受、最没有准备的恶果强加给我们！但愿蔡先生的学生、同乡、师友能够共同来分担无情的命运给大家，特别是蔡先生的亲人所带来的伤害，以减轻宗璞、冯钰所承受的悲痛。愿仲德先生在天之灵遥感到我们对他的深切怀念。

追思蔡仲德先生的学术成就和贡献

黄腾鹏

蔡仲德先生于今年 2 月 13 日与世长辞，噩耗传悉甚感哀痛，这是中国音乐美学界、音乐学界和学术界重大的损失。

蔡仲德先生立愿追随先贤，以"发展教育，改造文化，实现人的现代化"为己任，满怀一种忧国忧民的炽热的爱国情操，以"生命不息，写作不止"的精神，全身心地投入他为之奉献一生的中国音乐美学史研究之中，涉及中国哲学、音乐文献学、文化学等众多领域。上世纪 90 年代起，他又展开有关中国士人格的研究与冯学研究，举办"士·文化·人"的系列讲座，从孔孟、商韩、老庄、屈原、司马迁直至近现代王国维、陈独秀、蔡元培、陈寅恪、顾准，探讨他们的思想与人格在中国历史社会及其文化发展中的重大作用及意义，以启迪年青一代如何重视与增强思想品德修养，弘扬中华民族传统的文化道德情操。近现代著名的哲学家、哲学家冯友兰先生（1895—1990）是跨越中国两个时代"新儒学"的倡导前辈，以程朱理学结合新实在论而构建"新理学"的一代宗师。上世纪 80 年代起，蔡仲德先生即着手系统地整理与研究其年谱、著作、思想，撰写并发表一系列重要文章，阐述冯友兰先生的学术成就、贡献及影响，在国内外反响很大。

蔡仲德先生致力于中国音乐美学史学学科的建构仅仅三十

年，从上世纪70年代的《乐记》注译》、《为郑声翻案》、《商鞅、荀况、韩非子音乐论述评注》等至90年代的《儒、墨、法、道、阴阳家音乐美学思想异同论》等，其间他还花费不少精力分别注译和评述先秦、汉晋唐、宋明及近代各名家的乐论和美学思想，其涉及面之广，文献切入之深，耕耘之勤，硕果之大，当今尚未有一人出其右。他于1984年至1992年完成的《中国音乐美学史》一书，为我们留下一部具有文献价值的专著，其历史贡献无庸赘述。然而，他却谦逊地说："希望《中国音乐美学史》的问世有助于音乐美学的现代化"，"为现代大厦增添一砖一瓦"。

因专业不同，原先我与蔡仲德先生没有接触交往。2000年第六届全国音乐美学研讨会在兰州西北民族学院召开，可能出于他的夫人宗璞同我姐夫张光年、姐姐黄叶绿相识有交往的缘故，他与我一见如故，当面索要拙著《西方音乐史》一书。他回北京后立即将新版的《音乐与文化的人本主义思考》一书寄赠给我，随后又把尚未发表的《走出误区——关于现代音乐的若干思考》一文寄来，征求我的读后感。他这种极其严肃而认真的学术探讨态度，令我感动和钦佩。

《音乐与文化的人本主义思考》一书是蔡仲德先生自1994年至1999年五年间论文精选的汇编，以《关于中国音乐出路的人本主义思考》一文，作为全书的总结，充分地阐述了他的观点和证据，以期在全国范围内展开更深入的、更广泛的讨论，推动中国音乐的现代化发展。

上世纪90年代，我国音乐理论界围绕着中西音乐文化关系问题展开一场颇有影响的争论，其焦点在于：如何评价近百年来中国音乐文化接受西方影响而出现交流融合的历史现实，如何评价"五四"以来中国新音乐文化的发展及成就，如何看待当今中国音乐文化的民族性与现代化趋势之间的关系等等。蔡仲德先生从音乐美学、音乐比较学、音乐社会学和音乐文献学不同的角度加以综合进行思考，于 1998 年 10 月提出《出路在于"向西方乞灵"——关于中国音乐出路的人本主义思考》的观点及论述。翌年 5 月在纪念"五四"八十周年国际学术研讨会上又以论文《人本主义、个人主义、自由主义——论"五四"价值及其恒久意义》来阐明他的思想。"向西方乞灵"这一提法出于青主的《音乐通论》(1933)，正如田青先生于 1983 年纪念青主逝世 90 周年所写的《浸在音乐中的灵魂——兼评青主的美学观》一文加以辩释的，是这位中国音乐界前辈出于特定的历史条件下，"期望音乐在中国普及，期望音乐能够改善中国人的精神，期望中国能成为一个音乐大国"提出的"一个措词很不严谨的口号"①。蔡仲德先生崇青主为先贤，引用其口号在于发挥其美学论点，以历史的眼光、文献学的论据对音乐本源作思辨的审视，将人本主义的人性看作是中西音乐文化共同的本源。改变中国音乐文化落后的出路在于高扬人性，高扬人本主义，以西方音乐的根本精神（注：人本主义）进行重建，实现中国音乐的现代化。蔡仲德先生在生前最后几年主要思考这个重大的问题，他着力于有关现代音乐的研究批判亦出于他所提出的"复归人性"这一基本观点上。可惜，他未能如愿进行更深层次的研究和阐述，令人感到十分遗憾。我们纪念蔡仲德先生，缅怀他的奉献，追思他的成就，最好过滤掉感情色彩和价值偏好，历史地、客观地加以实事求是的研究和评价。他生前就是如此期望的。

2004 年 11 月 3 日

---

① 引田青《浸在音乐中的灵魂——兼评青主的美学观》，《人民音乐》1983 年第 10 期，第 44 页。

忆蔡仲德老师三件事

宋　瑾

　　第一件是我在攻读博士期间（1996—1999），有一门蔡老师开设的"士人格研究"的选修课，我和同届的同学绝大部分人都选了。这门课是以历史的顺序探讨中国知识分子的人格精神问题。印象最深的是在谈到司马迁和屈原的人格时，蔡仲德老师要求我们对二人进行对比——一个是在最屈辱的宫刑之后忍辱负重，一心要完成《史记》的撰写为人类造福；一个是宁可玉碎不为瓦全，投江自尽保留气节。同学们众说纷纭，莫衷一是。我突然问蔡老师：您的意见呢？蔡老师愣了一下，很快就回答：我认为还是忍辱负重的人格更为可取。我又追问：假如您遇到无法通融的时刻将作怎样的选择？他毅然答道：那就义无反顾！对于"士人格"问题，我在结业作业里谈到君本身也是士，因为他们从小受到最好的教育，具有多方面的知识；在其为君的"霸气"中，或多或少也有士的气质。人们往往高看了君，将其神化，以致对其因未能满足社会的"求神"需要而不满。如果把他们放回原处，像对常人一样对待他们，或像对士一样对待他们，那么为士者或许能够从"斥君"的情结中解脱。我暗地里用劲的是，希望这些文字能够降低君而抬高士，使知识分子在士君关系上摆平心态，也使蔡老师"眼里容不下沙子"的纯净心灵好过些。令我不安的是，蔡老师给我打了个高分，超过了我的预期。我猜测他明白我的用意并感念我的情谊。当然，他绝不会依私人情感的尺度来判分。这个高分给我的压力是蔡老师为人的分量和对我的敬重，实在让我有"不可承受之重"的诚惶诚恐之感。更为重要的是，它挟持我多保留一份士的气节。

第二件是在中央音乐学院建立五十周年的庆祝活动中，蔡老师应邀进行一场演讲。他回顾了自己来到中央音乐学院几十年的作为，畅谈自己所感所悟、所思所想。可是在谈到"五一六"事件的时候，他突然噎咽！他向大家袒露内心的郁结——在被关押迫害之时，曾被逼迫"招供"所谓"同党"，以后多年他内心因此倍受煎熬。所有经历过"文革"洗劫的人，都能体察蔡老师的心境。按理说，经过磨难，内心结了老茧，加上时间良药的救治，对那段历史产生的创痛应该已经淡化，甚至可以引用为一种复杂的资源。但是蔡老师却耿耿于怀不能释放。只能有一种解释，那就是他对自己太苛刻了！他的眼睛就是容不下沙子！初识蔡老师，眼前是一位红光满面的少老年。问：练气功？摇头。又问：信仰宗教？还是摇头。答曰曾经多人有如此之问。可见众人同感于蔡老师的健康。我想，正是因为他对自己苛刻至极，不愿轻易放过自己的任何一点瑕疵，才酿成健康的毁坏。所谓"皎皎者易污，峤峤者易折"，敏感之处易受伤。此精神之"洁癖"，一点瑕疵就足以自伤。令人感慨的是在特殊的历史环境中，这样的"招供"完全算不了什么，这笔账要算也算不到个人头上，可蔡老师就是那样认真地承担了本不该由他来承担的历史重负和屈辱。许多人都说，要是"文革"再来一次，恐怕没有人会因被批斗而羞愧甚至崩溃。这一方面说明国人的精神成熟，另一方面也反映了人们在政治上的精神麻木或对逆境采取了自我保护的措施（适应性）。似乎蔡老师的自伤没有价值？我却觉得他的自伤至今依然痛在亲朋好友的心，成为士人格精神的光芒！这种精神是道德自律，正是物欲横流的世界所缺少的，也是追慕虚荣的心灵所缺少的。它就像一颗璀璨的星在高空照耀，引领追求人格完善者将精神的长征进行到底。

第三件是蔡老师在病重卧床期间，我和爱人一道前往北京大学他的住处探望。当时我们已听说他受到疾病折磨，难以入睡。所以我们事先在电话上和他约定了时间。蔡老师说他需要睡一觉，以便积蓄一点精力来跟我们谈话。可是按约定时间到了那里，家人说他刚入睡不久。我们一方面觉得遗憾，另一方面又因他能入睡而觉得欣喜。于是我们悄悄告辞出来。在返回的路途中，蔡老师醒了，他连忙打我的手机，对我们大老远拜访没能见面表示十分遗憾。我们顿时产生一种说不出的感觉，回想起来其中有感动、敬重，也有不安、伤感。不安的是担心蔡老师的心情受影响，伤感的是蔡老师生命的脆弱，分秒比金贵的状态，以及隐约有不祥的预感。前一段时间，听说蔡老师病情好转，要求到校上课，而且真的出现在学院的课堂上。可是情况很快就急转而下，直至病危。显然那是肉体生命的回光现象。这一起一落，更加令人揪心。即便不是回光返照，即便是真的好转，他也完全有理由在家休息调养，可是他却完全不顾自己的健康走进课堂，就像离开战场的伤员要求重返炮火连天的战线一样。也许正因为这样他错过了吝啬的上帝给予的最后一次机会；他把生命的最后一点元气撒在了课堂。我希望那是火种，能够燃起当代士人格精神的熊熊烈火，我愿意投身火海再度得到洗礼和升华。

平时同学同事之间说起蔡老师，大家的共识是：他几乎已成圣人，具有巨大的人格魅力，学问做得非常精深。显然，他像一盏灯一样，照亮我内心黑暗的地方。他是一个做人的参照系，经常为我的为人为事提供调整的坐标。这是实话。

蔡老师的认真

——写于蔡仲德先生逝世周年之际

邢 维 凯

有位天不怕地不怕的伟人曾经说过："世界上怕就怕认真二字"。

是的，"认真"是一种态度，更是一种精神，无论做人、做事，只要认了真，只要抱定了认真的态度和精神，就足以产生出一种令人生畏的力量。

曾经工作和生活在我们身边的蔡仲德老师，就是这样一个认真的人。

蔡老师一生，认认真真地为人，认认真真地教书，认认真真地做学问。凡熟悉他的人都知道，他身上有一股九牛不回的认真劲儿。即或在有些人看来，蔡老师的认真已经到了有几分固执和愚钝的程度，但却没有人能够否认，在这位认真的蔡老师面前，你会不由得心生几分敬佩。

虽然身为晚辈，我认识蔡老师却已经有三十多年了。三十年前，他是中央音乐学院附中的语文教师，我是这所学校里一个学钢琴的学生。那时便听说，文化课教研室有位教语文的蔡老师，授课极其地认真，凡在他班上听课的学生，都必须大段大段地背诵古文，就连那些高年级里最捣蛋的男生，也不敢在他的课上有丝毫的怠慢。后来一个偶然的机会，从蔡老师班上的一位学兄那里，得到一本蔡老师编写的《诗经选读》。这是一部大十六开本油印内部教材，灰蓝色的书皮，装订粗糙但很牢固，其厚度足有当时一本中学语文教科书的三倍。里面摘录了数十篇《诗经》中的作品，每一篇都配有详尽的注释、生字注音和白话译文。或许因为手动打字机在当时也是难得的奢侈品，这本厚厚的不下数十万字的语文教材，竟然全部是手写稿，是蔡仲德老师在蜡纸上一个字、一个字亲手刻写出来的！

就是从这样一本书开始，我熟悉了蔡老师，也领略了他的认真。

上个世纪80年代中期，蔡老师开始在中央音乐学院的音乐学系讲授"中国音乐美学史"。而此时正在读本科的我，有幸成为蔡老师课堂上的听讲者。尽管前后只是一个学期的课程，但却使我得以切身感受到，这位认真教书的蔡老师所带给他学生们的，绝不仅仅是知识与学问，更重要的还有治学和为人的严谨、执着与真诚！

师范大学毕业的蔡老师与音乐学院里的其他教授相比，在讲台上显得更加训练有素。宏亮的嗓音、标准的板书、庄重的衣着，每个细节都透露出"师道"的规范。尤其令我惊讶的是，蔡老师对课堂时间的掌控极其精准，准确到他的每一堂课仿佛都是一篇精彩的、入情入理的演讲，而且几乎每次"演讲"的结束语，总会与下课的铃声同步。我相信，这是真功夫，这是由"认真"二字打造出来的真正的硬功夫。

自那时起直到蔡老师去世，二十年来，蔡老师的这股认真劲儿一直在不断地影响着我。从本科到博士，我的每一篇学位论文，除了自己的导师之外，蔡老师便是最认真的阅读者。任何一处语病，甚至一个错别字，都逃不过他的眼睛。在我的每一次论文答辩会上，蔡老师都是最严厉、最穷追不舍的提问者。在经历了一次又一次面红耳赤浑身白毛冷汗爆出之余，我终于不敢对学术再有半点的懈怠与浮躁。即使当自己也成为一名教师，成了与蔡老师同一教研室的同事，蔡老师的认真，也仍然犹如一杆标尺，令我常常在心中衡量着自己为人为学的短长，并时刻意识到"教师"这一称谓的真正含义和分量。

蔡老师的认真不分场合，不讲情面，也不识"时务"。在西城区人民代表大会上，身为区区"区人大代表"的蔡老师，认真地举手，投出整个会场惟一的反对票；当举国上下"弘扬民族文化"、"反对全盘西化"的呼声响成一片之际，蔡老师却认认真真地撰文重申"出路在于向西方乞灵"的道理。如此特立独行之举，正如当初在中国文化被彻底革了"命"，而他却让学生死背《诗经》一样。这一切，都是"认真"所致。在蔡仲德这样一位认真的老师、认真的中国知识分子面前，任何虚假的、虚伪的东西，不管有多大的来头，多强的势力，也不管它能附加多么丰厚的利益，一概击而破之！

如今，蔡老师已经不在了，病魔使这位可敬的老师永远的离开了我们。没有人能够留住他的生命，但是，我多么希望，蔡老师认真的精神能够保留，或至少残存一些在我们这些活着的年轻一代的心里呵！

但愿这不是一种奢望。

高 山 仰 止
——怀念恩师蔡仲德先生

苗 建 华

2004 年 2 月 13 日之前，在四十年的人生中，我从没有直然面对过生离死别的场面，从没有感受过一个人的生命在面前遽然消失的痛苦。而我怎么也想不到，结束这种经历竟然是以失去我敬仰的导师——蔡仲德先生为代价。

2004 年 2 月 13 日，一个悲痛的日子，一个永生难忘的日子。北京大风骤起，天空阴霾如铅。下午 3 点 37 分，北大医院干四 6 病房，在爱女一声声哀婉的呼唤中，在同事、学生、亲人依依不舍的泪水中，先生长睡不醒。

先生已与病魔搏斗了两年多。

2001 年 9 月中旬一个周五的晚上，突然接到先生的电话，说自己到北大医院检查身体，被怀疑得了肺癌，所以要我准备两周后接替他上《中国音乐美学史》大课。我惊呆了，半天说不出话来。先生虽然年逾花甲，但一向身体非常好，平时我一路小跑才能跟上他的步伐，这样一个人怎么能和癌症联系在一起呢？我问是否确诊，先生说要再做一次 CT 检查才能最后出结果。但由于音乐学院的合同医院北大医院病人多，只能预约到两周之后才能做 CT 检查。我知道尽快确诊和治疗是生命和癌细胞的赛跑，一分一秒都是宝贵的，哪能坐等两周之后。放下电话，我就急忙联系解放军总医院（301 医院）的朋友，安排先生在第二天去做检查。

周六一早，我和丈夫王旭东打了一辆出租车到北京大学燕南园蔡先生的寓所接上先生直奔 301 医院。路上，我安慰先生说，也许北大医院诊断有误。301 医院的医疗设备先进、医疗水平高超，应该能有一个正确的结论。我既是安慰先生，也是在述说着自己的期盼，期盼着新的检查结果的出现。然而，当我在 301 医院 CT 检查室面对屏幕、听大夫讲解之后，我的期盼被打碎了。检查结果显示先生确实患有癌症，而且是晚期。在回北大的车里，先生语调平稳地叮嘱我们，此次检查结果最好不要告诉宗璞老师，以免她担忧。可以想象，此时此刻，先生心里正在承受着多么巨大的痛苦折磨和情感冲击，多么希望有人分担这种心理重负。但是，他首先考虑的是家人而不是自己。我为先生对妻子的深爱而感动，答应不和师母议论病情。到家后，师母宗璞老师关切地询问病情。开始我们支支吾吾，但面对心细如发的师母，最终只得以实相告。

11 月中旬，先生在北大医院做了首次病灶切除手术。众多关心先生情况的同事与学生一大早就围在病床前，随后将先生送到手术室。手术从上午持续到晚上，将近九个小时，达到预期目标。从手术室出来到特护病房不久，先生就醒了过来。他用颤抖的手在纸上写下了"谢谢"二字，以表示对医生和护士的感谢。

以后的日子里，病魔没有投降，反而更加肆虐。扩散的癌细胞更猛烈地侵蚀着先生的身体。先生辗转于北大医院、北京肿瘤医院、空军医院之间，做了各种大小手术，经历了常人难以想象的病痛折磨。有段时期，癌细胞已经转移到骨骼，导致先生全身疼痛难忍，一贯坚强的他曾对我说："我每一秒钟都在疼痛之中。"每次想到这句话，想到先生的痛苦，我总会喉咙堵塞，难以说出话来。先生一生以治学为生命之最重要意义，在身患重病

108

期间，仍然不停止学术研究与教学。家人、同事、学生考虑到他的身体状况，都劝他静心修养、专心治病，不要劳神费心于他事。但先生置若罔闻，拖着病体坚持工作，直到生命的最后一刻。在生命最后的两年多时间里，他写下了数万字的《陈寅恪论》，修订、增订了近百万字的《中国音乐美学史》与《中国古代音乐美学资料注译》，出版了论文集《音乐之道的探求》，在学院举办了公开演讲，开设"士人格研究"课程，为两位博士研究生、一位硕士研究生讲授专业课……

二

我首次见到先生还是上世纪 80 年代末。当时中国音乐学院邀请先生举办一次讲座，而我正在中国音乐学院读中国古代音乐史硕士学位，自然不会放弃这次机会。讲座中，先生随手拈来的典故、倒背如流的文献、精辟独到的见解、宏亮铿锵的声音令我折服。

再次见到先生已是十年后的 1998 年 3 月。听说先生可以招收中国音乐美学史专业的博士研究生，我试着给先生打了一个电话，表达了自己报考的愿望。先生非常支持，当时就约我面谈，这就使我在燕南园 57 号再次见到了先生。考虑到先生当时的学术地位，而自己是跨专业考试，对美学了解甚少，面谈时心存忐忑，非常紧张。先生对我鼓励有加，培养我的自信，放松我的情绪，使我最终有信心考试并顺利入学。后来我才知道先生从不以大家自居，对所有求教的学生均是如此，即使对慕名写信者也是有信必回。

在以后六年的学习、工作中，作为学生的我，对先生有了进一步的了解和认识。

先生是独立精神、自由思想的提倡者，更是这种精神和思想的实践者。这种独立思想、自由精神渗透在他一生的学术研究中，所以他的每一篇文章才会先令人耳目一新而后使人沉思，在得到知识教益的同时受到精神的启迪。他对历史、现实众多问题的思考从不人云亦云，每每有真知卓见，往往振聋发聩、发人深省。先生对"五四"精神的弘扬，对人本主义的提倡，无不显示他对历史的披沙铄金、对真理的执著追求。先生做人如做学问，卓然独立，刚直不阿。我曾经为此特地向他请教"知行合一"问题。先生告诉我，传统文人由于复杂的社会背景等多种因素，很难做到"知行合一"，但当代的学者必须努力做到独立意志、自由人格。即使在面临巨大压力，最困难的情况下，也一定要做到：可以不讲想讲的话，但决不讲不想讲、不能讲的话；可以不做想做的事，但决不做不想做、不能做的事。

先生是把学术研究视为生命存在意义的人。在涉足中国音乐美学研究的三十年中，用功之勤，成果之丰，令人惊叹，使人感动。即便如此，先生还不甚满意。他不止一次说过，他感到很惭愧，因为给社会的贡献少了，而且还因病给家人带来了非常大的负担。我说："您只要好好活着就是对社会的贡献，就是对中国音乐美学界的贡献。"几年过去了，在我懒惰和懈怠时，每每想起先生说过的话，都使我感到惶恐，只有振奋精神，继续努力向前。

先生是一个对后学极其严格又真诚关怀的人。中央音乐学院的学生都知道选修蔡先生的课程是一件收获大但绝难偷懒的事。我在三年的学习中，就切身感受到了他的严格。一年级的研讨课是导师和学生两人的小课，所以没有引起我的重视，但第一个研讨题目就由于自己的案头准备工作不充分，讨论的文字稿被先生退回三次。此后的研讨课题我再不敢马虎。博士论文的写作，从选题到定稿都进行得异常艰苦。初稿完成后，又进行了十二稿的修改方提交，最后几稿的修改先生是在病榻上完成的。从这些严格当中，更感受到先生对自己的关心。我明白，先生对学生的严格和关心，既有对年轻人的爱护，也基于对学科发展的责任。把中国音乐美学史学科发扬光大是先生的希冀，也是我们努力的目标。

三

凡见过先生之人，无不被先生渊博之知识、飘逸之风度所吸引；凡读过先生文章之人，又无不为先生思想之深邃、行文之严谨所折服。作为学生，我更无时不享受着先生留下的精神遗产。这份宝贵的遗产，既有他所生长其中的社会历史环境造化培育之因素，也是他自身修养求索之硕果。

先生是浙江绍兴人。他常说"会稽乃报仇雪耻之乡，非藏污纳垢之地"。他像故乡的众多先贤一样，穷则善其身，达则济天下，清白做人，快意人生，并用生命实践了其倡导的超越精神、干预精神、独立人格的现代化知识分子品格。

先生早年毕业于大学中文系，原本与音乐无缘。毕业以后，他到中央音乐学院附中当了语文老师，无意中为培养中国的音乐英才开始了打基础的工程。几十年后，他当时的学生还记得他课堂上严厉的纪律要求和课下繁多的诗文背诵作业。即便身为一名普通的中学教师，他仍不堕青云之志，异常敬业，异常坚忍，积累着爆发的能量，寻找着突破的机会。当文化的春天到来的时候，他迅速以中国音乐美学史学科的奠基之作、扛鼎之作——《中国音乐美学史》站到了学术的制高点上。之后，他扩大研究领域，涉足中外文化交流、反思现当代中国历史发展、剖析古代中国文化中一个独特的标本——"士"人格，以独特视角切入哲学大师冯友兰的研究等等。他像一颗生命力极强的种子，撒在哪里都能发芽，而钻出地面就耸入蓝天；他像一条山溪，在蜿蜒中也不停止奔流，冲出峭壁就成壮美的瀑布。他以自己的生命历程注释了"自强不息"这个古老的词语。令人痛惜的是，在他学术的黄金时代，病魔使绿树突然凝固成化石、使瀑布骤然冻结为冰川！

先生已去，但师容宛在，师情犹浓。先生对中国音乐文化的贡献将随时间的推移而日益显出其重大，先生的奋斗故事将永远激励着后来的人们。先生的人格、精神没有死去，并将因岁月的打磨、世俗的衬托而放射永恒的光芒，就如黑夜里远方闪烁的星光。所以师母在给先生的挽联上写的是"你在火星等我们"。

诗云："高山仰止，景行行止"。蔡仲德先生是我心中的巍巍高山、坦坦大道。

为文而文，人文不二

——恩师蔡仲德的治学精神及人格风范

叶明春

恩师走了，生命已然不能承载灵魂之轻，撒手人寰，乘鹤而去。

作为先生的博士生，在很长时间内，我几乎不能承认这个事实。恩师仍在，他的精神和人格风范不仅伴随着我整个博士论文的写作和答辩全过程，而且一直鞭策着我，催我奋进。

与其他有同样经历的学友一样，我与先生的最早接触是1990年初从通信开始的。先生从来是有信必回的，对于一个来自边远山区的云南学生来说，这种恩泽是不言而喻的。从1990年4月到2004年2月先生仙逝，我追随先生，不仅仅是追随先生的学识，更在于感悟到了先生的精神和人格。可以说，如果没有先生耐心启示和无私关怀，我不可能走入中央音乐学院殿堂；没有先生循循善诱，我不可能多年来保持对中国音乐美学史和中国传统文化的浓厚兴趣；没有先生的精神鼓舞和人格洗礼，我更不可能在短短的三年时间完成博士论文的写作，更不可能顺利通过论文答辩，获得学位。我要感谢先生，因为他使我获得力量和新生。

此时此刻，千言万语断难表达我对先生的感激之情。

先生离开之后，我进一步整理先生的学术大事记①，接触到

---

① 叶明春《蔡仲德学术大事记简编》，载《中央音乐学院学报》2004年第3期。下文简称"大事记"。

先生的部分遗稿，其中包括先生于1994年12月31日在中央音乐学院一次会议上的发言稿，名为《为文而文，人文不二——治学十五年的回顾与体会》（下简称《回顾与体会》），该稿于1996年1月28日由先生自己整理成文，但该文因故未能发表。联系先生在《中国音乐美学史·绪论》中对现代知识分子应当具备的品格的论述和从师十多年的经验来看，我更加深刻地认识到，先生是我们这个时代十分难得，能真正做到言行一致，直道而行的现代知识分子。他的学问不仅仅停留在人们所熟知的中国音乐美学史研究，也不仅仅局限于对中国近现代文化和哲学的研究，而是早已从中跳出，来进一步思考人与文化，文化与人的关系问题。在他看来：

> 人创造文化，文化也创造人。人就是文化，文化也就是人。文化的现代化离不开人的现代化，没有人的现代化，文化的现代化（包括音乐文化及其美学的现代化）乃至一切现代化到头来都只能是一句空话。而为了人的现代化，职业上从事文化承传与创造、思想上作为社会良心的人即知识分子必须先行现代化，成为现代化的知识分子……

文化的发展既需要一定的客观社会环境，也需要人的主体创造精神。在前者尚未具备时，如果具备后者，文化也还可能向前发展。而想要充分发挥主体创造精神，知识分子除了现代化的知识，就必须具备超越精神、干预精神、独立人格与自由意志。[1]

可见，先生对现代知识分子人格的要求，已经拓展到"铁肩担道义"的历史使命高度。在他身上，既有司马迁"通古今之

---

[1] 引自蔡仲德《中国音乐美学史·绪论》第28—29页，人民音乐出版社1995年1月版。

变"的学风，又有司马迁"发愤著书"，"为我生民"①的精神；既有嵇康"非汤武而薄周孔"的勇气，又有嵇康"刚肠疾恶，遇事便发"的精神；既有李贽"诉心中之不平"和鲁迅"横眉冷对千夫指"的文风，又有张载"为生民立命"的气概。先生的经历、学问和精神无不为与他有过接触的人所感动。

我在编写"大事记"时发现，先生是从1974年1月开始接触中国音乐美学文献的，但在1979年之前，包括他执笔的《〈乐记〉批注·附录》②不同程度地受"左"的思想的束缚。因此，先生在著作中说，他是1979年重新开始研究《乐记》的，那个时候，先生刚好步入不惑之年，面临的是从一个普通的中学教师到大学音乐学教师这样一个飞跃，其中的艰辛难为人知。先生治"中国音乐美学史"是从对原著的收集、整理，到注译研究开始的，用潘必新老师的话来说，这个工作无异于"爬罗剔抉"③，十分辛苦。

1980年，受冯文慈先生的委托，先生主讲音乐学系"历代乐论选读"课程，一年之后辑成《历代乐论选》讲义（油印本），后改名为"中国音乐美学史资料注译"，从编选、注释、今译原著，到1990年《中国音乐美学史资料注译》一书的出版，花了十年时间④。先生在《回顾与体会》一文中说，他写作《中国音乐美学史》花了三年，而《中国音乐美学史资料注译》则花了八年的时间，他还说："没有这八年的功夫，就不可能三年写出《中国音乐美学史》。"这对后学者无疑是一个警醒，没有扎扎实实的资料整理、研究工作，断难有任何理论建树。

---

① 参见蔡仲德《中国音乐美学史·后记》第832页，人民音乐出版社1995年1月版。
② 中国人民解放军51031部队特务连理论组、中央五七干校音乐学院理论组《〈乐记〉批注》，第84—87页，人民音乐出版社1976年10月版。
③ 黄旭东、潘必新《中国音乐美学界的一大损失——沉痛悼念蔡仲德教授》，中央音乐学院学报2004年第1期。
④ 该书于1990年10月由人民音乐出版社出版，2004年4月由人民音乐出版社再版时增加了5万多字。

先生在具体教学与研究中，十分注重"言之成理，持之有故"的治学原则，先生曾经在个别课中一再强调，写文章一定要有新观点，如果没有新观点，最好别动笔，而有新观点还必须遵循"言之成理，持之有故"的原则。先生的弟子中，恐怕无一人不受这一原则的洗礼，他自己也恪守这个原则，在《回顾与体会》一文中，先生说：

> 在具体研究中，我十分注意"我注六经"与"六经注我"的区别与联系。我的大部分论著都是"我注六经"，但在提出和发挥我自己关于"音乐动象"、"艺术主体性原则"、流行音乐、谭盾作品等问题的见解时，我也往往"六经注我"。我认为，如果是"作"——自己著书立说，自然不妨"六经注我"，借他人之酒杯，浇自己之块垒；如果是"述"——研究古代文献，则只能是"我注六经"，即在尊重文献的前提下给予实事求是、恰如其分的评价，而不能"六经注我"，以今人的思想代替对古人的分析，使古人的思想适应自己的需要。我还认为，研究历史、"我注六经"固然不能任意曲解，以今人的思想代替对古人的分析；"六经注我"，为发展创新而利用古人成说，也只能以"六经"所可能有的思想为我所用，而不能无中生有，使古人的思想适应自己的需要。也就是说，"我注六经"、"六经注我"都必须尊重文献，尊重古人。所以，尊重文献是一条原则，采用任何方法都不能背离这一原则，否则，学术研究便无科学与公正可言。

在先生已发表的文章中，几乎没有一篇不是建立在这样的原则基础上与人论辩的。如，先生从 1980 年在《中央音乐学学报》

创刊号发表的第一篇论文《〈乐记〉作者问题辨证》开始，与《乐记》持"公孙尼子"说者，如郭沫若、吕骥、李学勤、周柱铨等人长达十多年的论辩[①]；从《中国音乐美学史论》论文集到《中国音乐美学史》专著，再到《音乐之道的探求——论中国音乐美学史及其他》，始终贯穿与李泽厚、钱钟书等人的辩难；又特别是 1985 年以来，与李曙明、牛龙菲等人的"和律论"、"音心对映"论的论辩，论辩双方就此问题来来往往有 17 篇言辞激烈的文章，在相当长的时间内，对音乐美学界产生了重大影响。先生说："我深深体会，他人的不同观点对我的研究是一种启发，能促使我思考原先所没有思考的方面；为了驳倒对方，必须找出最充分的论据，故辩论的过程又是我深入思考的过程。所以我是以论辩促研究，努力发前人所未发，言他人所未言。"[②]

"以论辩促研究，努力发前人所未发，言他人所未言"是先生治学的方法，也是先生治学的心得。

就《乐记》作者与成书年代争论问题而言，先生从《乐记作者问题辨证》到《与李学勤先生辩乐记作者问题》、《评吕著〈乐记理论探新〉》，一直恪守拿证据说话的原则，对郭沫若以来所有否定刘德作《乐记》说而持《乐记》成书于荀子之前说、《乐记》为公孙尼子所作说的论者提出的全部论据都一一作了辩驳，同时还找出前者没有使用过的论据，从而得出结论说："迄今为止持公孙尼子作《乐记》说和坚持《乐记》成书于荀子之前说的论者所提出的全部依据都是不能成立的，《乐记》作者只能是西汉武帝时的河间献王刘德及其手下以毛生为代表的一批儒生，而

---

① 该论辩过程，请参照叶明春《〈乐记〉作者与成书年代论争述评》一文，载《星海音乐学院学报》1999 年第 4 期、2000 年第 1 期。

② 引自蔡仲德《为文而文，人文不二——治学十五年的回顾与体会》，未刊稿。

不可能是荀子之前的公孙尼子或旁的什么人。"①

由于对论据的充分把握，先生在论辩过程中怀有充分自信，言辞掷地有声。

关于《乐记》论辩，先生写了十多万字；"和律论"、"音心对映"论论辩写了八万多字。先生说，通过论辩促使了他思考"自律论"与"他律论"问题，通过论辩促使他深入思考音乐作品及其存在方式的问题。

先生的《为李斯特一辩》、《论青主的音乐美学思想》两篇文章的内容便是为了为李斯特所代表的浪漫主义音乐美学正名，为青主正名。呼吁学术界摘掉李斯特由于"根深蒂固的误解"而强加于它的"他律论"帽子；肯定青主"乐话"中的音乐美学思想，认同青主"向西方乞灵"的音乐主张，为青主的音乐美学成就正名。

先生说：

论辩需要理论勇气，当论辨对方是学术权威，或论辩涉及政治权威时就更是如此。这就要求论辩者坚持独立思考，以我为主，"目空一切"，当仁不让，唯真理是从，既要敢于和学术权威论辩，也不应畏惧政治权威。这与生活中尊重前辈并不矛盾，此即所谓"吾爱吾师，吾更爱真理"。所以我在研究中国音乐美学史的过程中，曾对鲁迅关于嵇康对名教的态度的见解、郭沫若关于《乐记》作者与成书问题的见解、钱钟书关于"大音希声"与"声无哀乐论"的见解、李泽厚关于中国古代美学思想基本特征的见解等等提出不同看法，也曾就青主

<hr>

① 引自蔡仲德《〈乐记〉作者再再辨证——与吕骥先生商榷》，《中国音乐学》1989 年第 4 期。

《乐话》与毛泽东《在延安文艺座谈会上的讲话》的比较发表自己的见解。①

如果从1974年1月起算，到先生2004年2月仙逝，先生不间断的治学历程整整30年，而在这30年中，先生的治学感悟就是："人就是文，文就是人，要坚持独立思考，就必须为文而文，人文不二，具有独立人格。"② 先生在课堂上曾说，从庄子到嵇康与李贽，从孔孟荀到徐上瀛，无一例外地说明，有什么样的人格就有什么样的哲学美学，哲学美学就是人学。嵇康是其中最突出的例证：有人的觉醒，才有对音乐特殊性的自觉；有"越名教而任自然"的人生哲学，才有"声无哀乐"的音乐美学。

先生说：

> 从"九·一三"事件到"四五"运动，再到上世纪八九十年代之交中国的急剧变化，生活促使我深入反思，逐步醒悟中国的状况决定于中国人的精神状态，中国的根本任务是彻底地反封建，中国的根本出路是在发展市场经济的基础上，大力发展教育文化，以现代教育文化改造中国人的精神状态，实现人的现代化。市场经济必然要求教育、文化与之相适应，但教育、文化的发展与改造还有待人的努力，首先是人文知识分子的努力——包括音乐学者的努力。
>
> 因此我以为，一个合格的现代人文知识分子必须具备这样一些品格：
>
> 一、文化人的使命感。要从我做起，在教学、著作、讲演、交游中时时处处自觉担当这一使命。

---

① 引自蔡仲德《为文而文，人文不二——治学十五年的回顾与体会》，未刊稿。
② 引自蔡仲德《为文而文，人文不二——治学十五年的回顾与体会》，未刊稿。

二、以文为乐的境界。要充分认识文化的价值，视做官、发财如粪土，领会青年王国维所说"今夫人积年月之研究而一旦豁然悟宇宙人生之真理……此时之快乐决非南面王之所能易者也"（《论哲学家与美术家之天职》）。

三、为文献身的精神。冯友兰曾有诗云："智山慧海传真火，愿随前薪作后薪。"他解释说，"人类几千年积累下来的智慧真是如山如海，像一团真火。这团真火要靠无穷无尽的燃料继续添上去，才能继续传下来……历来的哲学家、诗人、文学家、艺术家和学问家都是用他们的生命作为燃料以传这团真火"（《三松堂自序·明志》，《三松堂全集》第一卷）。这是为文献身的一种意义。青年王国维在论哲学家、美术家（即美学家）之天职时又曾说，"夫哲学与美术之所志者，真理也。真理者，天下万世之真理，而非一时之真理也……唯其为天下万世之真理，故不能尽与一时一国之利益合，且有时不能相容，此即其神圣之所存也"，此时就要以生命坚持神圣的真理、捍卫神圣的真理，这是为文献身的又一种意义。

四、人文不二的品质。要保持学术文化的独立品格，为学术而学术，为文化而文化，而决不把它当作谋生的手段、政治的工具。为学术而学术，为文化而文化，就是"为文而文"，就是既超越政治、高于政治，又以文化的理想干预政治，改善政治。为此就要求从事学术文化者具有独立的人格，做到人文不二，做人与治学一致，人品与文品一致，像嵇康那样成为言行如一、表里如一、直道而行的真正的人。①

---

① 引自蔡仲德《为文而文，人文不二——治学十五年的回顾与体会》，未刊稿。

可以说，先生的一生一直是以此为目标，做到了他所说的"言行如一、表里如一、直道而行的真正的人"。先生的追求及目标是那样的高远，精神是这样的伟岸，这种高远和伟岸无疑是对后辈晚生的激励和鞭策。

先生的学问、精神和他的人格始终贯穿了一个非常重要的核心，他把这个核心贯穿到他的学术人生，直至生命的终结。用李起敏先生的话来说，"那就是，他对中国文化革故鼎新的终极关怀，他对人文精神、人本主义、人性、民主、自由、平等、人权、个性解放和独立人格的关注。这个思想贯彻于他的学术，更贯彻于他的社会批评；贯穿于他的所有文章当中，更贯穿于他的整个学术思想。他的思想焦点，在我看来，他之所以对中国历史，对前现代的中国现实、对集权体制采取不妥协的这样一个批判态度，其根本原因就在于他触着了一切腐败的根源，而他所批判的这一点恰恰是中国的病根，是中国走向民主，走向现代化的一个病根。蔡先生的这种思想和态度代表了有良知的知识分子对国家、社会，尤其是对自由的渴求和思考，在这个意义上，蔡仲德决不仅仅属于音乐学系，也不仅仅属于中央音乐学院，他属于整个学术界。"① 李起敏先生的评价道出了蔡先生精神与人格风范，也道出了先生一生的思想和追求。

蔡先生的课是非常动真情的，即便是在病情并未好转的情况下，这种真情也不止一次感动了所有的学生。如，2003年10月11日，蔡老师不顾家人，包括学生们的劝说，毅然决然地回到学校继续为研究生们讲授"士人格研究"课程。这是先生最后一次大课。先生讲到激动处竟有四次潸然泪下。他说："你们都知道，我是教中国音乐美学史的，我为什么不顾家人和多方的劝阻回到

---

① 转引自叶明春《蔡仲德教授学术研讨暨追思纪念会会议综述》，《人民音乐》2004年第11期。

学院给你们上课？其最根本的原因是，我觉得，中国文化的现代化首先是人的现代化。而作为现代化的知识分子首先必须具备三种品格，一是超越精神，二是干预精神，三是独立意志、自由人格。"他还说，他开这门课就是希望音乐学院的同学应当借鉴先贤的人格，率先使自己现代化，成为现代化的知识分子。①

　　我在 2002 年 9 月博士研究生入学之后，先生给我打电话，布置第一堂课的题目，即"读书、做人的得失"。这是继硕士阶段"士人格研究"课结业论文之后，在先生指导下更进一步重新剖析自己。先生在课堂上说，博士生阶段是培养高级研究人才的阶段，因而，必须认真总结读书和做人的得失。他还说，有两类人可以把学问做得很好，一类是受过良好教育的聪明人，他们可以不花大量的时间能够取得很好的成绩；另一类就是不算太聪明的人，通过刻苦的努力也能把学问做好。他说，我和他是同一类人，从小没有受过良好的教育，只能通过刻苦的努力才能达到前一类人取得的成绩。这一席话，让我诚惶诚恐，刻骨铭心。

　　先生的教学是从做人开始教起的，因此，十多年来，师从先生学习，从来不敢有丝毫懒惰之心。先生曾把他的手稿《艰难的涅槃——论"五四"的精神》给我，要求仔细阅读领悟。通过阅读，我加深对中国现阶段面临的首要任务是从前现代向现代转型问题的认识，进一步了解蔡元培、陈独秀、王国维、陈寅恪、冯友兰等大师们的人格，以此返观自我，从知行层面，建立人本主义的基本思想；建立以研究学问为终身追求的目的；建立知识分子的现代独立人格，发挥主体创造精神，知识分子就必须具备自由意志、独立人格、超越精神、干预精神，必须确立人本主义的价值，以人为本，从与人的关系中认清文化的本质，正确处理文

化中的中西关系、古今关系、个体与群体的关系、学术与政治的关系、民族"自性"与人类共性的关系。我的博士论文从开题到论文写作，直至答辩的全过程，也是一直以先生的核心思想为主线克期完成。

从入学开始，我博士阶段的个别课课堂随先生的病榻辗转于空军医院和北大医院。即使在先生病情十分恶劣的时候，他也不允许中断。现在回想起来，虽然执拗不过先生，但总觉得真有些对不住先生。在蔡先生逝世一周年的时候，我终于完成博士论文的写作。我始终不敢相信，先生已离我们远行了。在博士论文的整个写作过程中，夜以继日，总感觉先生随时站在身后，不敢有丝毫懈怠，更不敢偷懒。

先生的精神激励着我，鞭策着我，他的人格鼓舞着我，我景仰先生，"高山仰止，景行行止"。

2005 年 4 月 23 日动笔

2006 年 1 月 3 日完稿

追忆蔡师仲德先生

邓 四 春

恩师蔡仲德先生离开我们已近两年。

蔡师的学识，蔡师的人格一直为我敬仰。正是他的人格魅力与渊博的学识吸引着青年学子走向中国音乐美学史的研究道路，而我就是其中的一分子。

与蔡师相识于 1992 年。那时我正在阜阳师范学院音乐系读书，一次在音乐系阅览室看到蔡师在中央音乐学院创刊号发表的《〈乐记〉作者问题辨证》一文，便被作者的严谨的治学态度、渊博的学识、严密的思维能力所感染，遂对中国音乐美学史产生了兴趣。我又阅读了蔡师关于《乐记》作者问题的两篇论文及《乐记》音乐思想的论文。通过阅读中国音乐美学史的论文，我逐渐有了报考中国音乐美学史研究生的想法。

我和先生不认识，如何同他联系呢？我就抱着试试看的态度，给蔡师写了封信，表达了我要报考中国音乐美学史研究生的想法。没想到的是蔡师很快给我回信，欢迎我报考中国音乐美学史研究生，并告诉我中国音乐美学史是一个新兴的学科，从事中国音乐美学史研究要具有广博的中国文化修养，严密的逻辑思维能力，还要学习哲学、美学、历史学。就生活状况而言，要耐得住寂寞，耐得住清贫。在给我回信的同时，蔡师把作品分析、和声教材一同寄给我。从这件小事上，可以看出先生对后辈的关爱。

与蔡师第一次见面是在 1993 年，我第一次考研究生结束后，见面的情景至今仍历历在目。那是在北大燕南园蔡师家里，在书房里我们谈了半个多小时。蔡师对我讲，第一次参加研究生入学考试，对一个地方师范院校的考生来讲，考得还不错，还是很有潜力的，但对中央音乐学院音乐学系，特别是音乐美学专业来讲还有一定的距离，音乐美学教研室对研究生的要求历来严格；他还对我说，研究音乐美学特别是研究中国音乐美学史，不仅需要丰厚的知识的积累，还需要丰富的人生经历与体验，你可以边工作便准备研究生考试。先生对我的鼓励是我学习研究的动力。1993 年我分配至淮南市广播电视局工作，经过两年的努力，我于 1995 年考取中国音乐美学史的研究生。

入学以后我一直在蔡师的指导下研究中国音乐美学史。我感受最深的是，蔡师的严谨的治学态度和他学术思想的核心。这些都鲜明地体现在他的科研与教学上。

严谨的治学态度，主要有三个方面，一、充分掌握史料；二、正确理解史料；三、独立思考，不要人云亦云，敢于挑战权威、挑战定论。在科研上，这三个方面鲜明地体现在先生的学术著作中：《中国音乐美学史资料注译》、《〈乐记〉〈声无哀乐论〉研究〉》、《音乐之道的探求——论中国音乐美学史及其他》、《中国音乐美学史》、《艰难的涅磐——论中国传统文化的现代化转型》。这些著作，都是在充分掌握史料、正确理解史料，独立思考后的学术成果，其中随处可见向权威向定论挑战。这种严谨的治学态度，是我们后辈学者应该学习的。在教学上也是如此。记得研究生一年级时，为了能正确理解中国古代文献，先生帮我联系到北大文史哲实验班选修古代汉语课，通过一年的学习使我能够顺畅地阅读古代文献。在专题研究上也充分体现先生严谨的治学态度。比如，在《老子》音乐美学思想专题研究上，先生要求我首先要研读《老子》原文及历代注家对《老子》的注；然后阅读学术刊物上发表的所有关于《老子》音乐美学思想的论文，并分析这些论文关于《老子》音乐美学思想有哪几种观点，其理论依据是什么，立论能否成立，你支持哪种观点，你的依据是什么；最后写出《老子》音乐美学思想研究综述。每周上一次课，每周一个专题，我必须加倍地努力才能按蔡师的要求写出研究综述，虽然辛苦，却为我打下了学术研究的基础。

蔡师学术研究始终贯穿其学术思想的核心：人本主义。在中国音乐美学史研究上，认为以李贽为代表的主情思潮高扬音乐的主体性原则，音乐的主体性原则就是"确认音乐的本质特征在于表现人的内心世界、感情生活，在表现人的内心世界、感情生活时，尊重人的主体价值、确立人的主体地位，是音乐主体性原则互相关联、不可分割的两个部分"。[①] 认为："人本主义——即根据对文化的目的与特性的哲学思考，要求能动地创造文化，创造音乐使文化日益进化、发展，有利于进一步解放人，改善人的存在，不断满足人的物质与精神需求，使音乐文化日益进化、发展，有利于更自由表现人，不断满足人的审美需求"。[②]

在教学上，蔡师为研究生开设"士人格研究"研讨课。开设此课的目的，就是通过对中国古代及近现代有代表性的知识分子人格特征进行讨论，进而探讨现代知识分子应具有怎样的人格。这门课程的主旨同样贯穿先生的人本主义思想。早在上世纪90年代初，先生对现代知识分子应具有怎样的人格特征就有自己的独特思考，在其代表作《中国音乐美学史》绪论中表达了自己对现代知识分子应具有的人格特征的思考，"人创造文化，文化也

[①] 蔡仲德：《从李贽说到音乐的主体性》，《音乐之道的探求——论中国音乐美学史及其他》，上海音乐出版社 2003 年版，第 476 页。

[②] 蔡仲德：《出路在于"向西方乞灵"——关于中国音乐出路的人本主义思考》，《音乐之道的探求——论中国音乐美学史及其他》，上海音乐出版社 2003 年版，第 615 页。

创造人。人就是文化，文化就是人。文化的现代化离不开人的现代化";"而为了人的现代化，职业上从事文化传承与创造、思想上作为社会良心的人即知识分子必须先行现代化，成为现代化的知识分子"，现代化的知识分子必须具备三个品格：一、具有"超越精神"，"使自己超越现实政治，为人而文化，为文化而文化，使文化摆脱干扰，得以自由发展"；二、具有"干预精神"，"使文化高于政治，干预政治，以其理想改善政治，推动政治的现代化"；三、具有"独立的人格与自由的意志"。①

　　蔡师仲德先生离开我们了，但先生留给我们丰厚的精神财富。先生的学术思想、人格品行将永存，他必将影响一代又一代青年学子。作为学生的我应像先生一样严谨治学，发愤写作。我想这是对先生最好的纪念。

---

　　① 《中国音乐美学史》，人民音乐出版社 2003 年版，第 27—28 页。

怀 念 恩 师

李 浩

先生走了，抱着坚定的信念，带着无尽的遗憾，永远地离开了我们。

患病两年多来，先生始终没有停止思考，没有停止追问，对音乐、对文化、对人。

患病两年多来，先生始终牵挂、关心、关注着我们。牵挂着我们的工作、学业，关心着我们的成长，关注着我们在学术道路上艰辛跋涉的人生足迹。

记得2002年10月，先生病情恶化之际，我从昆明赶回北京，与明春、四春两位师兄前往医院探望，先生在病榻上对我们说："要了解我的思想，我的人，就去看我的书。"然而，就在先生去世后的这段时间里，每每拿起先生的书，耳边便响起先生洪亮的声音，眼前的一切也渐渐变得模糊起来。

其实，在与先生相识、相处、聆听先生教诲的几年中，先生的思想，先生的人格，已经深深地影响了我们。先生的思想魅力和人格魅力一直以来都在吸引着我们，鼓舞着我们，无论是过去、现在还是将来……

先生的去世对我来说并不感到突然，因为先生是2001年11月亲自打电话告诉远在昆明工作的我：他生病了，而且比较重。自那时起，我便有一种不祥的预兆，而且对自己来昆明工作有些

128

后悔。这里毕竟离北京太远了，我不能在先生身边尽一份微薄的孝心。

但是，当先生真的停止呼吸的那一刻，我还是茫然了，我从小到大还没有这样直接的看到亲人的离去。此时此刻，再多的心理准备似乎也不能减轻我内心的痛楚——那种从未有过的、不可名状的痛。

很多次坐在电脑前，试图记录下对先生深深的思念。但是当音箱中传来"柴四"（第二乐章）中双簧管那幽怨的旋律时，内心中那无以名状的痛楚一次次地润湿我的眼帘，我无法看清面前的字迹，更无法看清自己，不得不一次又一次的放弃。

今天是 2005 年 1 月 3 日，先生去世快一年了，我又一次坐在电脑跟前，音箱里又一次传来"柴四"第二乐章的旋律，我端详着摆在面前的先生的遗照，先生那充满自信的微微笑容又开始模糊了。然而这一次，我的思绪却渐渐地清晰了起来……

一、"险些错过"的缘分

与先生的相识是在 1996 年的上学期，当时我大二，选修了先生开的"中国音乐美学史"这门课程。在此之前，由于我的孤陋，还没有听说过先生，但我觉得这门课程的内容应该与我从小学习的中国乐器演奏有密切的关系。在我们选课的时候，教务科的凌小林老师提醒我说："蔡老师非常严格，你们演奏专业的学生很难修过。"我有些犹豫……但还是决定去试试，这一试，终于没有错过这段师生的缘分。

从第一次上课起，我就被先生渊博的学识和学者的气质所吸引，而且我对这门课程的内容也很感兴趣。下课后，我请教先生说："我是民乐系的学生，要想学好这门课，需要怎样做?"先生面带笑容，和蔼地说："课前认真预习，课后认真复习，应该可以学好。"因着先生的魅力和对课程内容的兴趣，我确实在这门课上花了很多功夫。先生每次上课的时候，都要提问，几乎每次都会问到我，虽然也有些紧张，但课下认真预习、复习了，也还都能答得上来。身边一些选修的同学，因为害怕先生的提问，都相继不来上课了，到最后考试的时候，只有我一个学生是外系选修的，其他都是音乐学系的同学。记得当时考试的时候，我第一个交卷，先生接过试卷，微笑着说："都检查好了？"我自信地点了点头。

考完试后一个星期左右，意想不到的一件事情不仅使我成为了先生的学生，而且可以说改变了我的人生道路。

当时我们住学生宿舍，联系不方便。先生通过民乐系的刘长福老师了解了我的一些情况，又请刘老师和我联系，并且给我留了北大的住址，希望我能到家里谈谈。

到先生家里谈话那天，他先拿出试卷，指出我这次考试中的不足，然后告诉我：他觉得我学习比较认真，回答问题思路比较清晰，问我愿不愿意学音乐学，以后进一步学习、研究中国音乐美学史。因为对先生的敬仰，我毫不犹豫地表示愿意。然后先生又语重心长地对我说："搞学术研究和搞演奏不一样，要能够甘于清贫、甘于寂寞、甘于坐冷板凳，要具有自由意志、独立人格。"虽然当时的我不能够完全懂得先生所说的究竟意味着什么，但是从先生的表情和语气中，我似乎感觉到这需要很大的勇气。

从先生家出来，我的心情既欣喜又忐忑，欣喜的是能够遇到这样一位好老师并成为他的学生，但"……甘于清贫、甘于寂寞、甘于坐冷板凳……自由意志、独立人格"的声音却一直萦绕在我的耳边，使我忐忑不安……

之后，在先生的悉心指导下，我考入音乐学系攻读第二专业，并一直跟随先生，深受先生的教诲。

在以后的日子里，从先生的言传身教中，我似乎感悟到先生那语重心长话语的真正意义……

二、"谈蔡色变"

在我的记忆中，每年的圣诞节，我们都会到先生北大的家里聚会，看望先生和师母。记得在我第一次参加的聚会中听说：在研究生中，流传着一个词，叫"谈蔡色变"。因为先生的严谨、严格是出了名的，从招生、教学到毕业论文答辩一贯如此。

据说，在叶明春、邓四春两位师兄成为先生的学生之前，先生曾经有几年都没有招收学生，其中有两点原因：一是先生招生的宗旨是"严进严出"、"宁缺勿滥"；二是有些考生本来很想考到先生的门下，聆听先生的教诲，但耳闻先生招生的宗旨后"望而却步"、"不敢问津"。而像我这样一个演奏专业的在读本科生，以选修学生的身份而受到先生的关注，并能够幸运地成为先生的学生，在我身边的很多人看来是不可思议的。

只要是先生开的课，无论是专业课还是选修课，也不管是主课学生、选修学生还是旁听生，先生都会"一视同仁"地严格要求。

先生给我上主课的方式是布置阅读书目，下一次上课的时候讲给他听，有什么理解有误的地方，先生都会一丝不苟地予以指正，需要讨论或学术界争论比较多、争议比较大的问题，先生总会认真地听取我的观点并和我讨论。除了上课，先生为我们修改的论文更能说明先生的严谨、认真。一般先生布置的论文都会要求我修改三、四稿，几乎先生审阅过的每一稿都是"祖国山河一片红"，甚至连标点符号的错误、不规范以及校稿的错误，先生都会细致地标示出来。经先生审阅过的几篇文章的手稿我都好好地保存着，每当我拿出这些文章的时候，都会想像先生认真、仔细修改文章的神态。任何的粗心大意、侥幸偷懒都难逃先生敏锐的眼睛。

记得当年选修"中国音乐美学史"的时候，包括我在内的一些表演专业的选修学生，经常被先生点名提问，致使有些没认真复习又害怕先生提问的同学不敢来上课，以致期末时只剩下我一个选修学生参加考试。

还有一次，是我快毕业的那一年，几乎所有的课程都修毕了，有大量的时间做毕业论文，我就和先生商量去旁听他为研究生开设的选修课"士人格研究"。这门课是讨论课，每次课都有一个重点发言的同学，发言后大家自由讨论，最后先生总结，提出自己的看法。因为是研究生的课，我不敢参加讨论，所以说去旁听。谁知到了正式听课的时候，先生无一例外地叫大家参与讨论，安排重点发言内容和人选，而且还有一两次临时指定我发言，期末也要写文章参加考试，而且先生还给了成绩。

提到毕业论文答辩，先生就更是严谨了。无论是先生自己学生的论文，还是其他专业、其他老师学生请先生指正的论文，先生都会认真地阅读后，提出许多中肯的修改意见。我记得四春师兄硕士论文答辩之前，先生为他模拟答辩了几次，本来他自己已经准备得很充分、很有自信了，却每次被先生问得非常紧张。先生不仅认真阅读论文，还会仔细地翻阅文中引文的出处。在一次音乐美学专业硕士研究生的毕业答辩中，先生从包中拿出几本书，清楚地指出答辩学生文章哪一页的引文有误，大家不得不赞叹先生如此严谨的学术态度。由此，音乐学系的很多研究生非常羡慕先生的主课学生，因为导师不能作为自己学生的答辩评委。

通过以上的几件事，以"谈蔡色变"来形容先生的严格、严谨，也就不足为奇了，甚至"有过之而无不及"。

三、"只准州官放火，不准百姓点灯"

先生对学生的严格是出名的，接触过先生的很多学生都有同感。其实，作为先生的主课学生，感触最深的还是先生对学生的关心、关爱。

先生一般每个学期会组织三四次小的聚会，有时候是在学校，也有的时候正逢节日，我们就会聚在北大先生的家里。我们围坐在先生和师母身边，畅谈学习、生活，有时候还一起唱歌，那种氛围经常会让我觉得是在父母身边。

第一次我到先生家里参加聚会之前，先生严肃地对我说："必须遵循一条原则，不准带（李按：送）任何东西。"据师兄、师姐们说，这早已是一条绝对原则了。而每次聚会时的聚餐，又都是先生请客，有好几次我们都没有"抢"（付账）过他，先生总是微笑着说："等你们发财了，再请我吧。"

另外，先生和师母一有新书出版，就会送给我们每人一本，有时候先生也会根据教学安排买书给我们，但每次都是送。有时，先生为我们代买的书，却总是把找零的几毛钱都算得清清楚楚的还给我们。

为此我们曾经戏谑地说先生是"只准州官放火，不准百姓点灯"。

直到师姐、师兄们相继毕业工作，领了工资，我们才敢试着"点灯"。我记得我们是以买花开始的，而每次的借口总是"看望师母"、"祝愿先生和师母身体健康"，对于这样的礼物和祝福，先生终于没有理由不接受了。之后，我们开始买一些先生爱吃的巧克力冰淇淋蛋糕，聚餐之后猜拳切蛋糕。再后来，聚餐的请客权也偶尔被师兄、师姐们巧妙地"抢先""剥夺了"。因为我最小，最后毕业，所以经常是借他们的"灯光"，直到2001年8月我毕业工作后，才有条件和机会"点灯"。而那一年的11月，先生却患了癌症。

四、"音乐学院有这样一个知识分子，
是个奇迹！"

从我 1996 年与先生相识到 2004 年先生去世的 8 年多的时间里，先生的学术、思想、人格、毅力无一不深深地印刻在我的记忆深处，时时地鞭策着我、鼓励着我，影响着我的成长。

1. "厚积薄发，硕果累累"

先生的学术研究，无论是在中国音乐美学史领域、中国哲学领域还是中国文化领域，都取得了卓越的成就。

据先生《中国音乐美学史》、《音乐之道的探求》后记和我第一次到先生家中的谈话得知，先生是 42 岁（1979 年）才开始正式进行学术研究工作的。但据叶明春兄文章透露，先生的日记记载：从 1974 年 1 月（37 岁）便开始涉足中国音乐美学史领域，进行一定的学术积累了[①]。20 世纪 80 年代至 90 年代初，先生以《中国音乐美学史论》（1988 年版）、《中国音乐美学史资料注译》（1991 年版，2004 年增订版）、《中国音乐美学史》（1993 年台湾版，1995 年大陆版，2003 年增订版）三部著作开创了中国音乐美学史学科。之后又出版了《〈乐记〉与〈声无哀乐论〉注译与研究》（1997 年版）以及音乐论文集《音乐之道的探求——论中国音乐美学史及其他》（2003 年版），为中国音乐美学史学科的进一步发展奠定了牢固的基础。

20 世纪 90 年代以来，先生开始涉猎"士人格研究"，并逐渐开始了对中国哲学、中国文化广泛、深入的研究工作。从 90 年

---

① 叶明春《蔡仲德教授学术研讨暨追思纪念会会议综述》，载《人民音乐》2004年第 11 期。

代中期至 2004 年先生去世之前，先后编撰、出版了《冯友兰年谱初编》（1994 年版）、《三松堂全集》（冯友兰全集）、《宗璞文集》、《蔡元培研究》、《解读冯友兰——亲人回忆卷》（1998 年版）、《关于音乐与文化的人本主义思考》（1999 年版）等著作，发表了数十篇在学术界引起强烈反响的学术论文，有些是先生以带病之躯在病榻上完成的。先生将这些重要的论文结集为《艰难的涅槃——论"五四"与中国文化的转型》（待版）一书，为中国哲学（尤其是冯学）、中国文化的研究做出了杰出的贡献。

从 1974 年 1 月涉足学术研究至 2004 年 1 月去世，在这短短 30 年的学术生涯中，先生在中国音乐美学史、中国哲学、中国文化领域取得了如此丰厚的成果，做出了如此巨大的贡献，这不能不堪称一项奇迹。

2."思想深邃，境界高远"

先生在病榻上对我们说："要了解我的思想、我的人，就去看我的书。"

在先生留下的这些珍贵的著作中，饱含着他对于音乐、对于文化、对于人类的现状与未来的理性思考与深切关怀。作为学生，先生的大部分著作、文章我们都曾经认真地读过，也曾经和先生直接讨论过。我们以为先生一以贯之的思想核心便是"人本主义"，这也是他思想体系的本质所在，他在中国音乐美学史、中国哲学、中国文化领域所提出的许多重要的、独到的思想都是"人本主义"这一核心的延展与具体表述。我们也曾问过先生："从文化哲学的角度来看，以人与文化的关系为出发点考察，人是文化的主体，人是文化的创造者，但是人创造的文化一旦形成体系、成为传统，也会在一定程度上影响人、束缚人，从这种意义上说，文化也创造人。那么，您一直以来所崇尚、追求的'人本主义'会不会也是一种束缚呢？"先生同意我们对他的思想的理解，但先生说："你们所说的是对的，人创造的文化一旦形成体系、成为传统后，会在一定程度上影响人、束缚人，这就需要人不断地发挥主观能动性，不断地创造新的文化来突破原有文化的束缚，使人和文化都不至于异化。我所崇尚、追求的'人本主义'并不是一种终极的文化观和价值观，只不过对于改变中国几千年来根深蒂固的'专制主义'而言，没有比'人本主义'思想更好的了，'人本主义'是'专制主义'的天敌。如果说'人本主义'也是一种束缚的话，那为了中国文化的转型，为了中国文化、中国人的现代化，我宁愿接受这种束缚。"

先生通过几十年对于中国文化（未经变革的传统文化）和西方文化（自文艺复兴、启蒙运动以来经数百年变革所形成的文化）研究的积淀，以敏锐的洞察力和深刻的反思能力一针见血地揭示出中国文化群体本位、"专制主义"、"集体主义"的本质，并提出以具有个体本位、自由主义、个人主义本质的西方文化，特别是"人本主义"的西方文化精神来彻底改造中国文化，实现中国文化由前现代向现代的转型。这种西方文化的精神不仅在改造中国文化方面具有普遍意义，而且在改造中国音乐方面同样具有现实意义。为此，先生通过对文化的哲学思考，对中国文化与中国新文化、对中西音乐与中国新音乐的评估，指出要实现中国文化由前现代向现代的转型、中国音乐由前现代向现代的转型，出路在于"向西方乞灵"，即以"人本主义"的西方文化、西方音乐精神根本改造、重塑中国文化、中国音乐精神，使中国音乐能够真正地表现当代中国人的精神世界，成为当代中国人灵魂的语言[1]。先生还指出：实现这一切的前提是要实现中国知识分子、中国人的现代化，没有人的现代化，其他便都不可能实现。

因为先生这种高瞻远瞩的学术视野、坦荡宽广的学术胸怀，才

---

① 参见蔡仲德著《音乐之道的探求——论中国音乐美学史及其他》，上海音乐出版社 2003 年 3 月版，第 584—626 页。

产生了如此深邃的思想和独到的观点。这是一种境界，一种立足于全人类普遍价值上的人文关怀。在当下的中国文化界，具有这种高远境界的学者、思想家不说屈指可数，可又有几人能望其项背呢？

3."自由意志，独立人格"

第一次到北大先生家里时，第一次听说"自由意志，独立人格"，当时似懂非懂。在后来的几年中，在先生的身上，我才真正懂得它的意义。有三件事是我印象最为深刻的。

第一件是 1999 年在学校召开的"20 世纪中国音乐发展道路的回顾与反思"学术研讨会上，先生的一篇以"向西方乞灵"为主标题的文章引起了强烈的反响，许多与会的专家、学者对此提出了异议。记得先生在答辩时说（大意）："很多人对我的这篇文章持反对意见，尤其是对文章的题目，包括我的太太。但我还是坚持我的观点，包括标题。虽然'向西方乞灵'是青主在 30 年代提出的，但这句话在当下依然具有现实意义。因为在整个 20 世纪中，我们中国文化的根本精神、中国音乐的根本精神，也就是专制主义、礼本主义并没有从根本上得以改造。"据我所知，因为这个标题的敏感，很多刊物都婉言谢拒发表先生的文章，但先生始终坚持自己的态度。

我也曾读过一些反对先生观点的文章、听过一些反对先生观点的言论，但我一直以为，很多人根本没有读懂先生的文章，甚至有的人只看标题就不负责任地发表议论、人云亦云，认为先生的观点不合时宜。而我觉得那些所谓"合时宜"的观点，正反映了 20 世纪 90 年代愈发泛滥的民族主义思潮在文化界、音乐界产生的负面影响①。而先生的自信、远见、自由、独立，足以见出

---

① 关于 20 世纪 90 年代愈发泛滥的民族主义思潮，可参见乐山主编《潜流——对狭隘民族主义的批判与反思》，华东师范大学出版社 2004 年 8 月版。

一个学者、思想者，一个对民族、对国家、对社会具有极强责任感的知识分子的真正魅力。

第二件是 2000 年中央音乐学院 50 周年院庆之际，先生作了"蔡仲德的学术道路"讲座。其中，先生涕泪横流、发自肺腑地对自己的父亲和"文革"时期的一个同事所作的忏悔感人至深，使在座的许多师生都为之动容。有的学生问到："在现在这个时代，极少有人会对自己的过去有如此深刻的反省，更极少有人会当众忏悔，您为什么会这样做呢?"先生回答道："对自己过去的所作所为有所反省，是应该的，也是必须的。但是不是忏悔，这就是个人的事情了。前一段时间，北大的余杰写了一篇《余秋雨你为什么不忏悔?》的文章，我以为忏悔与否，完全是个人的事，别人无权指责。"通过这件事，我看到了一个对人非常坦诚、宽容的先生，对自己却如此的严格，甚至苛刻。

第三件是 2001 年 3 年初，我的毕业论文《集大成者的音乐理念——亚里士多德与荀子音乐美学思想之比较》初稿交给先生审阅后，先生提出了细致、明确的修改意见。我在文章初稿的第 12 页，全文第三部分的最后，写下了这样一段话：亚里士多德提出"人天生是一种政治的动物"(《尼各马可伦理学》)，荀子则提出"人之生，不能无群"(《荀子·富国》)，二者都强调群体的利益。然而，"政治"是抽象的，而操纵政治的人和思想却是具体的，那些声言"为群体利益"着想的统治者，其实为的是统治阶级的利益，为的是其自身的统治地位。那些为了谋求所谓的群体利益而无视个体的权利，不惜牺牲个体为代价的"政治"，本文以为是"伪政治"，施行这种政治的国家如同关押动物的笼子将人民牢牢锁住，所有为这种政治提供理论的人都无法摆脱阶级局限性，最终扭曲了政治，扭曲了艺术，扭曲了音乐，甚至可以说扭曲了人性，使人异化为非人、异类。直至今日，我们仍然能够看到、听到这样的政治、这样的艺术，还有这样的人存在，岂不悲哉？先生的批语是"这一段写得痛快淋漓"。

但在上课的时候，先生坦言："这一段写得非常有冲击力，也能够反映出你的真实思想，但现实往往很难预料，为了你能够顺利毕业，你还是修改一下，含蓄一些。"后来我将最后一句改为"这是政治的悲哀、艺术的悲哀、音乐的悲哀，更是人的悲哀，这一切，也许是时代使然，也许是环境使然。如今，那样的时代、那样的环境早已不复存在，人类是否还有如此多的悲哀？"这样的鼓励与关爱，又何尝不是先生的良苦用心呢？

先生一直认为现代化的知识分子除了应具备现代化的知识以外，更应该具备对现实政治的超越精神，具备对政治文化的干预精神，具备自由意志、独立人格这三种品格，而自由意志和独立人格是实现前两者的前提，这是文化发展、文化现代化所必需的——人的现代化。

先生是这样说的，也是这样做的，对学生也是这样要求的，直至生命的最后一刻。这是先生毕生追求的理想人格，更是先生用生命所践履的人格精神。

4. "生命不息，思考不止"

先生向来坚忍、勤奋，这从先生 30 年来丰硕的成果和学术影响中可想而知。但我想说的是先生自 2001 年 11 月确诊肺癌以来，依然没有停止思考、研究和写作，更没有懈怠对学生们的关爱和对学科后备力量的关注。

先生患病两年多来，一直在整理、修改自己的文章，并撰写了六万多字的长篇学术论文《陈寅恪论》。先生准备将这些文稿结集出版为《艰难的涅槃——论"五四"与中国文化的转型》一书，但由于种种莫名的原因，致使出版屡遭挫折。先生对于中国文化、中国人的深刻思考凝结成这样一部沉甸甸的、承载着一个当代知识分子的理性思考与深切情怀的厚重的学术专著，然而，境遇却是如此尴尬。

先生患病以来，不但在病榻上给明春、四春师兄，还有何艳珊师姐上课、辅导论文，而且经常给远在昆明的我打电话，询问工作、学习、科研情况，而且鼓励我、敦促我抓紧时间，继续自己的课题，并且透露出对学科未来的担忧。

2002 年元月，我放寒假回北京看望先生。先生拖着病体，坚持要我们陪他到学校参加研究生入学考试的面试和阅卷。

后来，我又听说先生不仅回学校做了"我看陈寅恪"的讲座，而且带病给研究生继续开设"士人格研究"课程，最后终因身体不支，又住进了医院。先生的这种苦心，这种毅力和精神，又怎能不使我们感动，不使我们赞叹呢?!

我清晰地记得，1999 年的一天，音乐学系一位高年级的同学在听完先生的一次讲座后，发自内心地对我说道："音乐学院有这样一个知识分子，是个奇迹!"……

五、先生，您听到了吗?

与死神搏斗了两年之后，先生还是走了。在自然规律面前，人是那样的无奈，我们一直都祈望的"奇迹"终于没有发生。记得我们守候在医院的最后时刻，邢维凯老师说："今天是 2 月 13 号，星期五，日子不太好。"然而就在这不太好的日子里，先生走了，我从先生弥留之际那微微透出的眼光中，似乎看到了那无奈的告别。

我们失去了一位亲人、恩师，学校失去了一位优秀的教师、学者，国家失去了一位思想者、一位真正的知识分子——社会的良心。

2003 年 7 月，我回京到医院看望先生的时候，先生送给我两本书——《怀念李慎之》(上、下册)。李慎之是先生非常敬佩的一位前辈，一位一生追求共产主义、自由主义的共产党的高级干部，晚年屡次向中央领导人谏言又屡次遭到封杀的思想者、自由主义的斗士、旗手，在"非典"肆虐的4月北京，患典型肺炎离开了人世。仔细阅读了这两本纪念文集，感触良多，也领悟了先生送我这两本书的心意……

先生和师母在《悼慎之先生》一文中说："在最需要慎之先生的时候，慎之先生却离开了我们，这对于中国，对于中国人，都是一个不可弥补的损失！"而先生的离世，又何尝不是一个不可弥补的损失呢？

我不想说："先生，您安息吧！"我知道，对于先生而言，这是徒劳的。即使在天国，先生也不会停止思考，停止他的追问。先生最大的遗憾也许是没能在生前看到中国文化的转型，没能看到《艰难的涅槃——论"五四"与中国文化的转型》的出版，也许是还没有"可畏后生"能够支撑起先生未竟的事业，也许是……但我敢肯定，先生坚定的信念是：中国文化的转型必定会实现，中国文化、中国人的现代化必定会实现，现代化的知识分子、真正的社会良心也会不断地涌现。

我不敢发誓说："先生放心吧，我们会完成您的遗愿。"正如周海宏老师在追思会上所疑虑的：我们能不能继承先生的学术思想和人格精神，能不能实现先生的理想[①]。对我们来讲，这需要多么巨大的勇气和多么顽强的毅力，我无法估量，但我愿意试着去做……

回到昆明后，我把先生的遗照安放在书柜中，透过磨砂玻璃，能够隐隐地看到先生自信的笑容。将近一年来，我总感觉先生没有走，先生时刻都在我的身边敦促我、鼓励我，我会经常播放先生生前最喜欢的"柴四"，不知先生有没有听到？

2005年元月

---

① 参见叶明春《蔡仲德教授学术研讨暨追思纪念会会议综述》，《中央音乐学院学报》2004年第3期。

永远的康乃馨

何 艳 珊

凛冽的寒风无情地吹打着我冰冷的面庞，冰冷的心！当我按照蔡老师的嘱托，拿着毕业论文的第三稿，如约来到北大医院第二住院部时，病床依旧，手中的康乃馨依旧，一切依旧，但可亲可敬的蔡老师却永远地去了！永远地离开了爱他的亲人们，永远地离开了爱他的朋友和同学们！蔡老师啊，学生跟随您上课这么多年，您是第一次连招呼都不打地就失约了，您是第一次说过的事情却没有做到啊！您说过的等学生放假回来修改论文的第三稿然后定稿，您为什么不等啊！

蔡老师啊！您知不知道，在艰苦的考研路上，如果没有您慈父般耐心的叮咛，如果没有您每次考前不断的鼓励、考后细心的询问，学生坚持不到今天！记得第一次考研时，英语考试刚刚结束，就接到了您打来的电话，详细地询问考试的情况并一再叮嘱我考试期间注意身体。而在我最后因失败与入学失之交臂的时候，又是您不断地鼓励我总结经验教训，继续前进！是的，当您的学生有所懈怠的时候，当您的学生遇到挫折气馁的时候，当您的学生在前进路上迷失方向的时候，您就会主动打电话过来或找我谈心。您知道吗？当您的学生刚刚听到您生病消息的时候，心里是多么的无助，学生离不开您无微不至的关心和培育啊！

蔡老师啊！您知不知道，当您一次又一次地打电话让我帮着去催教务处安排"士人格"课的时候，学生是多么地为难！因为学生知道，您的身体状况已经到了生命的极限，给您再安排授课，学生实在是心疼您啊！当学生善意地欺骗您说已经问过了的时候，您马上追问上课的时间、地点，学生没有办法，只能和教务处老师一起把时间拖了又拖，最后实在拖不过去了，才给您如愿以偿地安排了课。而当您终因体力不支把课交给李起敏老师的时候，您又一遍又一遍地打电话让我赶紧把教学资料给李老师送去，又细心地告诉我要提醒李老师授课的进度等事项，这就是学生们心目中严谨治学、一丝不苟的蔡老师啊！

蔡老师啊！您知不知道，学生不怕奔波，宁愿仍旧跟随您辗转于诸多医院的病床前上课。北大医院、肿瘤医院、空军医院……学生多么希望仍旧像以往一样，每到一所新医院，您便会主动打电话，告诉学生医院住址和病区，然后马上约定上课时间；学生多么希望仍旧像以往一样，听到您在病床上严厉的批评。记得那次您躺在病床上看到学生写的论文提纲第一稿，严厉地一个问题接一个问题地问，当时您知不知道，学生还非常奇怪您为什么如此地不满意？但当论文提纲的第三稿定稿后，学生拿出当时的第一稿比较一下，才突然明白您当时为什么那么地恨铁不成钢。学生惊诧在重病缠身的情况下，您还能有如此的点睛之笔，您还能有惊人的毅力，将本来一份杂乱无序的论文提纲，修改成如此地严谨有序！如今，学生连一句"谢谢"都没来得及说一声，您却默默地走了！并不是学生不孝，是因为学生觉得"谢谢"两个字与您的呕心沥血相比显得如此地苍白无力，是因为学生早已习惯了您一如既往的严谨治学和兢兢业业，以至于在您重病之时，学生也对您精益求精的治学精神习以为常了。

蔡老师啊！您知不知道，学生永远也忘不了您给我布置毕业论文选题的那次上课，您当时正处在身体状况最差的时候。那是怎样的一趟课啊！可以说，每一句话、每一个字都是您使出全身的力气吐出来的！在生命的最后时光，您首先想的还是您的学生！也就在那一刻，学生深深体会到了"蜡炬成灰泪始干"的深切含义！您知不知道，每次您边输液边给我上课的时候，学生都目不转睛地看着您慈祥的面孔，尤其是您专注地批改论文的时候！学生是想多看几眼蔡老师啊！好几次看着看着，禁不住地泪水涌入眼眶，学生也只能赶忙躲进卫生间，然后勇敢地、微笑地继续和您上课交谈。因为学生知道，蔡老师喜欢刻苦好学的、有毅力而又坚强勇敢的学生！您能在重病之余依然身体力行地、坦然地面对一切，您的学生也会像您一样坚强的，学生不哭！

　　蔡老师啊！您知不知道，当听到师兄叶明春告诉我，说放假前那段时间每次去医院都看见您在抓紧时间看我的论文，由于体力不支，经常是看十几行然后躺下休息一会，再接着继续看。学生听了泪流满面！呕心沥血的蔡老师啊，如此的体力您为什么还要坚持看下去呢！五万多字的论文，对于已经重病之身的您，需要怎样的毅力才能一句一句地看完！上苍啊，为什么不能创造回天之力，让我的恩师——蔡老师一天一天地好转起来？无情的神灵啊，你为什么要让所有爱蔡老师的亲人和学生们眼睁睁地看着病魔一点一点地吞噬蔡老师？学生愿意用一切哪怕生命来换取蔡老师的平安健康，只要蔡老师能够康复啊！

　　蔡老师啊！您知不知道，如果学生知道 1 月 15 日的那次课是我们的最后一堂课，学生说什么也不会离开您放假回家的！学生永远也忘不了那一天您左手输着液，右手在吃力地翻着论文的第二稿，尽管论文早已被您用发抖的手详尽地修改过，甚至包括每一个标点的错误，但您还是不放心地在和学生讲着论文的有关问题。学生一再向您告辞，您还是坚持将论文从头批讲到结语。学生听说您这样的病最怕冬天，于是在放假前专门买了个空气净化氧吧，好让您的病房四时如春，好让您身体尽早康复，好让学生能在来年的春天、在返校之后再次看见您慈祥的笑容，再次聆听您不倦的教诲！但寒冷无情的冬季啊！为什么你还是毫不留情地带走了蔡老师？为什么所有学生的一片苦心，都感化不了严冬那冰冷的心啊！

尊敬的蔡老师啊！今天，您再也不用一次一次地催我来上课了，学生会按照您的要求，像往常一样，捧着康乃馨，拿着论文的第三稿去您的纪念堂，给您敬上一炷香，然后一字一字地把论文念给您听。您给了我一生受用不尽的财富，您让我知道了什么是学者的风范，什么是做人的标准。放心吧，您的学生一定会给您送去一份满意的毕业答卷！

文章真处性情见　谈笑深时风雨来

——蔡仲德先生的"中国音乐美学史"与"士人格"之我见

程　乾

　　我的奢望是，但愿有可能阻止一个知识分子蜕变成世俗的工具。

　　　　　　　　　　　　　　　　　——克尔凯戈尔

　　辛巳春，蔡仲德先生一封书信把我带到了未名湖。三年后先生去世。同年，我考入中央音乐学院，仍旧在学院与燕园之间奔走。对我（包括曾经攻读中国音乐美学史专业的学子）而言，学院有国内一流的音乐教育，还有一方疏瀹性灵、澡雪精神的净土——"铁箫斋"（蔡仲德先生纪念室）；北大的魅力，除了中国美学、中国哲学讲堂上的学术罕旗，更因那里有一个温暖的家——燕园风庐。

　　"铁箫斋"内悬着一柄剑，这是先生的心爱之物。秋寒的夜晚，脱去它的皮鞘，轻握手中，顿时有股冰凉砭骨的感觉。那气度非凡的神韵，那孤啸凌厉的意志，让我觉得我与它之间是有着血液般的关联，恍如吞饮了陈年醴酿，令人意醑胆壮，欲罢不能……

146

一

"中国音乐美学史"这一学科与"蔡仲德"的名字永系不离。先生曾经说:"要了解我的思想、了解我的人,就去看我的书。"

蔡仲德先生倾注生命撰写的中国音乐美学史学科奠基之作——《中国音乐美学史》是一部全面叙述中国古代音乐美学思想的专题性史学著作,它以探求古代音乐美学思想的终极价值、建立现代音乐美学体系为目标,对中国古代的音乐美学理论作了系统的梳理,戛戛开创之功为学界瞩目。1996年《中国音乐美学史》(初版)荣获第十届"中国图书奖",2004年《中国音乐美学史》(修订版)被收入"中国文库"(同时入选的另一部音乐著作是杨荫浏先生的《中国古代音乐史稿》)。在此之前,蔡先生用八年时间完成的《中国音乐美学史资料注译》(上、下册)汇集了中国古代音乐美学通史史料,为今人研读古代音乐美学文献大开解惑之门。关于古代文献的译注,易患的顽疾是在晦涩处或存争议处含混其词,令人读兴索然,此病症在这部书中是找不到的(然并非绝无商榷处),先生为之花费的心血可想而知。

阅读《中国音乐美学史》和《中国音乐美学史资料注译》之后,我就当前音乐学界对中国音乐美学学科提出的一些疑问,结合美学界的研究成果和自己的体会,作了简略的札记,求教于方家。

首先,是如何确定中国音乐美学史学科研究对象的问题。

这要从"美学史"谈起。学术界通常称鲍姆加通为"美学之父",不过认真说起来,他只是为美学起了一个带有"感觉"色彩的最初之名,并没有真正建立起这门学科。他认为艺术是思辨认识的一种预备性的锻炼,用莱布尼茨的话说,这是"明晰的混乱的认识"，当然也就不能解答鲍桑葵提出的"一种给人以快感的感觉怎样才能分享理性的性质"的疑问。有学者认为近代美学真正的父亲是康德，我接受这种看法。美学的母体是哲学，高度概括性和抽象思辨性是其区别于其它学科的标志，一旦抽空了其中的思想成分，美学便失去了存在的意义。音乐美学是在对音乐形态研究的基础上进行理论性的超拔与概括，是"基于经验而又超于经验"的判断。美学的非感性的本质决定了它不是"偏重实践的知识"，而是"偏重理论的知识"，倘若不加分辨，将一般音乐审美实践中的内容纳入哲学的范畴，就容易导致音乐美学研究中范畴的错位，成为一些争论的症结。

谈音乐美学史的研究对象，避不开"美学史"与"美学思想史"的关系问题，蒋孔阳、朱立元主编的《西方美学通史》的"导论"给我了启发："严格地说，本书并不是完全学科意义上的美学史，而是我们通常所说的美学思想史，即在美学学科诞生后，回过头来把凡是符合美学学科范围的哲学家、理论家、批评家的有关思想都看作美学思想，加以归纳梳理，作出历史的描述……本书主要还是按照作为哲学的分支学科之一来理解美学和美学思想的，所以，除了明白无误的美学理论、思想外，一般说来，只有具有某种哲学背景的文艺理论才进入我们的叙述和写作的视野。否则美学史就与文论史或批评史完全等同合一了，而这与我们的初衷不合。"①

"审美意识"和"美学理论"两者的关系，我们又该如何去把握？《中国美学史》开篇即对这个问题做了阐述："审美意识作为社会意识形态的一个组成部分，非常具体地表现在人们对现实美和艺术美的感受、欣赏、评论中。美学理论则不同，它是社会

---

① 蒋孔阳、朱立元主编：《西方美学通史》（第一卷），上海文艺出版社1999年版，第1—2页。

审美意识的系统化和理论化，是从理论上对审美意识进行哲学的或科学的研究概括。"它强调对美学史的研究可以有广义与狭义之分。广义的研究是"对表现在各个历史时代的文学、艺术以至社会风尚中的审美意识进行全面的考察，分析其中所包含的美学思想的实质，并对它的演变发展作出科学的说明"。狭义的研究是"以哲学家、文艺家或批评家著作中已经多少形成的系统的美学理论或观点作为主要研究对象，而对审美意识……只作为美学理论产生、形成的历史背景，加以必要的说明"。其弊端在于，用狭义的方式研究中国美学，民族审美意识中很大一部分未反映和提升到美学理论高度的内容只好存而不论。"但是，狭义的研究方式能使我们更为集中地注意我们民族对美与艺术问题进行理论思考的成果和历程，以及这种思考所达到的深度和广度。对于深入理解中国美学理论的发展及其各种范畴、命题、原理的实质，从更为纯粹的思辨角度把握中国美学的精神的特色，具有重要的意义。"①

"中国音乐美学"是一个庞大的学科体系，同样也包括上述意义的广义与狭义之分。这些都渗透在几千年来的文献、乐谱、器具等各种各样的史料中，其中文献资料占重要地位。《中国音乐美学史》一书正是从研究音乐美学理论这一核心问题入手，属于狭义上的美学研究范畴。因此，本书开篇就将研究对象确定为："表现为理论形态的音乐审美意识，即中国古代的音乐美学理论，中国古代的音乐美学范畴、命题、思想体系。"广义上的音乐审美意识的研究，不仅要全面考察中国古代社会的音乐审美意识形态、深入研究古代音乐美学思想，还要在充分掌握古代音乐形态的发展演变的基础上做出论断，进而从几千年来的音乐实

---

① 李泽厚、刘纲纪著：《中国美学史——先秦两汉编》，安徽文艺出版社 1999 年版，第 4—6 页。

践中提炼出美学因子，并对之作出抽象思辨性的阐释……这些单凭个人的精力无法穷尽。在目前对中国古代音乐哲学的研究还很不充分的情况下，草率为之的结果只能是画虎不成，变为抽象理论与具体经验拼凑的"大杂烩"。

由于美学与哲学的密切关系，中国音乐美学的理论建构，离不开对中国音乐哲学的思考。中国古代将主客体界限加以混淆、甚至消解的世界观，影响了中国音乐主体思维的发展。于润洋先生认为："容易满足于笼统的解释，而限制了作为主体的'人'对客观存在的具体的'物'的深入考察和认识。这恐怕是中国古代音乐长期以来疏于将音乐这门艺术作为对象，作缜密、深入的理论研究，从而未能建构起独立的学科体系的重要原因之一……相比之下中国长期以来，在思想、学术领域，比较缺乏西方所具有的那种敢于大胆打破传统的束缚，敢于批判，勇于创新的精神。"①这是中国音乐美学史学科在发展中遇到的挑战，已引起了部分学者的关注，倘若后人能在今后的探索中将研究对象的范围逐渐加以拓宽、拓深，我想，这一定也是蔡仲德先生所殷切期望的。

其次，我们如何分析音乐实践中存在的审美特征。

认真研读《中国音乐美学史》一书不难发现，蔡先生除了对中国历史上分别代表了儒、道音乐美学思想的《乐记》、《声无哀乐论》两大专著做了重点且充分的论述之外，对于另一专著《溪山琴况》所涉及的演奏美学及其审美因子，如：和、度、气、意、象、兴、况味、神韵等等也做了极详细的阐释。例如：第三十九章"《溪山琴况》的演奏美学思想"一节，先生从以下四个方面进行了充分的论述：1. 音意关系；2."音之精义"——要

① 于润洋：《西方音乐哲学的发展对我们的启示》，转引自徐冬：《第六届全国音乐美学学术研讨会综述》，《人民音乐》2001年第1期，第37页。

求"深于气候"，臻于至美；3. 论"意之深微"——深于"游神"，得于弦外；4. 论"气"为中介。最后指出："渊深在中，清光发外"，"以音之精义，而应乎意之深微"作为对理想的演奏所提出的要求，正是《溪山琴况》思想的杰出之处。又如对"意"这一音乐美学命题的解释，最早见于《韩诗外传》第五卷第七章，此"意"不仅与"曲"、"数"（形式结构）相对，而且有"人"（为人、个性），"类"（形象、形体仪容）等内涵。而《溪山琴况》之"意"，有时指客体——所奏琴曲而言，包括"趣"（如"以全其终曲之雅趣"）、"情"（如"悉曲之情"）、"意"（如"体曲之意"）；有时指主体——演奏者而言，包括"兴"、"气"、"情"、"意"（如"兴到而不自纵，气到而不自豪，情到而不自扰，意到而不自浓"），"神"（如"神闲气静"），"心"（如"心不静则不清"），"度"（如"必以贞静宏远为度"），"质"（如"君子之质"），"志"（如"中独有悠悠不已之志"）；有时指主客体的结合——演奏者所奏出的琴声、琴乐而言，包括"趣"（如"所得皆真趣"）、"味"（如"我爱此味"）、"情"（如"我爱此情"）、"意"（如"弦声断而意不断"）、"度"（如"调无大度则不得古"）。但主要是指演奏者之意，这是因为《琴况》认为演奏的目的不在娱人而在"自况"，在于"藉心以明心见性"，所以强调的不是乐曲所蕴涵的神趣情意，而是演奏者自身的性情心意；这也是因为《琴况》认为成功的器乐演奏必须善于"移我情"，善于"体曲之意，悉曲之情"，将乐曲之意转化为演奏者心中之意。

《中国音乐美学史》关于音乐本体审美特征所展开的论述占有很大比重，细心的读者可从中体察中国古代音乐演奏美学的精义，并且得到具体的启发。曾经有位青年古琴家告诉我，他购置今人论琴书籍甚繁，独不买蔡老的书，原因是他内心不愿接受蔡先生的某些观点，但又忍不住托人几次去借。问其故，答曰：理路明晰，开掘深微，旁人弗及，读之受益良多。

　　《中国音乐美学史》还引发了今人关于"如何正确评价中国传统音乐美学思想"问题的思考。事实上，中国古代文献多从哲学、伦理、政治出发论述音乐，注重研究音乐的外部关系，儒家强调音乐与政治的关系、音乐的社会功能与教化作用。然而，儒家"礼乐"思想是中国传统音乐美学思想的主体，其音乐本质、特征、功能和审美的观点对中国音乐和中华民族审美心理的影响极为深巨。研究中国音乐美学史，儒家音乐美学思想可超而不可绕。蔡先生在著作中对中国传统的音乐美学思想展开了深刻的批判，其论断让那些想通过先生的文章得到中国音乐美学思想"无比辉煌"、"绚丽多彩"之结论者颇为失望。这并不奇怪，中国人内心向来是"乐感文化"，从来都自我感觉良好，各种赞歌、颂诗不绝于耳。中国历史上发生了那么多的天灾人祸，真正对我们所谓的文化传统、华夏文明深刻反省的又有几人？五十年来，有部分学者对中国古代思想进行了批判与反思，而收效甚微，音乐学领域亦是如此。我们已经习惯了正面照"风月宝鉴"，突然有人将反面给我看，里面竟是一个"骷髅"，我们自然难免与贾瑞的反应一样要骂人了："混帐，如何吓我！"

　　中国音乐美学思想中的精华究竟何在？在先生看来，中国历史上反束缚、反异化、追求自由和解放的音乐精神才是无价之宝！它与从音乐本体实践中提炼出的美学特征：气、韵、意境等等，一起堪称中国音乐美学的精华。在中国几千年遗留下来的庞大的音乐文献海洋中，切实描写人性本身"永恒规律"的文字实在是少得可怜。中国传统的哲学思维方式较少深入音乐内部，几千年来，人们对音乐自身的规律重视不够，这也正是先生对嵇康《声无哀乐论》涉及到的音乐本体与本质问题极为重视、激赏的原因之一。说到底，先生并非全盘否定中国传统音乐思想，他是一个勇敢、勤奋的淘金者，目的很明确，就是把其中真正有价值的思想发掘出来，使之服务于现在、服务于未来。在苦苦的探索中，偶有闪光点，先生便奋力为之摇旗呐喊，其中包括对庄子、嵇康、李贽思想中反对束缚、追求解放的充分肯定，字里行间流露出拳拳赤子情怀，读罢令人为之动容。

二

清人翁同龢语云"文章真处性情见，谈笑深时风雨来"，以此形容蔡仲德先生的为文、处世，相似何其乃尔！先生是学问家，也是思想家。前者皓首穷经、著作等身，后者振聋发聩、星火燎原。有人认为蔡先生似乎首先是一个思想家，我深以为然。先生也曾表示，做音乐学家首先要做一个思想家。可惜在中国，思想阐释者何其多，真正富创见的哲人何其少？有学者一针见血地指出：今天的学术界，废料不断充斥着书刊杂志，造成文化繁荣的盛大气象，却完全不能为灵魂提供有价值的信念。精神叙事的空缺只能归咎精神生产机制的腐朽，中国知识分子应为这种严重渎职承担部分历史责任！话不多，但字字句句扎在读书人的痛处。

喻希来曾在一种特殊情形下写道：在群情激奋时，要强调知识阶层的冷静和清醒；在"万马齐喑"、"百念俱灰"的时候，要呼吁知识阶层的热忱和忠谏。苍松翠竹掩映下的燕南园可谓埋头做学问的绝佳之地。面对显露病态的社会，当一些正直知识分子采取退守不合作态度时，蔡先生的学术界域又远远超出了中国音乐美学史学科的范围，毅然选择了一条参与文化反思的苦旅。其一，蔡先生对哲学家冯友兰先生的一生经历做了深入、细致的研究，"知翁莫若婿"在学界已传为佳话。其二，在先生内心深处，有一个"五四"情结。抗战时期，伴随着"救亡压倒启蒙"的现实，科学、民主、自由打了水漂，若干年后，蔡先生在北大讲坛上号召学人回归"五四"，并重新阐释了五四精神。其三，在大学校园首先设立"士人格研究"课，探索中国（古代、近现代）知识分子的心路历程。

近百年，"士"是备受学人关注的话题。中国"士"的固守力量非常强烈，"道"是其灵魂所在，构成精神的自持和自尊，也形成精神人格的巨大优越感。古代，士子便怀抱着一种精神，一种社会目标性的理想精神，它高悬在理想境界上空，成为士人格的支点和归趋。墨家鼓吹"摩顶放踵"，儒家较为圆通，在社会活动中形成对人格精神的自我磨砺和陶塑，道禅哲学则重视对污染了的个体人性的拨正，通过超越达到自然人性的复归。两千多年封建专制的岁月凝聚了一代代士子的血与泪、荣与辱、爱与恨，其中，占思想支配地位的儒家文化作用举足轻重，带来的困扰也层出不穷。千百年来，以"泛爱众而亲仁"为起点的儒家学说，为什么没有为中国留下太多博爱的实践成果？近代有人发现，问题在于传统礼教强调"爱有差等"，把爱纳入到了一种等级森严、由亲及疏的强制性伦理体系中，情感投向越来越狭小，及至近代学人为了摈弃这种礼教而引进生存竞争的合理个人主义，却并不能在博爱的问题上弥补国人对个体生命尊重、歉意和抚慰的缺失。怀着一种复杂的心情，我再次翻开蔡先生编撰的"士人格"授课提纲，老子、孔子、庄子、王守仁、王国维、陈寅恪、顾准……中华文明的是是非非已不仅仅是书库里的陈旧典籍，经过几千年的过滤筛选，它早就生长在了每个人的身上。我个人以为，蔡仲德先生对儒家思想深刻批判而少留余地，其原因一言蔽之，就是他通过对中国历代知识分子命运的考察，对中国两千多年封建专制社会兴亡的审视，得出了一个结论——当代中国的国民教育倘若不加鉴别地以传统儒家思想为蓝本、以传统"礼教"为标尺，将是弊大于利！

154

当初，我怀着对中国古典文化的痴迷从孔孟之乡来到京城，本以为从事此研究的蔡教授会赞同我的"礼乐复古梦"，没料到先生不以之为然。在他看来，人是一种不确定的、开放性的和创造性的存在，人类的发展是向未来敞开着无限的可能性，昔日"旧梦"再繁华，也终究会因后人需要的发展而变化更新。当时，我只觉得失望，默不作声。而今，那份热爱未消减半分，但先生的话我已能够坦然接受。蔡先生不愿看到年轻学人一个个匍匐在老祖宗的遗产面前，厚古薄今，背负着沉重的"传统"和"文明"，而将原本不甚发达的反抗性和创造力丧失殆尽。解释学家伽达默尔说："传统不只是我们继承得来的一宗现成之物，而是我们自己把它生产出来的，因为我们理解着传统的进展并且参与在传统的进展之中，从而也就靠我们自己进一步规定了传统。"在先生看来，"传统"涵括的内容纷繁芜杂，存在很多尚未厘清的大问题，今人应当冷静下来一分为二地去看。持文化危机论者担心自我文化的丧失，唯恐后辈抛弃华夏炎黄的根脉而自绝于悠久的传统、灿烂的文明。其实，中国艺术中含蓄的美、空灵的妙、涵蕴至和的神韵等等，已溶入了我们的血液中，只要民族还存在，民族性就不会凭空消亡。许多中国学者都在思考中国现代化的文化道路问题，而蔡仲德正是当代中国音乐学领域明确提出"人本主义"第一人。

蔡仲德先生在后十年致力于对中国专制文化传统的批判，启蒙自由、科学和民主，反对民族主义至上和夜郎自大的心态，批判总是在国家偶像面前挺不起腰杆的个体生命的文化。这涉及到"个性"、"人性"与"民族性"的交锋。鲁迅先生曾在其前期著作中一再强调的"个"的概念在中国传统文化中是没有的，传统文化中有的是"类"的观念，诸如国家、民族、集体等。"人民"、"群众"、"民族"是观念中的人，不是具体的人；是群体的人，不是个体的人。在20世纪80年代刘再复呼吁走出"民族主

155

义"之前，近代陈独秀、胡适等人已意识到，民族主义是专制主义的最大帮凶，民族性很容易让人维护，而且很容易被"掉包"，因此他们避开"类"的观念，直指个体人性。带着一腔燃烧情感证实真理的勇气和赤诚，先生在《中国音乐美学史》的绪论中写到：文化的发展既需要一定的客观社会环境，也需要人的主体创造精神。以个体为本位，为人而文化，为文化而文化，意志自由，人格独立，这一切是现代"士"人格的根本特性，也是其存在的意义和使命所在。

蔡先生自己何尝不是中国现代知识分子中典型"士"人格精神的体现呢？经历过"文革"的凄风苦雨，结束了十年隐忍的日子，先生一次次痛彻地自我剖析。他在晚年努力坚守着独立人格之底线，渴望成为一名真正具有自由意志的学人。他不甘于四平八稳地做文章，也不再掩饰自己要顽强表达的心情，于是在上世纪90年代末，有了惊动音乐学界乃至文化界的"乞灵"一案。"乞灵"一词在"五四"时期知识分子的笔下经常出现，傅斯年就曾主张学习白话文要"乞灵"于我们平时的说话。蔡先生"向西方乞灵"语出自于青主，一言蔽之就是"求道"——向西方寻求音乐的根本精神，寻求认识、理解音乐的方法，使之能自由、充分、深刻地表现当代中国人的精神世界，真正成为当代中国人灵魂的语言。近百年来，向西方取经已成事实，多几个有胆识的"玄奘"，借他山之"石"攻玉锻金，对中国的音乐事业应当是有益无损。某些爱国志士望文生义，硬把"乞灵"与"跪对"、"自弃"划上等号。李慎之先生说得不错，很多时候有些人"对爱国还是卖国的敏感程度要比对专制还是民主的敏感程度高出万倍"。先生著文旨在阐明自己的观点，至于是否真的成为"上纲"之论，这要由时间和事实来公断。

先生善思、好辩。上世纪八九十年代，他与学界（史学、美学、音乐学）诸方家的"高手过招"蔚为一观。不仅如此，他也

156

欢迎青年人前来"问难"，有时还会设置一些话题和情景，鼓励学生与之辩论，认真倾听不同的声音，并将其中一些意见记录下来表示接受。《中国音乐美学史》初版后记中"惟俟之来日，期待可畏后生"之语寄托了他对后来学子无限的期盼。先生认为当代年轻人只有敢于向权威质疑，敢于体验"真理"所赋予自己的力量，中国学术文化的发展才有希望。因为，"基石"不等于"界石"，人代冥灭，清音独远，在探求真理的道路上永无止境。

忘不了春光里与先生结识燕园，那份水流花开的快乐如雾月初照，细雨夜发；忘不了烈日下三松堂案牍旁，先生音容雅正，风神疏朗，诲我不倦；忘不了雪天我从学院跑到北大第二住院部的病房，口、鼻、胸腔插满了导管的先生勉张双目，以指代语，先让女儿将缀满朱批的作业文稿交到我手中……呜呼！吐哺之恩，中心藏之，何日忘之！也许绍兴的先贤们寂寞了太久，莺飞草长的江南二月，先生魂归故乡。从此天人永隔，百身何赎！

置身"铁箫斋"，重读宗璞师母的《铁箫人语》题记，悲欣交集，恍如隔世："铁质硬于石，箫声柔如水；铁不能弯，箫声曲折。顽铁自有了比干七窍之心，便将美好的声音送往晴空和月下，在松荫与竹影中飘荡，透入人的躯壳，然后把人的躯壳抛开了。哦，还有个吹箫人呢，那个吹箫人，在哪里？"

十年剑客觅无踪，一朝风庐遇霁虹。
朝露彩云终散去，夜夜铁箫壁上鸣。
寂寞童心藉卓老，直追叔夜到蓬瀛。
华藏三千揭谛义，不堪鹃啼第五声！

2004 年 12 月 16 日提笔
2006 年 12 月 15 日定稿于铁箫斋

蔡仲德与冯学研究

王仁宇

摘要：蔡仲德先生作为冯友兰先生的女婿，以其特有的优越条件在冯学研究方面做出了贡献。他编纂的第二版《三松堂全集》是目前收文最多最全的冯友兰文集；他编撰的《冯友兰年谱初编》对冯友兰的生平事迹与学术活动做了忠实的纪录；他最先提出了"冯友兰现象"，并对冯友兰思想发展变化的社会背景、文化原因和个人因素进行了深入的研究，揭示了"冯友兰现象"的深刻含义和历史意义；他继承了冯友兰的思想精髓和文化使命感，并把它发扬光大，直至耗尽了自己的全部生命。

关键词：蔡仲德；冯学；"冯友兰现象"；冯友兰精神。

蔡仲德先生是中国音乐美学史方面的专家，在这方面多有开创和建树；同时，作为著名哲学家和教育家冯友兰的女婿，他陪伴、伺候冯友兰长达 20 年[①]，从事冯友兰生平和思想的研究近 20 年[②]，以其得天独厚的条件、深厚坚实的功底、续薪传火的使命，

---

① 冯锺璞因蔡仲德下放农村于 1970 年 5 月回北京大学燕南园三松堂随父母居住，在此期间，蔡仲德每次回京就住在三松堂；1973 年 10 月蔡仲德下放结束，冯钟璞、蔡仲德就在燕南园三松堂安家，随侍冯友兰和任夫人，冯友兰于 1990 年 11 月去世。这期间整整 20 年。

② 从 1987 年蔡仲德开始撰写冯友兰年谱到他去世整整 17 年，在 1987 年之前他已经学习和研究冯友兰思想多年。

在冯友兰学术思想研究方面做出了卓越的贡献，在国内外冯学研究中占有重要的位置。这主要表现在以下几个方面：编纂、出版冯友兰的《三松堂全集》；撰写冯友兰年谱；对"冯友兰现象"和冯友兰思想历程的研究；对冯友兰思想精髓的继承和发扬。

一、编纂《三松堂全集》

冯友兰是中国 20 世纪少有的能够建立自己哲学体系的哲学大师和文化巨匠，从 1918 年的《参观北京中等学校记》在《北京大学日刊》上刊出到 1990 年去世前《中国哲学史新编》第七卷的完稿，他的学术活动和著述生涯长达 70 余年。冯友兰是青年时期就享有盛名，壮年时期便建立自己哲学体系，晚年漫长而思想多变又著作丰富的哲学家和教育家，要对其著述进行全部收集与整理，工作十分艰巨和浩繁。1949 年以前，冯友兰先后学习、工作和生活在开封、北京、昆明、美国各地，著作和论文也多散落于以上各地，他自己并没有刻意去收集和保存，冯先生自己说："我没有养成一个保存文稿的习惯。一篇文章写成以后，要用它的刊物就拿去发表，我不留原稿。在那些刊物发表以后，送来的样本我也是随手放在一边，没有注意保存。久而久之，我也记不清我过去都写了什么文章了。"[1] 这就为冯友兰全集中论文的收集增加了很大的难度。至于冯友兰论著，更是各个时期的各种版本都有，需要进行勘正和校对[2]。在这些方面，蔡仲德以其对冯友兰先生的熟悉和理解，加上他在中国哲学和中国文化方面坚实的功底，做了大量艰苦和细致的工作。

首次收集、整理与出版冯友兰全集是从 20 世纪 80 年代开始

---

[1]　冯友兰：《三松堂全集》，河南人民出版社 2000 年版，第 13 卷，第 308 页。

[2]　冯友兰：《三松堂全集》，河南人民出版社 2000 年版，第 13 卷，第 402 页。

的，由冯先生的学生涂又光先生负责，从1985年开始，到1994年出齐。由于众所周知的原因，第一版《三松堂全集》里收入的《中国哲学史新编》第七册第十卷当时未能出版（《中国哲学史新编》第七册1991年由台湾蓝灯文化事业股份有限公司出版，1992年香港中华书局易名为《中国现代哲学史》出版，但在内地很难见到。直到1999年8月在内地才由广东人民出版社出版），还有冯先生的很多文章当时没有找到；同时，第一版《三松堂全集》有些文章也重复出现。第二版《三松堂全集》由蔡仲德先生负责收集和整理与编纂。以第一版为基础，蔡仲德主要做了两方面的工作：一是整理，二是校订。整理包括以下几方面：1.增加了从三松堂发现的冯先生在同时期所译《希腊人的人生观》手稿，编入《全集》第十四卷；又收入了陆续发现的一些冯先生的单篇著作、诗词、书信等，分别编入《全集》第十一、十三、十四各卷。2.对第十一、十二、十三卷所收文章进行调整，哲学类的调入，其他的抽出，使这三卷成为比较纯粹的《哲学文集》，分为上、中、下三部分。3.大幅度充实第十四卷，将目前所能见到的哲学论著以外的冯友兰著作尽收其中，分别编为教育文集、杂著集、诗词和楹联集、书信集、译著集、全集闰编六部分，其中杂著集又分为五个小部分。4.对所收冯先生各类著作，一律以发表、出版或写作时间为序先后排列。除收集与整理以外，又对《全集》重新进行了勘正和校订。

与第一版相比，蔡仲德负责编纂的第二版《三松堂全集》最大的特点就是"全"。它是目前收文最多、最全面和最为权威的冯友兰文集。这项总字数达700多万字的浩大工程，开始于1996年8月14日，完成于1997年8月29日，历时一年有余。在此期间，蔡仲德先生"经夏历秋，由冬至春，夙兴夜寐，未敢稍息"①。

---

① 冯友兰：《三松堂全集》，河南人民出版社2000年版，第14卷，第112页。

二、编撰冯友兰年谱

年谱是研究一个人生平和思想的最原始、最基本的资料，很多学者都十分重视年谱的编写。编写年谱最大困难是资料问题。有些学者像鲁迅、胡适、竺可桢等都有自己比较完整的日记，而冯友兰先生并没有留下完整的日记，早年留学时的日记时断时续，但到了后来干脆就没有了下文①。这就为冯友兰年谱的编写工作增加了很大的难度。现在出版的《冯友兰年谱初编》记载了当时的情形："（1987 年 4 月）13 日，（先生）左侧口角歪斜，左眼不能闭合，说话、吃饭、喝水均感困难，住友谊医院治疗。15日，担心先生中风，全家紧张，锺璞放弃海南之行，仲德开始为撰写《冯友兰先生年谱》做准备。16 日，与仲德谈年谱，回忆幼年经历。17 日，与仲德谈年谱，回忆入北大前求学经过。19日，上午与仲德谈年谱，回忆两次结婚经过。已确诊为面瘫，并非中风。"② 如果说在编纂《三松堂全集》时力求的是一个"全"字的话，那么，同样是本着史家的职责，蔡仲德在编撰冯友兰年谱时力求的是一个"信"字。他不为贤者讳，更不为亲者讳，而是把发生过的事情如实地客观地记录下来。正如蔡仲德在《冯友兰年谱初编》的后记中所说："年谱的意义不在直接作出评价，而在为客观、公正的评价提供事实依据。如果说所有史书均应'信'字第一，忠于史实，那么年谱作为实录，就更应对谱主不蔽功，不隐过，不掩是，不饰非，绝对忠于史实。编者愿以此自勉，力戒以亲属的感情、自己的评价影响此谱的价值。"

就这样，蔡仲德凭着自己个人的力量广泛地收集材料。一些

---

① 蔡仲德：《冯友兰年谱初编》，河南人民出版社 2000 年版，第 714 页。
② 蔡仲德：《冯友兰年谱初编》，河南人民出版社 2000 年版，第 823 页。

事情靠冯友兰先生自己回忆。冯先生虽然记忆力惊人，可那是记他写过的书，对于自己生活中的事情、一般的交往，他并不在意，也记不起来；而且，冯老先生最后几年的全部精力是放在《中国哲学史新编》的撰写上面，也没有心思和时间去回忆自己过去的事情。蔡仲德就是凭着自己陪伴冯友兰20年的独特经历，以冯老先生的《三松堂自序》和三松堂里的文献为线索，赴昆明，去开封，与冯友兰的同学朋友、门生故旧多方联系；查阅了清华大学、北京大学、河南大学的图书馆与文书档案室有关档案；与河南大学、清华大学、北京大学的校史编委会联系，多方面征集资料；参考了《顾颉刚年谱》、《朱自清年谱》、《闻一多年谱》、《胡适来往书信集》、《顾颉刚日记》、《朱自清日记》、《吴宓日记》等大量历史文献；请季羡林、余景山、梅祖彦、潘乃穆、闻黎明、陈岱孙、贺麟、张岱年、任继愈及日本后藤延子女士等回忆或提供资料；查阅《哲学研究》、《光明日报》等国内主要的报刊，还有海外尤其是台湾、香港、日本、美国的一些报刊，上下收集、左右旁证，真可谓是"寻坠绪之茫茫，独旁搜而迢远"。目前出版的只是《冯友兰先生年谱初编》，蔡仲德是想在他有生之年编写出《冯友兰先生年谱长编》。这一工作他早已着手，在他病重期间和生命的最后关头，他在《冯友兰年谱初编》上做了大量的眉批、夹注和加页，内容有几十万字。完成《冯友兰先生年谱长编》的撰写是他的最后心愿和未竟之业。目前，这一工作已经委托给冯老故里的南阳师范学院冯友兰研究所来完成，在宗璞先生的指导下正在紧张地进行。

另外，在此应强调的是，蔡仲德在陪伴冯友兰的20年内，还做了很多具体的工作：在冯友兰的著述方面，他和宗璞先生一道校对《三松堂自序》和整个《中国哲学史新编》；帮助录写与回复冯友兰的来往信函；收集冯学研究方面的著作与论文；为冯学研究者提供咨询和资料，并与他们进行交流和讨论。身为冯门之婿，而冯友兰自己的儿子一直不在身边，蔡仲德就成了冯友兰的"整个儿子"和"一家之主"。他和宗璞先生把冯友兰家料理得井然有序，把冯友兰侍候得舒舒适适，不仅让冯友兰摆脱俗务，专心著述，而且让冯友兰高寿安康，在耳目失其聪明，生活完全不能自理的情况下，能凭记忆、靠口授，倾尽所思，道尽所言，著作得以完成，思想得以回归，人生得以圆满。此功甚伟，斯不惟造益冯学，亦足以婿仪天下！

三、对"冯友兰现象"和冯友兰思想
历程的研究

如果说编纂《三松堂全集》和编撰《冯友兰年谱》还只是冯学研究的前奏和基础的话，那么，"冯友兰现象"的提出和对冯友兰思想历程的研究则是蔡仲德在冯学研究中最有分量和最重要的工作。这在海内外冯学研究中占据着重要的位置，产生了重大的影响。

在中国现代知识分子中，冯友兰是最富争议者之一。在所有关于冯友兰的争议中，关键性的问题就是如何看待冯友兰的思想历程，如何看待他在 1949 年后的思想转变。誉之者认为他 1949 年后"认同"了马克思主义哲学，为马克思主义哲学中国化而努力，认为冯友兰经历了"脱胎换骨"的转变，这"不是被迫的勉强的转变而是主动的自觉的转变"，是"从谬误向真理的转变"，表现了"自我超越的理论勇气"，表现了"努力追求真理的诚挚愿望"；① 毁之者认为他 1949 年以后"接受了马列思想，根本否

---

① 见张岱年：《冯友兰哲学思想转变给我们的启示》（载《高校理论战线》1991年 2 期）、《冯友兰先生"贞元六书"的历史意义》（载北京大学出版社 1993 年出版的《冯友兰先生纪念文集》），方克立：《冯友兰与中国哲学现代化》（此为作者于 1993 年6 月 21 日在台湾"中国哲学在中国历史的回顾与发展"研讨会上报告的论文，后刊于《中国文化研究》）。

定了……以前的观点"，但认为是出于"被迫"，是"随波逐流"，"暴露了他那学术生命的脆弱性格，没有真正抓到中国哲学的真髓，亦即'生命的学问'，令人惋惜"甚至因此全盘否定他的人格与学术，断言他 1949 年后"缺乏任何正面的建树，有之只是负面的影响"，断言他的《中国哲学史新编》"是完全没有学术价值的东西"，因而将他"排斥在新儒家的外面"。[①] 面对这种纷乱复杂的情况，蔡仲德力排众议，发表了《论冯友兰的思想历程》等一系列论文，以其对冯友兰的熟悉和理解，最先提出了"冯友兰现象"，以冯友兰思想发展的全部过程为依据，对此进行了广泛、深入而细致的研究。

在蔡仲德看来，"冯友兰现象"是指冯友兰在其一生中分别经历了"实现自我"（1919—1949）、"失落自我"（1949—1977）和"回归自我"（1977—1990）三个阶段。他把"冯友兰现象"放在中国 20 世纪学术、文化发展的大背景下来考察："20 世纪中国学术文化的发展轨迹呈一个'之'字形：近代以来中西文化的冲突与交融，'五四'前后政治纷争、思想自由的格局，带来了中国现代文化的繁荣，使蔡元培、陈独秀、胡适、梁漱溟等思想家，熊十力、冯友兰、金岳霖、贺麟等哲学家，鲁迅、曹禺、郭沫若、茅盾、巴金、老舍、沈从文等文学家得以涌现；1949 年后罢黜百家、独尊马列的局面使中国学术文化步履维艰，出现停滞与倒退；20 世纪 80 年代后的'新时期'，言论思想相对自由，学术文化重新趋向繁荣。冯友兰的思想历程正与中国现代学术文化的发展轨迹相符。我因此将冯友兰实现自我——失落自我——回归自我的历程称为'冯友兰现象'，认为它具有典型意义，是中国现代知识分子苦难历程的缩影，是中国现代学术文化曲折历程

---

① 刘述先：《平心论冯友兰》（载《当代》三十五期）；傅伟勋：《冯友兰的学术历程与生命坎坷》（载《当代》十三、十四、十五期）。

缩影。"① 他以翔实的材料和历史的真相为根据，考察了冯友兰思想发展全过程，指出，"冯友兰现象"产生和思想的发展的背景是中国近现代社会的激荡和中西文化的冲突与融合，其实质是他对待马克思主义的态度："第一个时期是从冯友兰开始其学术生涯到 1949 年，这是冯友兰'实现自我'的时期。这一时期冯友兰对待马克思主义的态度，是将马克思主义和古今中外其他思想体系放在平等的地位，既对它有所批评，又有选择地吸取其中某些思想，用以研究中国哲学史，以创立其新理学思想体系。他所吸取的主要是唯物史观和社会主义、共产主义的理想，他认为这些思想与他的哲学史思想和新理学体系并不矛盾。第二时期是从 1949 年到 1977 年，这是冯友兰'失去自我'的时期。冯友兰在这一时期似乎确实出现了巨大的思想转变，其主要倾向是全盘接受马克思主义，全盘否定自己过去的思想。但第一，这种转变并非单纯出于主动与自觉，而是有一个从被迫到自愿、从被动到主动的过程，且主动、自愿时也还有被迫的因素，主动、自愿中又含有附和的成分；第二，这种转变并不彻底，因而还不是根本性的转变，还不是脱胎换骨的转变。所以他总要利用一切机会，想尽一切办法，提出反主流的看法，为传统思想辩护，也为自己过去的思想辩护。第三个时期是从 1977 年到 1990 年，是冯友兰'回归自我'的时期。在这一时期，无论是对待马克思主义，还是对待自己过去的思想，冯友兰都在逐步做到'不依傍别人'而做出自己的结论，且在学术与政治两方面都敢于提出新见解。他对马克思主义既有所取，也有所弃，对自己四九年前的思想既有所改变，也有所发展。而其根本思想则是回到四九年以前。这一时期，冯友兰努力的根本目的是为中国古典哲学找出与'有中国

---

① 蔡仲德：《"五四"的重估与中国文化的未来》（载《东方文化》1996 年第 3 期）。

特色的社会主义'的结合点，找出与'中国的马克思主义'的结合点，以便使中国哲学的根本精神以发扬光大。这其实也是他毕生奋斗的目的。"①

蔡仲德不仅揭示了冯友兰现象的实质和考察了冯友兰思想发展的历程，而且还深入地挖掘了产生这种现象、发生这种变化的主客观方面的深层原因。他指出，从客观方面，毛泽东时代不允许有毛泽东以外的思想家、哲学家存在；从主观方面，这与冯友兰自身的传统儒家思想和"阐旧邦以辅新命"的学术思想有关。蔡仲德强调："因为具有这样的政治信仰、学术思想，冯友兰便认同中国式的马克思主义即毛泽东思想，去批判自己过去的思想，认为这既是追求真理修正错误的表现，又是'阐旧邦以辅新命'的需要。客观环境的作用使冯友兰的思想转变带有被迫、被动的成分，主观因素的作用又使冯友兰的思想转变带有主动、自觉的成分。主客现因素的交互作用，使冯友兰的思想转变成为历史必然。"②

正是由于从这一广阔和深刻的背景来考察"冯友兰现象"，蔡仲德也就没有把冯友兰的思想变化仅仅当作冯友兰个人的事情，而是把这一现象当作"中国现代知识分子苦难历程的缩影，中国现代学术文化曲折历程的缩影"，并把冯友兰与和他同时代的学者和哲学家做了比较。他指出："在中国现代学术界，所谓'思想转变'并非冯友兰独有的现象，和冯友兰一样，贺麟、金岳霖、梁漱溟、熊十力在 1949 年后都出现了思想转变，只是转变的侧重面互不相同，转变的程度也不相同。就第二时期而言，冯友兰在学术思想方面的转变程度与贺、金相当，而大于梁、熊；在政治思想方面的转变则并无突出表现。就第三时期

---

① 蔡仲德：《论冯友兰的思想历程》（载台湾《清华学报》1997 年第 25 期）。
② 蔡仲德：《论冯友兰的思想历程》（载台湾《清华学报》1997 年第 25 期）。

而言，冯友兰在学术回归于自己的思想而又有所更正与发展，其情况不同于贺、金，而与梁则有同又有异（梁的《人心与人生》重复了《东西文化及其哲学》的思想，学术上并无变化与发展）；在政治上敢于解放思想，提出新见，与贺、金不同，与梁也不同。"① 与其他学者和哲人相比，冯友兰第三个时期的反思和回归是深刻和完整的，因而有着比较典型的意义和较大的研究价值。

对"冯友兰现象"的研究是要人们向前看，而不是算历史旧账，蔡仲德特别强调冯友兰现象的历史意义和文化价值。他指出："一、思想言论自由是文化创新应有的客观条件。人就是文化，文化就是人。人与文化的本质在于自由，没有自由，人就成为非人，文化就无从创新。以知识分子为改造的对象，定一种思想于一尊，就必然遏制创新，扼杀文化，造成文化的停滞与倒退。二、应该提倡为学术而学术，为文化而文化，使学术、文化既超越政治，又干预政治，以其理想改善政治。三、应对群体与个性、国家与个人的关系应有清醒的认识。不是个体为群体、为国家、为社会而存在，而是群体、国家、社会为个体而存在，群体、国家、社会的合理程度决定于它在多大程度上保障个体的利益，多大程度上满足个体的要求。所以必须区分祖国与政权，区分政权的性质，使政权尽可能地维护个体的人权。四、文化的创造既需要自由的客观社会条件，更需要发挥主体的创造精神，想要发扬主体的创造精神，知识分子不仅必须正确对待学术与政治、个人与国家的关系，而且必须'得意忘形'，忘名利，忘生死，既无所羁绊，又无所畏惧，能为文化而文化，为文化而献身。"

---

① 蔡仲德：《论冯友兰的思想历程》（载台湾《清华学报》1997 年第 25 期）。

四、对冯友兰思想精髓的继承和发扬

从以上蔡仲德对冯友兰现象的揭示和对冯友兰思想发展历程的考察中可以看出，冯友兰现象的出现和冯友兰思想的变化是与中国 20 世纪历史的发展密切相关的。冯友兰是带着强烈的社会责任心和高度的文化使命感而进行学术活动的。面对 20 世纪的西化惊涛、复古逆流，面对政治的高压、世人的误解，他衡论中西、熔铸古今，著"六书"，"纪贞元"，撰"三史"，"释今古"，这都只是"迹"，并不是"所以迹"。其"所以迹"就是："周虽旧邦，其命维新。""中国处在现在这个世界，有几千年的历史，可以说是一个'旧邦'。这个旧邦要适应新的环境，它就有一个新的任务，即在新的历史条件下，在这块古老的土地上，建设新的物质文明和精神文明，这就是'新命'。怎么样实现'旧邦新命'，我要作自己的贡献，这就是我的'所以迹'"①。"所以迹"就是爱国情怀与文化使命，它们是冯友兰从事哲学活动和文化创造的巨大动力。这种"所以迹"贯穿于他整个学术生涯中。正因为这样，蔡仲德在《冯友兰先生评传》一文的最后写道："我们就不难理解先生为什么能在国难当头，生活极其艰苦的条件下写出'六书'，建立自己的哲学体系；为什么能在空前强大的压力下不自杀，不发疯，也不沉默；为什么能在耳目失其聪明，生活完全不能自理的状况下，以 95 岁高龄写成巨著《新编》，创造出学术史上的奇迹。'春蚕到死丝方尽，蜡炬成灰泪始干。'先生强烈的爱国情怀和文化使命感永远值得后人景仰。"②

这是蔡仲德对冯友兰的理解和评价，又何尝不是蔡仲德自己

---

① 冯友兰：《三松堂全集》，河南人民出版社 2000 年版，第 14 卷第 409 页。
② 蔡仲德：《冯友兰先生评传》（载《文史哲》1996 年第 4 期）。

的心声和信念？与冯友兰生于书香门第，长在官宦人家，从小就过着优裕的生活相比，蔡仲德可不幸运。他生在兵荒马乱之年，长于贫苦农民之家，幼年的时候，他的父亲为生计而四处奔波，蔡仲德也跟着颠沛流离，转学、辍学也就成了常事。就在这样艰难困顿的情况下，他硬是凭着自己的天资和勤奋考入了华中东师范大学中文系，1960年毕业后到中央音乐学院附属中学任语文教师。1969年，在冯友兰人生最为艰难、最为惨淡的岁月，也是冯门最为不幸、最为黯淡的时候，蔡仲德和冯友兰的女儿冯锺璞结婚。1970年蔡仲德被下放，宗璞先生回到燕南园父母家里居住，1973年蔡仲德下放结束，也就把家搬到燕南园，从此蔡仲德便开始随侍冯友兰。1979年他开启了中国音乐美学史方面的研究，在此之前没人做过，他是这一领域的拓荒者。1983年，蔡仲德因科研出色，成绩突出，由中央音乐学院附属中学调入该校的音乐学系从事音乐学研究。在这期间，他著述丰厚，出版了《中国音乐美学史》、《中国音乐美学史资料注译》、《〈乐记〉、〈声无哀乐论〉研究》、《音乐之道的探求》等著作。这些对中国音乐美学史的研究固然与蔡仲德毕业于中文系、任教于音乐学院密切相关，可在这些著作里处处也能够看到冯友兰的影子。冯友兰在学理上面已经深深地影响了蔡仲德。

但冯友兰对蔡仲德的影响，或者说是蔡仲德对冯友兰的继承，更多是在冯友兰的思想精髓上面，是在冯友兰那种强烈的社会责任心和高度的文化使命感上面。凭着这种责任心和使命感，他筚路蓝缕，开辟了中国音乐美学史的研究；凭着这种责任心和使命感，他编纂第二版《三松堂全集》，编撰《冯友兰年谱》，这不单是对冯友兰的私情，更是一种弘扬文化的公谊；凭着这种责任心和使命感，他把对冯友兰研究拓宽到对中国文化与士人人格的研究，拓宽到对中国文化的现代化和中国现代知识分子的研究；凭着这种责任心和使命感，他独具慧眼，见他人所未曾见，言他人所不敢言，在研究"五四"运动时，他"强调区分两个'五四'，即文化、启蒙、兼容、渐进的'五四'与政治、救亡、排他、激进的'五四'，前者是真正的'五四'精神，后者则导致'文化大革命'，导致专制主义大泛滥"。强调"只有继承并发展'五四'精神，引进对现代化具有普遍意义的市场经济、民主政治、人权观念，改造传统文化中的自然经济、专制政治、纲常伦理，中国文化才能真正走向未来。"为"五四"价值辩护，认为它高举人本主义，批判礼本主义，既保存了人类以往发展的丰富成果，又吸取了马克思主义的精髓，是最合乎人性的价值，集中表达了来自每个心灵的呼声，必将在中国长成参天大树①。凭着这种责任心和使命感，在研究顾炎武时，他详细考察，周密论证，透雾显光，拨云见日，认为"顾炎武所说'保天下者，匹夫之贱与有焉耳矣'，不是要人人挺身而出保卫国家民族，而是要人人挺身而出保卫忠孝大义、纲常名教，顾炎武其人不是启蒙思想家，而是不折不扣的封建卫道士"②；凭着这种责任心和使命感，他高屋建瓴，一针见血地指出："中国文化的特征是将道德政治化，将政治道德化，融道德与政治于一炉，以尊卑等级为基础，以礼即纲常名教为本位的专制主义意识形态，这种意识形态为中国所独有，集中体现了中国文化的特质。为了实现中国社会及其文化由前现代向现代的转型，必须高举人本主义的旗帜，彻底批判这种意识形态"。③"中国文化在二十世纪曾历尽坎坷，'五四'提出的价值在数十年中曾面临灭绝之境，受过'五四'新文化洗礼、理应成为社会良心的整整一代知识分子曾在种种社会罪恶面前保持沉默，这一切触目惊心地表明中国文化由前现代向现

① 蔡仲德：《艰难的涅槃（后记）》（未出版）。
② 蔡仲德：《艰难的涅槃（后记）》（未出版）。
③ 蔡仲德：《艰难的涅槃（后记）》（未出版）。

代的转型是多么艰难。中国有根深蒂固的专制主义传统，中国知识分子历来缺乏自由意志、独立人格，因此，出现上述情况是必然的，中国文化转型的艰难也是必然的"。① 凭着这种责任心和使命感，他对王国维、陈寅恪进行冷静的分析，同情理解。他指出，陈寅恪存在理智与感情的深刻矛盾，理智上能清醒地看到中国旧文化必然竭绝的历史命运，感情上却无法摆脱对此文化的深深眷恋。陈寅恪的思想基础是文化本位主义，不是人本主义，他是一个坚定的保守主义者，并不是一个真正的自由主义者。凭着这种责任心和使命感，他满腔热忱，大声疾呼："文化的发展既需要一定的客观社会环境，更需要人的主体创造精神。在前者尚未具备时，如果具备后者，文化仍可能曲折地向前发展。而想要发挥主体创造精神，知识分子就必须具备自由意志、独立人格、超越精神、干预精神，必须确立人本主义的价值，以人为本，从与人的关系中认清文化的本质，正确处理文化中的中西关系、古今关系、个体与群体的关系、学术与政治的关系、民族'自性'与人类共性的关系。"②

　　凭着这种责任心和使命感，在身患绝症，辗转病榻的最后两年里，蔡仲德先生以惊人的毅力和顽强的斗志写下了《陈寅恪论》这样的观点新颖、考证翔实、长达五六万言的洋洋大文，看他在《陈寅恪集》上密密麻麻的批注和重重叠叠的圈点，以及为写《冯友兰先生年谱长编》而在《冯友兰先生年谱初编》上做的大量的眉批、夹注和加页，就知道耗费了他多少心血和精力！

　　蔡仲德很长时间内和冯友兰同甘苦，共患难，他对冯友兰的熟悉和理解是其他人包括很多冯门弟子所不能比的。他知道冯友兰的成功，也知道冯友兰的失败，他最体谅冯友兰那欲罢不忍、

---

① 蔡仲德：《艰难的涅槃（后记）》（未出版）。
② 蔡仲德：《艰难的涅槃（后记）》（未出版）。

欲言不能的良苦用心，他最了解冯友兰那呕心沥血，惨淡经营的名山大业，因而他也能对冯友兰真正地"接着讲"而不是"照着讲"。他对冯友兰思想精髓——强烈的社会责任心和高度的文化使命感，既有继承，更有发挥。在上述对"冯友兰现象"的分析和现实感上已经走出了冯友兰，超越了冯友兰。

"春蚕到死丝方尽，蜡炬成灰泪始干"，抱着强烈的社会责任心和高度的文化使命感，冯友兰、蔡仲德翁婿两代为中华民族的文化事业做出了杰出的贡献；"智山慧海传真火，愿随前薪作后薪"，抱着强烈的社会责任心和高度的文化使命感，蔡仲德使冯友兰的思想精髓得以发扬光大。

和而不同的友谊

——记与蔡仲德先生的争论

梁 雷

　　我和蔡先生的友谊是在讨论和争议中建立起来的。蔡先生一直把我当作朋友，即使我们在学术和艺术上的观点常常相左；我一直把蔡先生视为老师，虽然我认为他思想观念进步，艺术品味保守。与蔡先生的最初交往，是在我读过他的著述后致信给他，提出我对佛教音乐思想的不同认识。几年后，在我回国举办个人作品音乐会之际，蔡先生发表长文，对我的音乐不留情面地提出尖锐批评。但是，不同的观点丝毫没有影响蔡先生对我的友情和我对蔡先生思想、人格的崇敬。我始终认为，他是当代中国音乐界，乃至中国学术界中一位"自由思想与独立精神"的楷模，一位担负智识与道德力量的学者。

　　亚里士多德曾说过："与朋友争论是项尤为艰巨的工作。但作为思想者，我们必须坚持思考，即使这意味着破除曾触动我们心灵深处的情感的制约。因为，当友谊与真理都重要时，（对真理的）虔诚使我们将真理置于友谊之上。"在纪念蔡先生逝世两周年之际，我想用一个"不得体"的方式——借用这篇短文谈一下我和蔡先生的争论——以此作为我们"和而不同"的友谊的见证。

　　尽管一直没有机会在课堂上亲自聆听蔡先生的讲学，但他很早就成为我心目中的老师。1990年，当我还是中央音乐学院附中的学生时，就已耳闻蔡先生是一位非常有骨气的、正直的学者。临出国前，父母把蔡先生的《中国音乐美学史资料注译》放在我的行李中。后来，这本书成了我自学中国传统音乐美学的入门书，它不仅培养了我对传统音乐美学的兴趣，还不断启发我对中国音乐的深入思考。

五年后，蔡先生的《中国音乐美学史》正式出版。与先前的各种音乐美学史资料汇编相比，这部著作在学术上的一个贡献体现在"魏晋——隋唐佛教典籍中的音乐美学思想"一章。佛教是中国三大思想体系之一，对中国传统音乐的发展有着深远影响，但多年以来，音乐美学界始终偏重于儒家、道家音乐思想的讨论，而很少提及佛家音乐美学思想。蔡先生书中对佛家音乐思想的讨论，既是对他的《中国音乐美学史资料注译》的必要补充，也是对中国音乐美学研究领域的补白。但是，当我仔细阅读了这一章节的内容后，却引起了一些疑惑。于是，我在1995年5月29日写信给蔡先生，冒昧地提出我的不同看法。在信中，我首先指出引用佛学原典时存在的一些问题：

"您（书中）引用的佛学典籍大概有两种。一种是原典，比如《楞严经》、《阿弥陀经》等，是从梵文翻译成中文的原始佛典；另一种是中国人写的，比如《广弘明集》、《法苑珠林》等。这两种典籍又有不同的倾向。或者较抽象，属哲学的范畴，或者较有'渡世'的色彩，偏向宗教。另外，中国人写的书，虽表达佛学的观点，但也可能是佛家文化和中国文化交流的结果，所表达的不是印度佛家的思想，而带上了中国原有文化的痕迹。比如您提到《广弘明集》梁武帝《净业赋》中说：'观人生之天性，抱妙气而清静…'，这里面提到的'气'的概念是中国所原有的。'繁会于五音'则带有道家的口气。在引用这些不同类型的典籍时，是否应当进行区分？"

此外，蔡先生在《中国音乐美学史》中提出了他对佛家音乐思想的看法，批评佛家"否定音乐之真"，"否定音乐之美与善"。我则认为用"真善美"的概念框架讨论佛家音乐思想是对佛家思想的误读。以佛家"中观"的思想逻辑推理，如果说佛家否定了"真善美"，那么它也否定了与其对立的"假恶丑"，因为其思想的要点是超越诸如"美丑"的二元对立的思维方式。

我在信中写道："佛学原典中'真'的涵义很复杂。'真实'、'真如'都有'绝情妄'的意思，与我们平时讲到的'真情'、'真实'很不一样。'善'字的说法很多，有讲'理'，有讲'名'。《唯识论》以'顺益此世他世之有漏无漏行法为善，于此世他世违损之有漏行法为恶'，把'善'联系到与社会的关系。但《唯识论》又偏偏是玄奘法师译撰的，会不会也把中国原有的观念'译撰'进去了？总之，在谈到音乐之'真善美'的时候，佛家思想并不在我们所习用的这些体系范畴之内。从您引用的《楞严经》来看，'声无既无灭，声有亦非生。生灭二圆离，是则常真实'。我的解读是，它所谓'真实'是一种超越'生灭'的存在，近似于龙树菩萨讲的'不生亦不灭，不常亦不断'的中观思想。如此推想，佛家不仅像您所说的'否定音乐之真善美'，而且还进一步否定其'假恶丑'。

"佛家思想实在很少有与其他体系完全相符的。甚至'音乐'这个概念本身。我们说的'音乐'近似于佛经中'供养三宝'的'伎乐'。佛经中另有一个概念——'音声'，指的是'入于耳根者'。这个松散的定义包括了一切听得到的声音，也就无所谓乐音、噪音、说话、唱歌、乐器与自然之音。《瑜珈论》中讲'五明'中之'声明'时就体现出它对僧人讲话声音的特点与语气有明确的要求。另外，《俱舍论》中'八种声'被分为'有执'与'无执'，之下又分'有情'与'非有情'，'可意'与'不可意'几种，再次说明佛家的音乐思想之着眼点与其他思想体系有着根本的不同。它不用价值去划分好坏，判定等级，而是把音乐作为一条达到一个完满的意识（'觉'）的途径。它反对的不是音乐的'真善美'，而是人们以'无明'的心去听音乐，进而生出的痴迷与苦恼。它更不是反对音乐本身，而是反对不能'自觉'的、无'知'的状态下的'听'。

"日本僧人道元在《正法眼藏》中提到一个故事，说一位中国僧人因在竹林中听到风声而彻悟。这个情节与庄子隐机坐忘，《阿弥陀经》中的'乐音树'有相似之处。但道家与佛家的体验各有其重点，庄子是在'忘'字上，而佛家则在'觉'。"

作为一个大学三年级的学生，初次给蔡先生写信就试图质疑他的论点，如果是其他学者，我可能会心存顾虑，但蔡先生的人格修养却给了我足够的勇气。信寄出四个月后，蔡先生与夫人冯宗璞老师路过波士顿参加冯友兰先生的研讨会。我同赵如兰教授去宾馆看望他们。果然，蔡先生和冯老师与我一见如故。他感谢并赞扬我的来信，坦然表示接受我的部分意见。初次见面之后，除书信联系外，每次回国有机会路过北京，即使时间再短暂我也必定要去燕园看望他和冯老师。我和蔡先生似乎总有谈不完的话题，几乎每次交谈都是三言两语就直接进入讨论，仿佛两人都迫不及待似的。特别令我感动的是，当蔡先生得知我在创作《园》的作品系列后，他留心四处搜集有关中国古典园林艺术的新书籍。第一次到蔡先生家，他就把搜集购买到的厚厚一摞书送给我，希望对我的创作有所帮助。这些书我现在还收藏着，成了珍贵的纪念。蔡仲德先生喜欢和我交谈，却不喜欢听我的音乐。2000年我回国举办个人音乐会之后，蔡先生在《天津音乐学院学报》上发表了《走出误区，复归人性——我看现代音乐》。其中在"关于中国现代音乐"的评论中，蔡先生拿我作为"当代中国颇具代表性、典型性"的例子，对我的音乐探索提出了严厉批评。他写道："梁雷并未能'突破各种文化的束缚'（这实际上是不可能的），而是突破了一种文化——以贝多芬为代表的古典音乐——的'束缚'，却主动接受了另一种文化——西方现代音乐——的束缚……如果把自由创造与一切已有的文化对立起来，认为为了获得创造的自由，就必须'挑战现有文化'、'突破各种文化束缚'，那就难免要重蹈勋伯格以来西方现代音乐的覆辙，眼下梁雷'挑战现有文化'、'突破各种文化束缚'的主张及其实践与当年勋伯格们'从所有至今有影响的音乐法则中摆脱和解放出来'的美学及其实践之间的相近相似便已经预示了这一点。"蔡先生并劝告我应该"吸取西方现代音乐的沉痛教训"。

把我尚不成熟的音乐探索批评一下不要紧，但蔡先生对于勋伯格音乐贡献的简单否定却表现出他对西方现代音乐发展史及其艺术表现特征的明显误解。蔡先生本性浪漫，在学术文章中情不自禁地流露出个人情感，是位铮铮铁骨、情感真挚、富有感染力的评论家。在这段文字中，他虽然表达了个人强烈鲜明的主观判断，但缺乏史学家应有的对原创者和原典真实意图及其历史社会背景的深刻理解、同情和体会。这是我作为晚辈对蔡先生的音乐评论的批评。

在被蔡先生批评之后，我和他的见面和争论一如往常。每次蔡先生都有更多的新文章给我看，而我却不敢再请他听我的新作品了。2002年6月13日，是我最后一次看望蔡先生。当时他的身体状况已经非常不好，但他还坚持一边输液一边与我交谈对陈寅恪的评价问题。我多次提出让他休息，他却执意在病房中继续学术讨论。或许当时我们已预感到这是当面讨论的最后机会，临别时都不禁落泪。离开燕园后我的心情久久也不能平静。

我和蔡先生对中国文化的未来都寄托了美好的憧憬，同时，也怀有深重的忧虑。如果蔡先生看到今天中国的一些情况，也许他会痛心。每当我见到学术界的腐败、剽窃、学术道德堕落，以及粗鲁的行政干预等等现象，蔡先生总是我想起来的第一人。他与我将郁于心里的忧愤一吐为快的倾谈是多么令人怀念！有时我惭愧自己在平静、良好的环境中学习工作，是在"净土中修行"，而蔡先生在"尘世中度人"则需要更大的勇气与执着。他对人本主义、兼容渐进、自由民主之理想的追求令我由衷地敬佩和认同。同时，强烈的人格感染力也使蔡先生成了一位很难批评的人。正如亚里士多德说的那样，他曾以其人格力量"触动我们心灵深处的情感"，但我仍然要说，蔡先生的治学方法和学术贡献仍存有商榷讨论的空间。比如，他的《中国音乐美学史资料注译》与《中国音乐美学史》中引用的文献基本集中在对正史资料和现存音乐专著的研究，而对"野史"、笔记、小说、诗辞、散文中存在的大量精彩有趣的文献涉及有限。这些资料中有很多闪光的音乐思想及珍贵生动的史料有待我们进一步发掘。只有深刻认清蔡先生在学术研究中存在的不足，我们才可能在他奠定的基础上继续前进。我想，这也是蔡先生所希望的。

心香一瓣谢师恩

——追念蔡仲德先生

毕 明 辉

　　最早知道蔡先生的名字，源自他的《中国音乐美学史》。当时我的理论水平很低，书中的内容懂得不多，倒是书的封面边页——蔡先生的照片给我留下很深的印象，宽宽的额头，一部飘逸的美髯，表情安详沉静，与时人很不一样。1996年秋，我刚读硕士。9月13日，梁茂春先生通知我，15日到左家庄音乐研究所参加研究生暑假读书讨论会。会议大概是梁先生和蔡先生共同发起的，参加的也主要是两位先生的学生，我算是旁听学习。正是在这次讨论会上，我第一次聆听到蔡先生的教诲。他做总结发言时，关于中国文化的现代化以及中国在由前现代向现代转型过程中的诸多问题，给我异常新鲜的感觉，激起我强烈的求知欲。蔡先生浑厚的男中音，中气十足。说起话来，不仅雄辩有力，而且还透着一腔浩然之气。那时候刚刚开学，研究生正在选课，我犹豫是否选听蔡先生开设的"士人格研究"。因为别说内容，就是这门课名称的界定我也不十分清楚。讨论会结束后用餐时，我抽空向蔡先生请教"士人格"的意思。他告诉我，所谓"士"，是指中国的知识分子，这门课是专门研究中国知识分子人格的。老实说，一来蔡先生学问大，回答问题时言简意赅，二来我本科刚刚毕业，从事学术研究的时间太短，学养太差，对他的解释完全

179

是似懂非懂。但是，蔡先生听我问题时的认真，回答问题时的严谨，以及自身生出的那种气象，令我不由得对他从心底里萌发出一种敬畏之情和亲切之感，直觉中认定这门课将会非常有意思、有价值。事后证明，我的直觉是对的。

随后的日子里，除了课堂，其他场合与蔡先生的交往愈加多了起来。左家庄的那次讨论会还有另外的收获。蔡先生的学生，一般都自《中国音乐美学史》入手，那是蔡先生的专业。而我恰恰是颠倒的，硕士一年级读"士人格研究"，硕士二年级听《中国音乐美学史》。两门功课都不容易，前者用功较多，学期结业时，论文的成绩也较好。后者由于忙于自己的专业硕士论文之故，只能走马观花，中途告停，真是愧对蔡师。严格说来，我虽对蔡先生乃至"三松堂"、"燕园风庐"①都很有感情，却不是先生门下弟子。之所以与蔡先生走得很近，除了他本人从无门户之见外，主要是受到他人格力量的感召，心目中也从未觉得自己不是他的学生。

蔡先生是公认的良师，他的治学严谨在中央音乐学院以及音乐学界是有口皆碑的。这表现在他对待学术问题从来"言之成理，持之有故"，事事皆问"你的根据是什么"；表现在他对学术辩论的热情欢迎，无论怎样的质问置疑，都以一丝不苟的态度回应之；表现在他课堂上从不看稿，却可引经据典，信手而拈，许多大段的古典文献随口道出；表现在追随蔡先生学习的学生需要极大的勇气和毅力，面对先生，学生不能不预习，不敢不复习，只有勤奋用功，别无捷径；更表现在他的课堂作风从不坐（除讨论课外），从不喝水，总是仪态文雅，总是早学生十分钟到课堂

---

① 蔡先生居所在北京大学燕南园。"三松堂"是先生的岳父，哲学家、哲学史家冯友兰先生为该居所起的名字；"燕园风庐"则是先生的夫人、作家宗璞老师为居所起的另一名字。

（要知道蔡先生是北大居民）。好老师必须是严格的，因为学术的目的在于追求真理，严格的方式方法可能不同，但严格本身却是不能商量的。如此才会赢得学生的敬重，如此才称得起"师道尊严"。

此外，在蔡先生身上，我还看到了为人师表，有教无类，他以自己的身体力行，教会了我"锦上添花易，雪中送炭难"的为人师的道理，令我终身难忘且受益无穷。1999年，是我人生出现起伏动荡的一个阶段，其间面临论文答辩、毕业工作、博士考试等一系列事情。蔡先生给我的帮助是旁人想不到的。他不仅在百忙中通读了我的论文，专门安排时间约见我，逐字逐句地提出意见，还亲自出席论文答辩会，为我加油。6月中，博士考试受挫，我的情绪极其低落。蔡先生是第一个打电话支持我来年再接再厉的人，他的声音至今回荡在耳边，如今天各一方，想到他敦厚温暖的话语"听说博士考试遇到些困难，不要气馁，来年再试"，我就热泪盈眶，情难自已。蔡先生就是这样，以他无私的爱，他的深情，促成我的成长，使我懂得作为教师，除了奉献，还是奉献，学生遇到怎样的困难，都应该援手相助，而不能袖手旁观。这就是教师本色，就是"春风化雨，润物无声"。

我一直是蔡先生文章的忠实读者，了解先生对人本主义的推崇。"人"是蔡先生一切研究的起点和终点，读过他《中国音乐美学史》的人都有此体会。完美的人格境界是蔡先生追求的目标，从他生平最敬重蔡元培先生、欣赏嵇康的"会稽乃报仇雪耻之乡，非藏污纳垢之地"的豪气中，可见一斑。蔡先生的"士人格"课原名"士·文化·人"，就是实践探讨人格问题、宣扬高尚人格的园地。课程以中国古今文人的生平和人格为经，以社会评判和文化批评为纬，上启先秦，下至当代，探索中国知识分子的人格特征，借鉴传统，汲取精华，以为现代所用。课前蔡先生发讲义，学生分别选取感兴趣的人物准备个人发言，课堂分重点发言和集体研讨两个部分。由于同学们的兴趣浓厚，思想活跃，课前准备也比较充分，因此，这门课的研讨是相当成功的，唇枪舌剑，畅所欲言，真有"一堂文士会，千载墨池香"的气氛，不仅是我，也是大家最爱上的课。相比其他同学，我在中国历史、古典文学和文化研究方面的基础很差，平日喜欢读书，却全无章法，不得要领。蔡先生当面和在电话中对我有多少次悉心的指导，已记不清了。课程所涉及的问题许多都是我第一次接触到的：文化与人的关系，知识分子如何对待逆境，如何直面政治压力，在舍生取义和苟且偷生之间如何选择，生命的意义，死亡的价值等等，都令我在深思的同时感到困惑。人的任何选择都不是单一条件作用下的结果，其中不仅有环境的原因，还有个人性格的因素。我觉得这些问题很难有一个共识，在追问知识分子人格的过程中，也就不会有统一的答案。歌德有句话，很可以说明我在当时的感受："我知道世间有种高尚，但它是我永恒的烦恼。"对此，蔡先生直言不讳地说这也是他的烦恼，告诉我，作为一个真正的知识分子，应该具有深邃的思想，敢于承担社会良心，富于文化的使命感。"士人格研究"课所带给人的一系列问题，以及对于问题的讨论，无论是现在还是未来，都不一定有明确的答案，但它却在促成现代化的知识分子人格方面具有重要意义。听后我逐渐释然，蔡先生开课的用意不在于解决问题，获得答案，而在于提出问题，探索真理，警醒后进。这些问题和思索，一直伴随我到今天，相信会伴我终生，是蔡先生留给我的巨大财富。

2002年5月下旬，蔡先生抱病在中央音乐学院作了一次题为"我看陈寅恪"的讲演。当时我有感于学术界的学风不正、学术道德沦丧，6月3日给先生写了一封信，同时寄去一篇关于学术道德的文章。信中说道："陈寅恪的人格精神确实令人钦佩……目前许多非学术因素进入学术领域……学生认为，许多人缺乏真正的仁心、求知和勇敢。己所不欲，勿施于人，是为仁。在此基础上，求知才有可能向良性方向发展。在学生看来，无论求财富，还是求知识，都是求知的行为。无论是物质还是精神的富者，都必须怀仁，否则统统都是为富不仁。缺乏仁心就是今天学术腐败的主因之一。至于勇，知错能改，就是勇敢。因有一颗仁心，则必有一份真诚。错的真诚，源于认识局限，改正若果真诚，就会造成一种勇气，面对困难，无所畏惧。这三种品质，相辅相成，是学生追求并身体力行的原则和信念，窃以为也是学人自处于现今尘嚣的必要品质。"

时隔五年，我才算回答了"士人格研究"课上蔡先生留给我们思考的问题："在今天的社会环境中，知识分子如何自处？"才算对这一问题有所认识。蔡先生回信中对此非常肯定，批有"甚善甚善"。2002年底，我与明春兄去北大医院探望蔡先生，由于病房光线暗和药物的缘故，蔡先生躺在病床上，起初误以为我是别人，认出后立即问我关于学术道德的文章是否发表。我回答说快了。蔡先生只说了一句话："此风不可长，此文一定要发。"我去看他，说的话却比他还少。2003年春节期间，因博士论文写作，我没有回父母家。其间曾去肿瘤医院探望蔡先生。他正在输液，精神略好。静静地听我说完博士论文的进展情况，他鼓励我说："论文不在长短，而在立意；不在资料堆砌，而在创新。创新必然艰苦，尤其是前人尚未开拓的领域则更不容易。只能坚持！"所有与蔡先生谈过话的学生，大概都和我一样，从他的话语中获得做人、做学问的力量。

蔡先生在《中国音乐美学史》初版后记中曾说："文如其人，人如其文。这部书稿倾注着我的生命，我在其中思考着音乐、文化、宇宙、人生。得耶？失耶？我无自知之明；知我，罪我，悉由读者诸君。"第一句话是先生治学态度的表达，第二句话表露出先生治学的终极关怀，第三句话则可视为先生人格境界的写照。知识分子被美国社会学家刘易斯·科塞称为"理念人"（Men of Ideas）。科塞对"理念人"的处境曾这样说道："知识分子是理念的守门人，也是意识形态的启蒙者。理念的人虽然屡遭拒绝和歧视，却依然在很多世纪中成为西方思想史上的开路先锋。我猜想中国的情形也是如此。"① 我觉得蔡先生想了许多别人不多想的问题，做了许多别人敢想不敢做的事情，忠于自己的思想，以行动实践自己的思想，是纯粹的理念人。中学时读但丁的《神曲·地狱篇》时，吓得我晚上不敢一个人睡。对人来说，任何刀山火海、剑树油锅都不是最厉害的刑罚，最厉害的是严冰极寒地狱，人在那里冻得铁硬，一动不能动。失去自由的感觉比死亡还可怕。人的现代化需要自由，文化的现代化也需要自由，我想促进"人的自由发展"和推动"文化的自由发展"就是蔡先生为人、为学的根本动力，用他自己的话来说就是：

> 人创造文化，文化也创造人。人就是文化，文化也就是人。文化的现代化离不开人的现代化，没有人的现代化，文化的现代化（包括音乐文化及其美学的现代化）乃至一切现代化到头来都只能是一句空话。而为了人的现代化，职业上从事文化承传与创造、思想上作为社会良心的人即知识分子必须先行现代化，成为现代化的知识分子……文化的发展既需要一定的客观社会环境，也需要人的主体创造精神。在前者尚未具备时，如果具备后者，文化也还可能向前发展。而想要充分发挥主体创造精神，知识分子除了现代化的知识，就必须具备超越精神、干预精神、独立人格与自由意志。
>
> ——《中国音乐美学史》绪论

令我抱愧终生的是，作为蔡先生的学生，我为他做的事情微乎其微。他对我的恩德，一生难报。记忆中好几次新年，蔡先生

---

① 《理念人》，刘易斯·科塞著，中央编译出版社 2001 年版。

184

夫妇或在燕园家中或在北大餐馆举行聚会，先生总是通知我来。2003年我的主要工作是博士论文，与蔡先生联系减少。中间听说蔡先生在服用一种进口药物，身体恢复得不错，心想论文完成后一定请先生提意见。没想到，2004年2月13日周五中午（真是黑色的日子！），接到姚亚平先生的电话，告诉我蔡先生病危。两点钟我到北大医院，见到蔡先生时，他的血液中氧含量已经很低。四时三十七分，蔡先生远行。我顿时悲不自胜，面壁长泣。天胡不仁，夺我良师。我怎么也不相信与蔡先生的师生缘分竟只有不过八年的时间！

　　蔡先生属牛，1997年是他的六十寿辰，民间习俗应穿红，我便准备了一件红毛衣、一条红领带作为礼物。蔡先生穿戴上一身红，和我们一一合影，高兴得合不拢嘴，那融融情景至今犹在眼前。2000年岁末的聚会时，蔡先生身体已有不适，面色有些苍白，与往日的红润大不同。按常规，每人须表演一个节目。那次在燕园风庐的客厅中，我唱了一首日本作曲家山田耕作的《红蜻蜓》助兴，蔡先生很是高兴。先生在中央音乐学院的书房名唤"铁箫斋"，原址为旧五号楼304室，王民基先生手书的墨宝是我和明春兄一同挂起来的。2月13日送先生入冰房前，先生家人为他理平衣衫，扶正身体，用红丝带固定好腿脚，我也在场目睹。2月17日，蔡先生最后的告别日，柴可夫斯基的音乐声中，许多人都潸然泪下。李起敏先生的挽联，寄托了众人的哀思："文章惊海内，先生归来，学界尚有山林待启；松鹤鸣九皋，仲德去矣，空谷犹见风庐烛明。"

　　蔡师一定懂得我们的心情。

　　先生气象永存，精神不灭，天国安息！

2004年2月24日

我所认识的蔡仲德先生

徐天祥

蔡先生去了，这是音乐界的损失，更是文化界的损失，思想界又少了一位知识分子。

如何称呼蔡先生，这是一个问题。"音乐美学家"这个头衔并不恰当，他首先应当是一位思想家。先生曾表示：做音乐学家首先要做一个思想家。笔者当时不解其意，现今回想起来，这种见解倒是符合他一生的实践的。先生是绍兴人，绍兴多思想家，"不敢愧对先贤"是他的精神动力，岳父冯友兰晚年对自我进行深刻的反思，这一点更是影响了他。先生大学期间所读的是中文，自从在"评法批儒"运动中执笔点评儒家经典《乐记》以后一发不可收拾，十余年中系统地研究了中国传统音乐思想文献，最后得出中国传统音乐思想"不是把乐作为人这一主体的审美对象，而是把乐当作统治人的手段"的结论。他较多的是从思想的角度，而不是审美的角度来评价中国音乐美学的得失的。先生的心思一直都在思想上，思想文化才是他心中真正的舞台，进入音乐研究领域只是巧合，用他自己的话说是一种"偶然"。因此他从上世纪90年代初把研究的目光转向士人格领域也就不足为怪了。实际上，他所从事的研究也并不是真正意义上的中国音乐美学，而是中国音乐思想史的研究。音乐思想与音乐美学有着千丝万缕的联系，却不是一回事。具体来说，音乐思想大部分记载于

186

文献中，而音乐美学在很大程度上渗透在表演中。蔡先生的《中国音乐美学史》以历代文献中的音乐部分为研究对象，对实践中的审美（如中国音乐特有的对气、韵、生、动的追求）却很少顾及，而这一部分却是中国音乐美学的精华。这也是为何我们会发现，蔡先生在研究中侧重对《声无哀乐论》反叛精神的张扬和嵇康人格的赞颂，对《乐记》所代表的儒家功利主义音乐思想的批判会大于对《乐记》音乐思想的肯定。历代音乐文献基本上由儒家文人或统治阶级编写，他们的思想观点有时并不仅仅是审美而是为了满足统治的需要，这一部分的糟粕要大于精华。以这一部分作为研究对象，自然会对中国传统音乐美学得出否定性居多的结论。有人因此说："蔡仲德是把中国传统音乐思想中的糟粕拿来研究。"也有人认为"蔡仲德不懂音乐"，这种说法如果成立，这不成了一个笑话了么？一个搞了一辈子音乐研究的中国音乐美学学会理事竟然不懂音乐？这大概是就他以前不是专门从事音乐而言的吧。这一点蔡君自己也是清楚的，他曾说："我不是搞音乐出身的，这是我的局限。"不过，先生在研究中的得失可以商讨，但把中国历史上音乐美学、音乐思想文献进行系统的梳理、深入的研究，以《中国音乐美学史》为主干，《中国音乐美学史资料注译》为羽翼，为中国音乐美学史搭起了一个学科基础和研究框架，蔡先生功不可没。其代表作《中国音乐美学史》也因此获得"中国图书奖"并被列入"中国文库"。

儒家的功利主义音乐思想限制了中国音乐美学思想的发展，因此蔡先生对青主的音乐思想就格外重视。他较早地研究了青主，为青主辩护，证明青主的音乐理论不是唯心主义，"音乐是上界的语言"这一命题的提出是一个历史的进步。这一研究在学界引起较大反响，改变了人们以往对青主的看法。不过，先生在青主的研究上有时也会出现"六经注我"的倾向。如仅引用了青主的只言片语便说青主不仅不是全盘西化论者，而且青主明确反对全盘西化。实际上从青主的大多数言论来看，他对国乐基本是否定的。青主对中国音乐基本上不了解，对传统音乐思想更是一知半解，指出了传统音乐思想的弱点，但没看到传统音乐的优点。对青主这样一个有争议的人物应当冷静审视。蔡先生借青主的言论来谈自己关于中国音乐发展道路的主张，当然会引起人们的反对了。不过他曾向笔者表示，他所写的相关文章没有一篇能完整代表他的思想，人们应当把他的《出路在于"向西方乞灵"——关于中国音乐出路的人本主义思考》、《反映论还是主体论？——从音乐本质的论争说到中国音乐的出路）和《走出误区、复归人性——关于现代音乐的若干思考》三篇文章作为一个整体来看待。这三篇文章，一篇侧重谈中西音乐关系；一篇着重讲音乐功用与音乐本体的关系；一篇重点讨论先锋音乐与中国音乐发展方向的问题。三篇的观点合起来才是他关于中国音乐发展道路的完整表述。先生在具体语言和事例的使用上或许有不恰当的地方，但他的观点应当归结为：音乐是自由的，它所表现的应当是当代大多数中国人的思想情感；新音乐一百年来所走的路是正确的，中国的音乐就应当以复音音乐为主，复音音乐在表现力上大大高于单音音乐；现代音乐是走不通的，中国音乐应当走一条融合中西音乐之长的道路。先生曾表示过古琴应当成为博物馆艺术，这刺伤了很多喜爱中国音乐的人的感情。不过他的本意并不是要把古琴送入博物馆，而是说在现代快节奏的社会，古琴已经不会被大多数人欣赏，已经不会有太大发展，所以要抢救、发掘、保存古琴音乐的原貌，为后人的创作奠定基础。蔡先生对民族音乐没有太深的研究，他喜爱古典、浪漫时期的音乐，对中国新音乐也情有独钟，但听不得古琴音乐。不知是他的审美影响了他的家人呢，还是他受到了家人的影响，冯友兰先生曾说："既懂得中国音乐又懂得西方音乐的人，一定更喜欢西方音乐"，宗璞先生爱听的也是莫扎特一类的音乐。

188

在学界首开"士人格研究"之先河，提出蔡元培是"五四"的主师，陈独秀、胡适是先锋；考证王国维的死因是"殉清"，提出冯友兰的一生中"早年实现自我——中年失落自我——晚年回归自我"，认为有两个"五四"，文化和启蒙才是"五四"的根本精神，这是先生在文化领域的主要贡献，贯穿其研究中的则是人本主义。以人为本是先生写作的主旨，也是他的诸多文章的结论。独立精神、自由意志则是先生终生的追求和意志，他是一个真正的自由主义的学者。李贽的"童心说"深深地影响了他，"童心者，真心也"，"天下之至文未有不出于童心者也"，因此要"护此童心而使之未失"。以此出发，先生便提倡知识分子应当具备超越精神、干预精神、独立人格和自由意志。"现在外界诱惑这么大，要保持一颗纯朴的心"，他经常拿这句话来告诫他的学生。从"童心"出发，他胸怀坦荡，毫不保留自己的思想，以至于惹了很多麻烦。在谈到创新的时候，他曾这样评价钱钟书："他的天资大概是无人能及的。看到某处碑文的记载，他便能随时想出十几个典故作为佐证，在这一点上也许只有电脑才能超过他。但这位学贯中西的人物究竟有几处创新，他的聪明才智究竟有多少创造，恐怕不好说。这实际上是一种浪费。"公开批评钱钟书创新不够、浪费才学的，先生算是第一人。

　　在学问上毫不留情面、提倡指名道姓的争鸣精神是先生的特点，但他的为人却极为谦和，生活简朴，淡泊于名利，除却几个学术头衔外，不曾担任过一官半职。自中年便开始蓄须，他是一个典型的学究型的人物。先生常言追求真理是学术研究的唯一目的，蔡元培是他的同乡，更是他的榜样，他常常把蔡元培淡泊名利、专心治学的思想当作毕生的追求；蔡元培"学术自由、兼容并包"的治学方针，他更是常常挂在嘴边。先生在重病中仍放不下手中的研究，撰写了五万余字的长文，批评陈寅恪是"文化遗民"。其后在中央音乐学院举办最后一次讲座，将自己近期研究成果和心得倾囊相授。适逢北大教授王铭铭学术剽窃一事被披露，先生在讲座中批评学界风气不正，将现状形容为"触目惊心"，认为"许多人耐不得冷板凳，静不下心来潜心研究"，指出在陈寅恪的研究中所暴露出的问题并强调端正学风。先生对待学生也相当严格，他经常把选修课按照必修课的要求来上，选他课的学生都极为认真，不然是不容易通过的。有的后起之辈不赞同他的思想，写信批评他的观点，他也不生气，却鼓励作者把文章进行修改，争取发表。在去世前的几个月，他仍在病床上与来访的学生探讨学问，赠书留念。先生因此极受学生爱戴，在他患病以后，远在港台的音乐学院毕业生仍来电询问病情，并相约捐款为先生治病。

陈寅恪在《清华大学王观堂先生纪念碑铭》中曾说："先生之著述，或有时而不彰；先生之学说，或有时而可商。惟此独立之精神、自由之思想，历千万祀，与天壤而同久，共三光而永光。"这句话是陈寅恪用来盛赞投水自尽的王国维的，蔡君对此不以为然，他认为这拔高了为"殉清"而死的王国维的思想人格。不过这句话用在先生身上，却也合适，他的学问并非无懈可击，但他的精神却令人景仰。

笔者有幸，与先生有过数次交往，获益匪浅。先生坚持独立思想、追求学术真理之教诲，当为前进动力，铭记在心不敢忘。

先生永远活在我们心中。

摘自《天津音乐学院学报（天籁）》2004 年第 2 期

书评精选

重建现代音乐美学之基石

李 起 敏

编者按：本文出自作者《中国百年乐论选·序言》，此处仅收录了文中有关音乐美学第五部分的文字内容。

美学是哲学家们思辨苦海中的一叶扁舟，灵魂索道上的一根青藤。只有凭借它，哲学家才能获得思辨的自由，才能进行自由的思辨；只有抓住它，哲学家才能寻找自由的灵魂，才能体验灵魂的自由。西方哲学大师深感"美是难的"，"美在不可言说之列"。美学危机，并不在于哲学美学本身的空疏玄奥，而在于人类对形上玄奥问题探索能量的衰竭。

思想需要振拔，美学急待重建。

我在《中国百年乐论选·序言》中谈到对中西美学大系的比较研究和历史观照时，曾提到具有里程碑意义的两本书：一本是《中国音乐美学史》，一本是《现代西方音乐哲学导论》。1995年1月蔡仲德出版了《中国音乐美学史》；2000年1月于润洋出版了《现代西方音乐哲学导论》。这两本书，无疑为音乐美学研究，尤其中西音乐美学的比较研究，提供了支点与秩序。一本原意不在消解现代西方音乐哲学，无意中却消解了西方哲学神话；另一本在重述中国音乐美学故典，并研精剔粕，将古代散在的音乐美学思想科学地升华，使之系统化体系化了。

《现代西方音乐哲学导论》使人想起赫胥黎（Thomas Henry

Huxley），赫氏在牛津大学那篇著名的讲演《进化与伦理》（Evolotion and Ethics），在出版时他加上了一篇"导论"（Prolegomena），并戏言："如果有人认为我增添到大厦上去的这个新建筑显得过于巨大，我只能这样去辩解：古代建筑师的惯例是经常把内殿设计成为庙宇最小的部分。"于润洋先生这本洋洋42万字的"导论"，与赫胥黎的"导论"不同，它是对现代西方音乐哲学这座宏大的"庙宇"解构、检验、分析、鉴定之后重新建构起来的独立建筑。如其后记中所说："它的目的在于通过对西方音乐思想发展的整体脉络和内涵的了解，在更高的层次上，深化对整个西方音乐文化的认识，而最终的目的还是在于通过对西方学术界对音乐本质问题的种种看法的清理和反思，使得我们能够在一种审慎和批判的前提下，使这些有关的思想资料为我们所借鉴……"我们也曾片面地吸收借鉴过这些思想，却是太功利，太偏狭。至于借鉴什么，谁来借鉴，选择的权利，俱在官方而不在民间，在"需要"而不在学术。

音乐哲学就是音乐美学，只是音乐哲学的外延较宽，既包含音乐美的问题，更涵盖一系列更为宽泛的音乐艺术本质的问题。事实上，《导论》涉及到的现代西方音乐哲学思潮，有关音乐美的篇幅不多，而主要探讨的却是从哲学视野来审视有关音乐本质的理论问题。它包括了形式——自律论音乐哲学的确立和演进；现象学原理引入音乐哲学的尝试；释义学对音乐哲学的影响和启示；语义符号理论向音乐哲学的渗透；音乐哲学中的心理学倾向；社会学视野中的音乐哲学；音乐哲学中运用马克思主义原理的尝试，等等。作者对于这些音乐思想的历史渊源、发展变化历程，理论价值及其对音乐的影响、在音乐艺术中的体现、对音乐美学学科的贡献、它们的局限性以及产生缺陷的原因、面临的问题，一一进行了微观审视和宏观考察。这种条贯理析的研究，突破了一般"导论"的线性思维，给人们看到的现代西方音乐哲学是一幅网络化的图景和在历史进程中互动着的星系。

智慧比知识积累更可贵，知识的本质是开放的，思潮的本质也是开放的。思想是流变的，非预设性的，不定型的，自指示或自相关的，因为一旦定型，就成了教条，就被制度化了，官僚化了，就阻断了其他可能的思想。所以哲学就是用语言把思想盘活，让思想自身难测，让其有更多的接口。高屋建瓴式的重新思考，是《导论》的起点也是落脚点。概览现代西方音乐哲学，不仅仅是要构建一个宏大叙事的框架，也并非以国内惯常的简化手段给诸家贴上标识，再设一道屏障。音乐美学在国内作为年轻的学科，从一开始就有着尖锐的问题意识，这些问题，我们在现代西方音乐哲学思想中会找到借鉴，于先生的这本书就是最好的回答。

蔡仲德的《中国音乐美学史》，是第一部对中国音乐美学全面系统地研究总结的划时代之作。它为丰富而散乱的中国音乐美学思想探源溯流引渠入海，对贯穿中国音乐美学史中的主要思潮与基本问题作了科学的梳理、演绎、洞察与阐发。书中研究表明，一部中国音乐美学史始终在讨论情与德（礼）的关系、声与度的关系、欲与道的关系、悲与美的关系、乐与政的关系、古与今（雅有郑）的关系。指出中国古代音乐美学思想的特征：受礼制约，追求人际关系；以"中和"——"淡和"为准则，以平和恬淡为美；不离天人关系的统一；多从哲学、伦理、政治出发论述音乐，注重研究音乐的外部关系，强调音乐与政治的联系、音乐的社会功能与教化作用，而较少深入音乐的内部，对音乐自身的规律、音乐的特殊性、音乐的美感作用和审美娱乐作用重视不够，研究不够；再就是早熟而后期发展缓慢……这一切最后归结为，要通过彻底扬弃、改造传统音乐美学思想，打破其体系，吸收其合理的因素，批判其礼乐思想，使音乐得到解放，重新成为人民的心声，从而建立现代音乐美学新体系。

而建立音乐美学新体系，又必须正确对待东、西两方音乐美学思想，指出二者的差异不在民族性，而在时代性。由于复杂的历史原因，造成中国现代音乐美学的停滞，缺乏像西方那样丰富多彩的音乐哲学的推荡。学习西方经验，如青主所主张，首要者不是利用其方法，吸收其技巧，而是引进其先进思想以建立先进的音乐美学，从根本上改造中国音乐，使之由"礼的附庸"、"道的工具"变为独立的艺术，"上界的语言"，使之获得新的生命，得以自由发展。不是"中体西用"，也不是"西体中用"，而是新体新用，即现代化之体，现代化之用，因为体用本不可分。

　　另外，《中国音乐美学史》的作者始终关注音乐美学在寻找音乐的本质时必不可少的研究课题；音乐艺术发展与社会文化发展的关系，也就是在更高层次上研究自律与他律的关系。当音乐美学试图回答"音乐是什么"的时候，它同时也就把自己的特殊问题跟整个艺术哲学所要回答的普遍问题"艺术是什么"贯通了起来，从而提供从音乐中发现整个艺术的本质的可能性。开放的视野和解放的思维，是当代学者的素质特征，也是《中国音乐美学史》作者的思维特征。正如人们评价陈寅恪时说的，他那些精彩的观点，是无法仅仅从客观的史料中必然推演出来的，其间渗透着多少这位文化人的忧患意识和对历史的大识见。这种大识见，是有着深厚的世界观和哲学信念作为其指导思想的。"在史中求史识"是陈寅恪信守的法则，也是蔡仲德信守的法则。文如其人，人如其文。书中倾注着作者的生命，对音乐、对文化、对宇宙、对人生的哲学思考，对人本主义投入的彻底关注，也不乏对政治文化和意识形态的两面作用保持更多的警惕。显然，此书的问世，必将有助于中国音乐美学的现代化。

　　应该说，《现代西方音乐哲学导论》和《中国音乐美学史》为我们重建音乐美学提供了两块可贵的基石。因为重建音乐美学的任务和回答音乐美学的当代问题，必须以对国内外传统音乐美学及其基本问题的彻底了解为前提，当代问题的根子是生长在传统问题之中的。检验一个历史的断定，始终意味着追溯源泉。前瞻性思考的真理性往往即深藏于对往昔的回顾之中。中外现代音乐，不是现代人发明出来的，而是孕育在古典音乐衰竭的母体中。诗人维吉尔有句话说："一个民族经典的过去，也就是它的真正的未来。"面对世界化，但愿新的中国音乐美学会贡献一种灵犀。

按：本文曾以摘要形式，提交给第六届全国音乐美学学会兰州会议，意在回应对蔡仲德《中国音乐的出路在于向西方乞灵》文章的曲解和非议。那时蔡和我还一起端坐在兰州会议上，然后一起去敦煌，一起欣赏鸣沙山、月牙泉。人事沧桑，如今已不可再！现将拙文附在这里，权作对他的纪念。

七乐一感——蔡仲德《中国音乐美学史》读后

黄 辅 棠

半年前，收到中央音乐学院蔡仲德教授的巨著《中国音乐美学史》（人民音乐出版社，1995年出版）。略翻了一下，我头大了：全书八百多页，内中古文约占十分之一，怎么"啃"？

幸好，一旦开了头，不但不难"下咽"，且常有意外乐趣。

乐趣之一，是读此书等于同时读了一部中国古代思想史、文化史、哲学史，有"买一得四"之乐。对中国思想、文化界的巨人孔子、孟子、老子、庄子、荀子、董仲舒、司马迁、嵇康、李贽等人及其著述；对中国近代思想、文化方面最重要的著作如《吕氏春秋》、《淮南子》、《乐记》、《史记》、《礼记》、《汉书》、《声无哀乐论》、《梦溪笔谈》、《溪山琴况》等，读过此书后，便都有一个或大略或详尽的了解。

乐趣之二，是常读到一些作者独特的创见。

例如在绪论中，作者指出："古代音乐美学思想体系最重束缚音乐，使之不能自由发展。根本原因在于它要音乐不以人为目的，而以礼为目的，不是成为人民审美的对象，而是成为统治人民的手段"（第26页）。又如在"杨坚、李世民的音乐美学思想"一章，作者以这样的"判决词"结尾："隋代处心积虑更改音律、维护古乐、排斥新声，结果是音乐哀怨，国家速亡；唐代反其道

198

而行之，结果是音乐空前繁荣，国家空前强盛。杨坚、李世民的音乐美学思想颇耐人寻味"（第 593 页）。

全书多处出现类似蕴含深意的画龙点睛之笔。这至少说明一点：作者并非为著书而著书，为历史而历史，而是心中有国忧，民忧，文忧，乐忧，笔下便多精警之言。

乐趣之三，是通过此书，知道我们的祖先在很久以前，已在心智和文学艺术上达到极高水准。

如公元前七百多年的史伯就曾说过："声一无听，物一无文，味一无果"（第 37 页）。用蔡教授的话来解释，就是"单一的声音不动听"，"异类相杂，才能产生新的事物"，"音乐之美不在于一而在于多，不在于同而在于和"。可惜有这么好的理论，中国却产生不出如西洋复调音乐那样真正称得上"不单一"的音乐。原因何在，颇值得吾辈中人深思，反省。

又如，清初的李渔批评有声无情的歌者时说："口唱而心不唱，口中有曲而面上、身上无曲，此所谓无情之曲……虽板腔极正，喉舌齿牙极清，终是第二第三等词曲，非登峰造极之技也"（第 778 页）。以此标准求诸今天的唱家，恐怕还是第二第三等的居多，第一等的直如凤毛麟角。

乐趣之四，是通过本书与多位以前不熟悉的古人交上朋友。

如北宋的沈括在《梦溪笔谈》中，批评时人不考虑曲意而填词之弊病时说："今人……哀声而歌乐词，乐声而歌怨词，故语难切而不能感动人情，由声与意不相谐故也"（第 669 页）。这真是极难得听到的大行家之言。如早生一千年，笔者一定登门拜访，请沈先生喝两杯清茶。

又如明朝的李贽，生活在历史上最黑暗的时代，居然说得出这样痛快淋漓的话："世之真能文者，比其初皆非有意于为文也。其胸中有如许无状可怪之事，其喉间有如许欲吐而不敢吐之物，其口头又时时有许多欲语而莫可以告语之处，蓄极积久，势不能遏，一旦见景生情，触目兴叹，夺他人之酒杯，浇自己之块垒，诉心中之不平，感数奇于千载。既已喷玉唾珠，昭回云汉，为章于天矣，遂亦自负，发狂大叫，流涕恸哭，不能自止。宁使见者闻者切齿咬牙，欲杀欲割，而终不思藏于名山，投之水火"（第69页）。这段千古奇文，道尽古今中外以生命换取艺术、用鲜血写成文章者的心声与创作秘密。如遇李贽，滴酒不沾的笔者，也一定邀他共喝烈酒三杯。

乐趣之五，是看作者评论褒贬古人，常有在盛暑之中，吹来阵阵凉风之爽快。

例如褒嵇康："魏晋之世，虽然人人都想成为名士，虽然不少人也被称为名士，但称得上真名士者，只有嵇康一人……他是一个顶天立地的人，一个言行如一、表里如一、直道而行的真正的人！"（第499页）。

贬宋儒："无论是道学先驱周敦颐，还是道学中的气学代表张载、理学代表朱熹，他们的音乐美学思想也都保守而缺少新意。其原因在于较之传统儒家，这些被称为新儒家的道学家在艺术问题上更重教化而轻审美，力求使艺术为其禁欲主义的道学思想服务"（第667页）。

乐趣之六，是读此书时，被逼读大量古文，而其中不乏令人爱不释口的意深文工之句。

例一，庄子："可以言论者，物之粗也；可以意致者，物之精也"（第173页）。

例二，刘德："情深而文明，气盛而化神，和顺积中而英华发外，唯乐不可以为伪"（第339页）。

例三，欧阳修："官愈昌，琴越贵，而意愈不乐"（第634页）。

例四，李渔："和盘托出不若使人想象于无穷"，"冷中之热胜于热中之冷，俗中之雅逊于雅中之俗"（第775页、777页）。

乐趣之七，本书有多处与他人辩是论非，令读者有思考之乐。

例如论到孔子时，蔡教授不同意李泽厚等人认为"孔子思想具有民主性，是人道主义，是人本哲学"，而主张"在孔子那种，'仁'不是以人为本，而是以'礼'为本……它高扬的不是个体的主体性，而是群体的主体性"（第84页）。

又如论到汉朝人"知音者乐而悲之"之说时，蔡教授批评钱钟书先生在《管锥篇》中的意见"奏乐以生悲为善音，听乐以能悲为知音，汉魏六朝，风尚如斯'（第123页），认为这是"未顾及汉代的音乐风尚，未顾及汉代音乐实践与审美意识的特点"，将"听者增哀"、"寡妇悲吟"……"悲怀慷慨"等等一概曲解为好音悦耳感动流泪所致（第425页、426页）。

再如论到嵇康的美学思想时，蔡教授指出："《论稿》（按：此处指汤用彤先生的《魏晋玄学论稿》）曾将嵇康的美学思想概括为'天地和美'，说'嵇氏奔放，欣赏者天地之和美'。此说不尽妥当……赞赏'天地和美'可说是魏晋名士的共性，认为'名教'与'自然'对立，主张挣脱名教的束缚以发展天地自然之和美，则是嵇康独有的美学思想……。因此本书认为嵇康的美学思想以'天地和美'来概括不如以'越名教而任自然'概括之为宜"（第540、541页）。

笔者对李、钱、汤的著作均无研究，既无资格也无能力评断孰是孰非，只是看到被专制了两千多年的中国，今天居然可以在学术上互相批评，你争我鸣，不由大乐。

乐趣之余，亦有一惑：纵览全书，有"抑儒扬道"之感。例如，说孟子的"与民同乐""不是为民着想而是为君着想，不是以民为主而是以君为主，其根本目的是为了君王长久的统治与享乐"（第131页）。说"庄子表面上是向后看，实质上是向前看；表面上是冷漠的，实质上是炽热的；表面上是否定一切，实质上是否定中有执著的肯定与追求。《庄子》的独特贡献是反异化，它鼓舞着后世反对封建专制，追求民主自由的斗争，在今天仍有其现实意义"（第 155 页）。说"发乎情，止乎礼义"之标准是"规定艺术中的感情表现必须合乎'礼义'，不得逾越，因而成为艺术发展的桎梏，对后世音乐美学思想和一般美学思想曾产生极大的消极影响"（第 360 页）。

笔者并非拥儒反道之人，且相当能理解作者"贬儒褒道"的良苦用心及其来龙去脉。可是，一想到"音乐高下易辨，艺术是非难分"；二想到儒家所提倡的"和而不淫"之乐，刚好与被西方音乐行家尊为"乐中之神"的莫扎特之音乐遥相契合；三想到审美标准甚至道德标准，都因人因时因地而变异，便有点疑惑：在美学史这个领域，有太强烈的价值判断与是非观念，究竟是好还是不好？是应该还是不应该？

我无法回答这个问题，也不认为作者需要回答这个问题。仅是把它提出来，供有心人士去研究，思考。

原载《人民音乐》1996 年第 3 期

一部倾注生命的学术著作

——蔡仲德著《中国音乐美学史》评价

凌绍生

蔡仲德先生的音乐美学著作——《中国音乐美学史》（以下简称《史》著）洋洋六十余万言，记载、编纂、建构、评述了中国三千年的历代乐论文献史、音乐美学思想史。这是一部值得理论界关注的有关中国音乐美学史方面的系统、详实的专著。

蔡先生在他的《史》著的后记中说："这部书稿倾注着我的生命，我在其中思考着音乐、文化、宇宙、人生""……人创造文化，文化也创造人，要实现人的现代化，就要发展教育，改造文化，实现文化的现代化，包括人文科学，美学艺术的现代化。"作者的这些言语真实地表达了一位中国学者治学的理想和期望，同时也表明了作者倾心著书的本意。

1990 年人民音乐出版社还出版了蔡先生的《中国音乐美学史资料注译》上、下册，共五十三万言。这样蔡先生就以他的《史》著为主体，以《中国音乐美学史资料注译》为羽翼，构成了他的中国音乐美学史的建构和体系，这对建立、完善中国音乐美学史科学体系有一定的参考和借鉴意义。

笔者因教学、科研的需要，并以《史》著作为研究生课程的教材，故而比较认真地学习、研究了这部著作。现仅就《史》著的两个基本学术论题——《史》著的建构体系以及《史》著在评

203

论中国音乐美学思想、理论方面的重要的具有学术、理论意义的新观点、新见解简要地作一些学术性的介绍和讨论，以期促进理论界对这些问题的探讨，为建立、完善中国音乐美学体系提供研究性的借鉴。

一、关于中国音乐美学史的建构体系

蔡先生的《史》著明确地提出中国音乐美学史的对象是中国古代见于文献记载、表现为理论形态的音乐审美意识和理论。它们包括：一、中国古代各个历史时期的思想自成体系的音乐美学专著；二、诸子百家的"子书"及后世文集中的有关论述；三、儒家经典及其他经典中的有关论述；四、二十五史中的乐志、律志；五、西汉以后的音乐诸赋；六、宋元明清的琴论、唱论（含曲论）等等。《史》著并将以上的史料内容编排和划分为音乐美学史的五个时期：一、萌芽期，即西周末至春秋末（孔子之前），即公元前 8 世纪至公元前 6 世纪；二、百家争鸣时期，即春秋末年至春秋战国末年，即公元前 5 世纪至公元前 3 世纪；三、两汉时期，即公元前 2 世纪至公元 2 世纪；四、魏晋至隋唐时期，即公元 3 世纪至 10 世纪；五、宋元明清时期，即公元 10 世纪至 19 世纪（鸦片战争前）。以上是《史》著的基本建构框架。

这里值得研究的重要学术问题是关于中国音乐美学史的历史分期问题。

其一，《史》著明确肯定地认为中国音乐美学史萌芽期是西周末期至春秋末期。萌芽即起源，这是任何史书首先必须回答的问题，具有很强的学术性。《史》著持此学术观点的依据是《尚书》、《易传》中有关的若干理论形态的音乐美学思想资料，虽然分别涉及原始社会虞舜、夏禹至西周时期，但它们实际是出于后世儒家之手，故而不足以说明西周前的音乐思想状况。因此，《史》著根据资料记载情况，明确认为中国音乐史的萌芽时期是在"西周末至春秋末"，即公元前8世纪上半叶至公元前6世纪下半叶，"一部中国音乐美学史只能从此开始"。

其二，科学的历史分期必然体现历史资料内容的内在联系，以及形成历史分期的外部社会背景等因素，这是《史》著分期的基本原则。现以《史》著的萌芽期为例来说明：《史》著认为西周末到春秋末是中国历史由奴隶制到封建制过渡的大变动时期，这是历史的外部背景和特点，《史》著将反映这一时期历史特点的史书《国语》、《左传》中的虢文公、史伯、众仲、郤缺、师旷、季札、医和、子产、晏婴、单穆公、伶州鸠等人的论乐语录加以精选，分别按音乐美的构成（共二段乐论）、音乐与自然的关系（共八段乐论）、音乐与社会的关系（共七段乐论）、音乐的审美准则（共四段乐论）等四个方面加以精心的安排，并在本章最后的结论部分将以上的乐论明确按以上四个方面加以归类，表明作者既希望充分体现中国音乐美学的民族特色，又希望将它们纳入现代意义音乐美学形态的规范。这也是著作者在美学结构形态方面的尝试。

其三，历史资料的收集和整理。1990年出版的《中国音乐美学史资料注译》，笔者认为这是我国目前比较集中系统的中国音乐美学史资料辑录，它确保了《史》著系统的建构体系。

其四，《史》著的每章节均按概述（历史背景、史料问题、学术思潮），史料及作者介绍，史料评述，结论（概括归纳史料的内容，小结作者对史料的评述的学术观点）的建构形式而展开其论述。其中对史料评述部分具有一定的学术价值和理论意义，也是《史》著主要的部分。每章节的乐论小标题，作者均运用了能反映该乐论核心思想的精炼的语句，简明地表明本章节乐论的内容，例如"虢文公的'省风'说"，"史伯的'和同'说"，

"医和的'中声'、'淫声'说","审美准则——思无邪","声音之道可与禅通"等等。这种做法使读者在读几十万字的《史》著时既能抓住其理论要点，又便于记忆归纳，同时，这种做法也以精炼、简要的标题建构了《史》著的基本框架，这是作者在著书时在结构体系方面的精心安排。

总之，《史》著以系统、翔实的特点勾勒出华夏民族的具有东方民族特色的音乐美学体系。《史》著本身既有清楚分明的框架结构，又有丰富的乐论内容，既有评论，又有概括性的美学思想观点；既体现了现代音乐美学的形态结构，又体现了中国音乐美学的民族特色；既有评论，又有争鸣。应该说，《史》著对建立中国音乐美学史的科学体系有一定的参考价值。

二、关于《史》著对中国音乐美学史理论
几个基本命题的评述

《史》著的主要学术意义和价值在于其中对中国音乐美学史的论述。现就《史》著的作者评论——主要是不同一般的、新的学术见解和观点以及作者对以往有关美学史、思想史、古代音乐史的不同见解、争鸣的论题，选择具有重要学术意义的理论问题作简要的介绍和讨论，以推动理论界对这些重要的学术问题的探讨，促进中国音乐美学史学科的研究。

有的学者认为，中国古代的音乐思想不能称为"音乐美学"，只能称为"音乐观"。如金文达的《中国古代音乐史》（1994年4月人民音乐出版社出版）认为："音乐思想（按：指中国古代的音乐思想）即音乐观，是指对音乐的看法。"并以具体的例子说："《乐记》是我国古代一篇有关音乐的专著。但它侧重的是古代的音乐观，而不是现代意义上的音乐美学，它讲的主要是古代封建

统治阶级如何利用音乐作为巩固自己的政权的统治术，而不是为了研究音乐艺术本身的艺术美与艺术价值问题。"（见该书 84、87 页）。

以上的学术见解关系中国音乐美学史是否能确立的重大学术论题，对蔡先生的《史》著提出一个带有根本性问题的挑战，孰是孰非？值得探讨。与金文达观点相反，《史》著对《乐记》有以下观点明朗的论述："可以毫不夸张地说，《乐记》是中国古代最重要最系统的音乐美学专著。"它的某些思想（如"天人合一"）是"成熟形态的音乐美学思想"（343 页和 356 页）。《史》著在评论嵇康的《声无哀乐论》时则说：声无哀乐论是一篇思想自成体系的音乐美学专著。"《声无哀乐论》则注意音乐的形式、音乐的美感作用、娱乐作用、养生作用，它抓住音乐物质材料的特性，把音乐作独立的艺术即纯音乐加以研究……更深入音乐内部，更带有思辨性，更具有美学价值"。这就表明，《史》著是在努力发掘中国古代乐论所涉及的美学问题所蕴涵的美学意义。这种努力似乎表明，中国古代乐论虽不具备现代美学形态，却含有极为丰富的美学思想。这是对"音乐观"论的否定，这种否定能否确立，值得探讨。

《史》著虽有六十余万言，但其许多重要的学术观点集中浓缩于《史》著的绪论之中，尤其应该予以重视。例如在关于中国美学史的分期的论题中，对各历史时期的音乐美学思想内容、结构、时代背景作出了概括性的提示。如在魏晋至隋唐时期对嵇康的《声无哀乐论》作出如下概括性的总评价：声无哀乐论"实质是'越名教而任自然'，是对传统礼乐思想的批判，其'躁静者，声之功也'的论题则深刻揭示了音乐的特性，在中国音乐美学史乃至世界音乐美学史上均占有重要地位"。（7 页）同时在"中国音乐美学史中的儒道两家思想"的论题中，特别值得注意的是提出了道家音乐思想的发展变化过程：老子——庄子——嵇康——

李贽等发展阶段。从而给道家的音乐美学思想提出了一个比较完整的发展体系，是一个独特而又新鲜的学术见解，也是一个很值得理论界重视、研究的论题。

在绪论部分的"中国音乐美学中的几个问题"一节中认为中国音乐美学实质是讨论"情与德（礼）"的关系、"声与度"的关系、"欲与道"的关系、"悲与美"的关系、"乐与政"的关系、"古与今"的关系、"雅与俗"的关系。著者在此集中概括发表了作者的不少新鲜的学术见解和争鸣意见，很值得理论界思考和研究。

绪论部分"中国古代的音乐美学思想特征"的论题中有一段黑体字的标题——"多从哲学、伦理、政治出发论述音乐，注意音乐的外部关系，强调音乐与政治的关系，音乐的社会功能与教化作用，而较少深入音乐的内部，对音乐自身的规律、音乐的特殊性、音乐的美感作用重视不够、研究不够"。这是《史》著绪论对中国古代音乐思想特征概括性的学术见解。这一概括性的结论是比较符合中国古代音乐思想的实际的，但这又产生了一个如本文前面所述的"音乐观"和"音乐美学"的是非问题。

绪论部分"研究古代音乐美学思想与建立现代音乐美学体系的关系"一节，提出打破旧的"天人合一"，在高度生产力的基础上，建立人与自然的和谐的统一；在民主政治的基础上，建立人与人的和谐统一；在个体本位的基础上，建立个体与群体的和谐统一；必须在这三者的基础上，建立新的"天人合一"，即真正自由的、审美的理想境界。并提出反对以礼、天为本，确立以人为本的原则，以及"人的现代化"、"知识分子的现代化"——除了现代化的知识外，还必须具备超越精神、干预精神和自由意志等。这些都是《史》著比较新鲜的学术见解。

208

三、关于《史》著的评述中提出的
新学术见解

笔者在学习、使用《史》著过程中，感到颇有新鲜感的是第二十六章对嵇康的音乐美学思想以及第三十七章对李贽的音乐美学思想的论述，其结论性的观点表现如下：

其一，道家音乐美学思想由《老子》提出，经过《庄子》的改造，便从否定一切音乐变为只否定礼乐，从否定音乐的一切作用变为只否定教化作用，而肯定娱乐作用，经过嵇康的改造，又从否定有声之乐变为肯定有声之乐，经过李贽等的改造，又从提倡无情与以恬淡为美变为否定无情与以恬淡为美，从否定郑卫之音变为肯定郑卫之音。经过两千年的历史，儒道两家音乐美学思想各自走向了自己的反面，其根本原因在于儒家强调礼的制约，必然束缚人，又束缚乐；道家崇尚自然，必然追求人的自由也追求乐的解放（9页）。"道家音乐美学思想经历了《老》、《庄》，嵇康，李贽三个阶段……"（544页），"……这同样说明道家音乐美学思想随历史的发展变得更合理、更科学、更接近人、更接近人民"（717页）。这一论述，将嵇康、李贽（包括汤显祖、李开先、张琦）等人的音乐美学思想明确纳入道家音乐思想并认为是道家音乐思想发展的必然结果。这就勾勒出了道家的音乐美学思想的系统和体系，这是笔者学术视野中最令人瞩目最富有新鲜感的学术见解，是《史》著在理论上的一大令人瞩目的学术景观。其次《史》著认为嵇康的"越名教而任自然"，李贽的"主情"的音乐美学思想是封建主义没落，资本主义萌芽时期，市民阶层挣脱封建枷锁、争取自由解放的思想在音乐美学领域内的强烈反映，是这一特定历史时期人的觉醒，艺术的自觉的突出标志，具有深刻的反封建意义。而关于以《乐记》为代表的儒家音乐美学思想，《史》著则认为它被收入《礼记》纳入《白虎通》，变成经典性的官方音乐思想，由于以礼为本，坚持"德成而上，艺成而下"、"圣人作乐"，主张节欲抑情，因此走上它的反面——"既束缚人，又束缚乐"。这里有"扬道抑儒"、"褒道贬儒"的强烈倾向。这是关系如何正确对待儒道音乐美学思想的学术论题，也可以说是《史》著历史观、艺术观、政治思想在音乐美学领域的反映，是非与否，值得人们进一步研究和探讨。

其二，对嵇康、李贽等人的历史评价。《史》著以无比深厚的情感论述并赞美了嵇康、李贽等人的人格美，这也是《史》著令人瞩目的学术论题。《史》著在第二十六章第一节以较大篇幅专题评论嵇康其人。《史》著认为：嵇康平日不慕名利，清高脱俗，需要时又可以挺身而出，从容就义。这种彻底得意忘形的人生态度，这种不可企及的人格美，才真正是美学力量之所在。魏晋之世，虽然人人都想成名士，虽然不少人也被称名士，能称得上真名士的只有嵇康一人。他是"痛饮酒"，"熟读《离骚》"这两方面完美结合的典范，他的人格高于屈原，具有屈原所没有的反名教、求自由的战斗精神。这是中国国民最缺乏也是最可贵的精神，嵇康实践了"越名教而任自然"的主张。他是一个顶天立地的人，一个言行如一、表里如一、直道而行的真正的人！

其三，对嵇康的《声无哀乐论》以及李贽的美学思想评价极高。认为《声无哀乐论》实际上是以儒家的《乐记》为其对立面，表现为"用声无哀乐论强调音乐是自然的产物"用以否定儒家的"圣人作乐"说；强调音乐只有"自然之和"而不能表现感情道德，也就不能影响人的感情，不能发挥伦理教化作用，用以否定儒家的"表情说、象德说"；强调音乐不能"象其体而传其心"，更不能表现盛衰吉凶，用以否定儒家的夸大音乐表现力与可知性的"大乐与天地同和"说与"天人感应"论。概言之，

《声无哀乐论》对《乐记》既是釜底抽薪，否定了统治阶段垄断音乐，把音乐当作名教工具，用以统治人民的理论依据，又为使音乐摆脱名教的束缚、摆脱封建政治的奴役，真正为人所有、成为人民的心声提供了思想武器。《声无哀乐论》的实质是"越名教而任自然"，即反对音乐的异化，要求音乐的解放与复归，它是嵇康"越名教而任自然"的人生哲学、慷慨任气的人格美在美学和音乐领域的体现（540—545 页）。《史》著还认为，《声无哀乐论》是中国最具自律论色彩的音乐美学著作，它"抓住音乐表现手段的特征，把音乐当作独立的艺术进行研究"，与西方汉斯力克的《论音乐的美》的观点颇多相似之处，但比《论音乐的美》要早一千六百年，又可以说《声无哀乐论》在世界美学史上也占有重要地位（539—548 页）。对李贽，《史》著认为：李贽的音乐美学思想的基本精神是重视自然，重视真，因而他的基本倾向不是儒家而是道家的，它是道家音乐美学思想的继承、改造与发展。李贽反对儒家对人性的压抑，对音乐的束缚，主张解放人性，解放音乐，主张自由抒发情性，写"发狂大叫，流涕痛哭，不能自止"，"使见者闻者切齿咬牙，欲杀欲割"的不平之鸣。因此，李贽音乐美学思想是中国古代最为合理的音乐美学思想（669 页）。《史》著对道家音乐美学思想发展变化以及对构成道家音乐思想的第二、三阶段的嵇康、李贽的音乐美学思想和人格美的研究、评论、热情的赞扬，反映出《史》著作者的严肃、认真、敢于直言的治学态度。恰如《史》著作者所认为，嵇康实现了"越名教而任自然"，是言行如一、表里如一，直道而行的人。这似乎也可以说是《史》著作者的夫子自道。《史》著把嵇康的人格美提升到"高于屈原"的新高度；把李贽的音乐美学思想提高到"中国古代最合理的音乐美学思想"，这是最为独特的引人瞩目的学术见解，也可以说是对嵇康、李贽研究的一个新阶梯，也是对整个道家音乐美学思想研究的新阶梯，这应该引起理论界的关注。

四、关于《史》著对某些学术观点的
不同见解和争鸣

在蔡先生的《史》著未出版之前，李泽厚、刘纲纪的《中国美学史》是一部著名的全面、系统的研究中国古代美学史的重要著作。蔡先生的《史》著对这部著作不少观点提出了"不能苟同"的分歧意见和争鸣。这是《史》著又一具有学术意义的内容，也体现了百花齐放、百家争鸣、实事求是的辩证唯物主义和历史唯物主义的学风，这对于推动中国美学史的学术探讨，追求真理，完善中国音乐美学史都将起一定推动和促进作用。现择《史》著中这方面比较重要的问题加以简介和讨论。《史》著对于"兴"、"观"、"群"、"怨"的论述，观点新颖，见解独到，对《中国美学史》的有关观点提出了不同的见解和争鸣，这对于正确评论孔子的音乐美学思想很有学术上、理论上的意义（102—107页）。关于孟子的"与民同乐"的音乐思想，《中国美学史》认为"这一思想闪烁出古代民主精神的光华"，而《史》著却认为孟子的"与民同乐"不是为民而是为君，"不是以民为主而是以君为主，其目的是为了君王长久的统治与享乐"（131页）。

关于《老子》的"五音令人耳聋"的命题，《中国美学史》认为是"对无止境地沉溺于声色感官享乐所引起的感官麻木状态的一种说明"，是"对这种现象的一种最尖锐的激烈的批判"。认为《老子》所说的无知无欲"并非取消一切欲望，而只是要取消那些有害于生命的、过度的、不合理的欲望"，并由此得出"老子对审美和艺术的活动决没有从根本上完全否定"的结论。而《史》著却认为：《老子》明确主张"非以明民，将以愚之"，主张"虚其心、实其腹、弱其志、强其骨"，"为腹而不为目"，而五色与五音、审美和艺术却是实心、强志、明民之物，必然在其否定之列，因而得出《老子》全面否定欲望和音乐的结论（141页）。笔者对此论题的争论绝无支持哪方观点的用意，而是把这两种观点的讨论客观地加以简介。在音乐理论界，特别是音乐史论界"老子非乐"似乎盖棺论定，笔者对此确有疑义，《老子》是不是全面、彻底否定音乐还有值得讨论的余地。《史》著在研究、论述嵇康和《声无哀乐论》时，有几处对《中国美学史》的见解有根本性的分歧。在论述《声无哀乐论》的"音声有自然之和"的命题时，《史》著认为《声无哀乐论》论音乐的本体与本质是指独立存在的自律性质的"自然之和"，是"音声相和"、"宫商集比"、"八音会谐"的总和。而《中国美学史》则认为"自然之和"就是以"和"为本体。《史》著认为这是一种错误的理解。在研究《声无哀乐论》的"不可见声有躁静之应，因谓哀乐皆由声音也"时，《史》著认为：声则只能以其和谐特性打动人心，给人以快感与美感，而不能唤起相应的（像"言"那样的）感情。而《中国美学史》则认为"正好是唤起人们最广阔的情感"并"能从音乐的欣赏中得到满足"。《史》著认为这是对"至和之声无所不感"，"兼御群理，总发众情"的误解，更是对《声无哀乐论》的莫大误解——它实际上是把"声无哀乐"论当成了"声有哀乐"论（508、511页）。《史》著与《中国美学史》的争论除以上比较重要的问题以外还有其他多处，在此不详细介绍。《史》著对李泽厚先生其他美学著作也提出了一些学术上的分歧意见，如对《华夏美学》中有关孔子的"独立人格理想"的不同见解；对《美的历程魏晋风度》中把当时诗歌中大量存在的哀叹人生短暂、鼓吹及时行乐的主题视为人的觉醒的唯一标志加以赞美，《史》著认为这是错误的。认为人的觉醒的真正标志应该是嵇康为代表的追求人性解放、个性自由的"越名教而任自然"的主张（495页）。

《中国思想通史》（侯外庐主编）、《中国古代音乐史稿》（杨荫浏）、《嵇康〈声无哀乐论〉》（吉联抗）等认为《声无哀乐论》中存在抽象的神秘的与普通的实在的这两种对立的音乐——也即是"概念世界的音乐精神"与"实在的音乐"。他们的依据是声无哀乐论所说的"天地合德，万物资生……发为五音"、"声俱一体之所出"，"玄化潜通，天人交泰"以及"和声无象"。《史》著用较长的篇幅详细论述以上观点错误所在并指出这些错误产生的原因。《史》著结论是：《声无哀乐论》中确也存在两种对立的音乐，但那是指平和的"正声"与不平和的"淫声"，而不是指神秘的无声之乐与普通之乐（517—521页）。

《声无哀乐论》的理论依据是什么？是儒家思想还是道家思想？这也是个原则性的学术问题。《中国古代音乐史稿》依据《声无哀乐论》中的"情不可恣，欲不可极"，音乐应该平和，能使人"乐而不淫"等与儒家礼乐思想相近的观点而得出《声无哀乐论》的理论依据是儒家思想的结论。而《史》著恰恰相反，在长篇论述后，结论性地认为《声无哀乐论》的逻辑是"道"的特性寂寞无为，人的本性也就恬淡平和，音乐顺乎人的本性，也平和而无哀乐，所以能以"平和"精神使人心更加平和，天下更加太平，这完全是一套道家思想。如就承认礼乐教化、承认音乐能移风易欲而言，它确实道出了老庄所未道，可以说是改造了道家而接近了儒家思想，但其实质还是道家的，理论基础也并未离开道家（526—528页）。《声无哀乐论》的哲学基础是二元论，这是《中国思想通史》、《中国古代音乐史稿》以及诸多的中国古代音乐史教科书中所共同肯定的观点。而《史》著却对这个几乎成为定论的案例进行了彻底翻案和辩解。《史》著认为"心之与声明为二物"，是强调"心"、"声"的区别，"声"是客观的东西，"心"（感情、哀乐）是主观的东西，二者不能混同，不涉及来自一个本原还是两个本原的问题。嵇康在其他文章中有"元气陶

214

铄，众生禀焉"之说，认为"元气"是万物本原，也是"心"与"声"的共同本原，这明显是一元论而不是二元论。"元气"含阴阳两个对立面，是原始物质的基础，它孕育万物、产生万物，这是朴素唯物论而不是唯心论。嵇康提倡"求自然之理"，并未虚幻地设想出什么"最初自在的存在"，而恰恰是要反对各种"欲神其事"、"推使神妙难知"的做法，提倡实事求是地认识事物的本来面目；也没有想要"以意识来否定存在"，"以强调主观来否定音乐的客观性"，而恰恰是要强调音乐的客观性，证明它是独立于人的意志之外的一种客观存在。这同时也说明《声无哀乐论》的哲学基础是唯物的，而不是唯心的。

《史》著还针对其他有关著作的学术观点作了争鸣，在此不作一一评价。

此外，《史》著还有许多新鲜的论语和观点，因篇幅的关系，现不作具体评介，只将笔者认为比较重要和突出的内容以资料索引的方式加以提示，以供读者在阅读《史》著时参考：

关于"阴阳五行思想与礼乐思想"（67 页）；关于"新声"、"平和"（72、74 页）；关于"郑声"与"郑风"的关系（96—97页）；关于"群"（104 页）；关于孟子音乐思想的不足（126—127 页）；关于"无为而治"（136 页）、"音声相和"（138 及 145、146 页）、"象罔"（172—173 页）；关于荀子高于孟子（187—188页）；关于《周礼》成书的时间问题（250 页）；关于"天人合一"（343 页）；关于《声无哀乐论》的结语（539—548 页）；关于音乐与政治的关系（546—547 页）；关于《溪山琴况》二十四况是否构成美学体系的研究（721 页）；关于古琴艺术、文人音乐（739—740 页）等等。

以上列举之索引仅是笔者在学习、使用《史》著中的感受与体会，不一定全面，在此请教于学界。特别要指出的是，笔者以上所列出的索引并非认为《史》著对这些学术问题都是科学的论断，而是认为这些研究有其"新"和"特"的意境，它与是否真理不能完全划等号。笔者还认为，《史》著中有一些学术见解不一定是正确的，或不完全正确的，或者有待商榷。现举一例：在"《溪山琴况》与中国传统文化及美学的特点"一节中，《史》著有以下言论："准确地说，以礼为规范，以中庸为准则，以中和平淡为美，不是中国文化、中国美学的特点，而是中国封建社会文化及其美学的特点，亦即农业社会文化及其美学的特点……"；"不论这传统文化、美学多么顽固，我们都必须对它进行彻底改造"；"至于古琴艺术……它已在衰亡之列，人为的努力可以延长其寿命，却不可能挽回必亡之势……使之成为博物馆艺术"。这些言论笔者认为似有商榷之余地。"礼"、"中庸"、"淡和"、"古琴"恰恰是中国古代文化、音乐、美学思想的特点，对这些封建社会文化及其美学进行改革，汲取精华，去其糟粕是必要的，但"彻底"否定这些，那么中国文化的东方特色如何体现？民族特点在哪里？类似这些问题，孰是孰非，只有读者在阅读《史》著中自审自悟了。

原载《中央音乐学院学报》1998 年第 2 期

216

书评《音乐之道的探求——论中国音乐美学史及其他》

凌绍生

蔡仲德的《中国音乐美学史》是一部前所未有的中国音乐美学史学著作，是该学科领域开拓性的研究，为建立中国音乐美学史的科学理论体系作出了杰出贡献。[①]

但是，从史学的方位，以"我注六经"的方法论对中国音乐美学史中的个案进行专题的、更深入细致的训诂思辨，发其隐晦、显其真谛；见人之未见、发人之未发、言人之未言或不敢言，从而去粗取精、发扬光大并借鉴用之于今的微观性研究，显得更具有学术、理论的重要意义。蔡仲德新近出版的《音乐之道的探求——论中国音乐美学史及其他》（以下简称《探求》）正是一部此类性质的论文汇编。这部《探求》不仅对中国古代音乐美学问题的一些重大个案作出了"我注六经"式的深入研究，而且还对近代、当代某些重大的音乐美学理论问题、音乐美学思潮、音乐美学人物作了具有"史学、史识、史胆"[②]的分析和研究。这部《探求》可谓是一部训诂论今、越名教而任真善美的音乐美学

---

① 请参阅笔者的书评：《一部倾注生命的学术著作——蔡仲德著〈中国音乐美学史〉评价》。

② 摘引自居其宏的《新音乐史家与现代音乐思潮研究——明言新著〈20世纪中国音乐家批评导论〉读后》。

论文集。

《探求》共收集了蔡仲德自 20 世纪 80 年代初至 21 世纪初大约 20 年间公开发表的音乐美学专题研究论文共计 36 篇，52.5 万字。

现就《探求》36 篇论文，分为四大部分作笔者管见之述评，以引起学界之关注，并借此向学界学习、请教。

一、关于中国音乐美学史研究

中国音乐美学史研究是《探求》的主要部分，共计 20 篇论文。这一组论文总体的学术性、理论性在于：

1. 作者对中国音乐美学史的对象、建构体系、儒道音乐美学思想、中国音乐美学的特征以及与现代音乐美学的关系、古代中国音乐美学史人物等作出了开拓性的研究。[①]

2. 对《乐记》进行了重点突出的研讨。共计 10 篇论文。总体观之，10 篇论文颇具雄辩风格，分别对《乐记》的作者和产生时间、《乐记》的哲学思想体系、《乐记》思想评述等三个方面作出了与众不同的研讨。

(1) 关于《乐记》的作者和产生时间，共计 5 篇论文。其结构性的学术观点认为：公孙尼子作《乐记》说和《乐记》成书于荀子之前说的全部证论的依据都是不能成立的。《乐记》作者只能是西汉的刘德及其手下以毛生为代表的一批儒生。现今之《乐记》既不是刘向校本，也不是王禹传本，而是《礼记》所收本。(第 138 页)

国内理论界曾对《乐记》的作者、产生时间有过激烈的论

---

① 请参阅笔者的书评：《一部倾注生命的学术著作——蔡仲德著〈中国音乐美学史〉评价》。

辩，结果众说纷纭，莫衷一是。但是，蔡仲德的专题研究《河间献王刘德评传》（第210—221页）是辩论中的独特之作，对西汉河间献王刘德的生平、经历、思想、活动及其在传经史、音乐史、哲学史上的学术地位作了全面的传记性研究，这对蔡仲德的刘德作《乐记》的学术观点提供了强有力的佐证。

（2）有关《乐记》的哲学体系的归属问题。理论界持唯物论者居众，而持唯心论者目前可能只有蔡氏一家了。蔡仲德认为《乐记》中的"动静"说是精致的唯心论，"理欲"说是露骨的唯心论，"天人感应"是一种有神论，"唯君子为能知乐"是唯心史观。认为《乐记》哲学思想中虽有某些唯物论成分，但基本倾向是唯心论。（见〈乐记〉哲学思想辨析》，第158—170页）

"感于物而动"是《乐记》的名句，也是持唯物论者的理论依据。但是蔡仲德的解释是："感于物而动"不是指"人心"对外界的反映，而是指人心用固有的智力、感情对外界的感应。（第161—162页）这里的"人心用固有的"是关键，这个"固有"即唯心主义的先验论。蔡仲德还特别引《朱文公文集·〈乐记〉动静说》："盖人受天地之中以生，其未感也，纯粹至善，万理具焉，所谓性也……感于物而动，则性之欲出焉……性之欲即所谓情也。"（第162页）朱熹在此也直言了《乐记》动静说是唯心论的先验论。

（3）对《乐记》音乐思想的述评。蔡仲德以"音乐的特征""音乐的本源""音乐的功能、乐与欲的关系""德与艺的关系""音乐与政治的关系、乐与礼""音乐的阶级论""《乐记》音乐思想的历史地位"等七个方面对《乐记》作了全面的评价（《〈乐记〉音乐思想述评》，第185—209页）。这里值得一提的是作者运用现代音乐美学的体系、理论框架比照《乐记》的美学思想。例如：从《乐记》中的"乐"，《乐象篇》的诗、歌、舞，《乐本篇》的"声"、"音"、"乐"，"情动于中，故形于声"，《乐化篇》

的"审一定和"……等等来肯定《乐记》关于音乐特征理论的科学性、先进性，又以《乐记》的"德成而上，艺成而下；行成而先，事成而后"等来比照政治标准第一，艺术标准第二、重内容轻形式等当今"左"的文艺思想，并指出这一思想对后世乃至于当今文艺思想的消极作用。但作者总的肯定了《乐记》是中国古代最重要、最系统的音乐思想论著，在世界音乐思想史上占有极重要的地位。《乐记》虽属唯心哲学体系，但也不能一概否定，其音乐思想不仅丰富、系统，而且有不少创见、真知灼识，至今未失其灿烂的光辉。（第208—209页）

3. 有关中国古代音乐美学史人物的研究是蔡仲德中国音乐美学史研究的突出特色，体现了研究历史人物是史学的基本任务之一的宗旨。《探求》专题研究的中国古代音乐美学历史人物有西汉时期的刘德、魏晋时期的嵇康、明代的李贽。从研究的深度、广度来看，不仅是在中国音乐美学史的研究中前所未有，就是在中国古代音乐史的研究中也有所不及，这不能不说是作者对中国音乐美学史研究的独特贡献。

《越名教而任自然——试论嵇康及其"声无哀乐"的音乐美学思想（附嵇康年表）》（第246—303页）是蔡仲德研究中国古代音乐美学史人物的最突出、最重要的长篇力作，也是一篇为嵇康树碑立传的首作。该论文对嵇康的人格美以及《声无哀乐论》评价极高。概言之：嵇康的社会政治思想是"越名教而任自然"，虽然并不彻底，却仍不失为封建黑暗王国中的一线光明；他的为人有矛盾之处，但慷慨任气是其主流，这种人格美为他人所不及（包括屈原）；他的"声无哀乐"的音乐美学思想既是"越名教而任自然"的社会政治思想的体现，又是慷慨任气的人格美的反映，虽然理论上有诡辩的因素，实践上行不通，但是有所为而发，有巨大的叛逆意义，也有重视音乐的特殊性的形式美，强调音乐的娱乐作用、美感作用，要求音乐摆脱名教的束缚等合理因素，不仅在当时道他人之未道、不敢道，而且对后世也有巨大意义。嵇康是封建礼教的叛徒，"越名教而任自然"的口号便是他叛逆思想的集中反映，《声无哀乐论》是他背叛传统礼乐思想、批判传统礼乐思想的檄文。（第293页）

从《探求》整体看，蔡仲德研究《乐记》、《声无哀乐论》的成果，对他本人的文化哲学史观、音乐美学思想的个性形成都具有重大的影响。而对嵇康、李贽等音乐美学历史人物的研究成果，则是他人本主义文艺观形成的渊源之一。以上两点对蔡仲德以后研究近现代中国音乐美学及其史学，提出他的音乐美学思想、美学理论则起到了基础理论性的作用。

二、关于中国现代音乐美学与
西方音乐美学研究

《探求》第二部分虽然只有两篇论文：《青主音乐美学思想述评》、《为李斯特一辩》，却涉及到现代中国音乐美学科学思想理论的一些重大学术问题；更涉及当代如何以科学的音乐美学观、正确的音乐美学思想去指导、规范我国目前的音乐实践。随着我国改革开放不断深入发展，市场经济日趋繁荣，必然带来文化艺术的改革发展，许多旧的文化观念，"左"的文艺思想、理论、方法论显得与这场翻天覆地的改革开放不相适应。因此，中国现代音乐美学思想及其理论必须与时俱进，以适应我国改革开放带来的音乐事业的发展需要。

对现代音乐美学思想史以及音乐美学历史人物进行回顾、甄别、清理，以历史唯物观的实事求是的方法论去研究现代音乐美学思想及其人物显然是当务之急，只有正本清源，方能总结经验教训，寻找求真之路。

221

《青主音乐美学思想述评》是一篇具有历史观念的、公正的、颇具艺术良心和勇敢无畏精神，还青主人格及其学术研究以清白的翻案之作。

　　半个世纪以来，特别是 1949 年以后，青主一直被作为中国现代最主要的唯心主义音乐美学家、资产阶级音乐美学家的代表人物遭到反复批判。批判青主音乐美学思想的主要方面是其《乐话》中著名的"音乐是上界的语言"以及《音乐通论》中的"向西方乞灵"。

　　蔡仲德为"音乐是上界的语言"作了如下的辩护与甄别：

　　1. 从艺术的本质为其辩护：青主认为人的认识活动不仅有受外界的刺激的被动一面，而且有整理、改造所得印象的主动一面。有主体能动的作用，打上了主体深刻的烙印，认识是主客体的统一。艺术是人的精神产物，从创作到表演无不出于人为，突出了人的精神性。因此更强调了"音乐是上界的语言"。

　　2. 从音乐的特殊性作辩护：一切艺术的精髓不在表现外界万物的本身而在表现对外界事物的感受。只有音乐能完全摆脱物质形体的束缚，以其声响直接表现内界。与绘画、诗歌相比，音乐与内界关系最密切，凡用文字说不出的情感，只可乞灵于音声，因此音乐尤其是"上界的语言"。

　　3. 从音乐的功能性作辩护：情感体验是通过情绪作中介，凭自己的想象而唤起以往的经验，它不是作品所表达的，既不是作曲家的，也不是演奏家的，而是欣赏者自身的。这就决定音乐比其他艺术更具有宣泄感情的作用。因此青主认为音乐比较其他艺术更是"上界的语言"，"灵魂的语言"。（第 371—378 页）

　　以上辩护的要旨是：青主的"上界"是指人所具有创造性的，相对于物质世界的精神世界，即音乐是精神（上界）的创作产物，音乐的特殊性、能动性高于其他艺术之"上"的"上界"。所以青主所说根本不是批评家们所谓的神秘的、宗教的、迷信的、"神"的"上界"。这是研究、理解、甄别，还"音乐是上界的语言"科学的本来面目的关键所在。

关于"向西方乞灵"，蔡仲德认为：青主是从音乐的民族性，对"西乐"和"国乐"之分，以及中国音乐的出路等三个方面的分析研究后提出的。青主在肯定民族音乐的同时，将音乐的世界性置于民族性之上，强调是中国人作的好音乐都是中国的光荣，青主反对"国乐"与"西乐"之分，这就突出了音乐的世界性。所以青主认为必须"向西方乞灵"，目的是在重建中国音乐美学的基础上改造中国音乐，另辟蹊径，进行创新，这就突出了学习西方的重要性，"向西方乞灵"，命题的意义就在此。而不是批评家们批评的"以西代中"、"全盘西化"、"崇洋媚外"。

特别值得注意的是，蔡仲德在总结青主的美学思想意义时，以自己的"史学、史识、史胆"，对当代一些重大的音乐美学思想问题提出了独到的点评，颇具学术性、理论性的现实意义，概括起来有以下三个方面：

1. 青主反对封建主义的礼乐观，主张打破"乐"是"礼"的附属的桎梏，使音乐成为"灵魂的语言"，从而高扬音乐的主体性，使之成为独立的艺术。

2. 中国音乐的出路何在？复古派不值一提；王光祈的"古代音乐（礼乐）+民族音乐+西洋方法＝中国新音乐"，吕骥的"救亡内容+民族形式+西方技巧＝中国新音乐"，二者都是"中体西用"的翻版。中国新音乐必须"向西方乞灵"，首要者不是利用西方的方法、技巧，而是引进先进思想以建立全新的音乐美学思想，使中国新音乐成为独立的艺术、灵魂的语言，按音乐的本质规律发展，使音乐获得真正的生命和自由。

3. 中西音乐的根本差异不在民族性而在时代性，即在前现代与现代的差异。历史已经证明狭隘的民族主义、庸俗的爱国主义是保守派的武器，现代化的大敌。

笔者认为，《青主音乐美学思想述评》是《探求》的"其他"部分中最为重要、最富学术意义的核心篇。它不仅为青主这位在人格上、学术上蒙冤受屈的现代音乐美学史人物平反昭雪，甄别和确立青主的音乐美学思想的科学体系及其在历史上应有的地位，更重要的是作者以这篇"述评"为学术上的突破口，为对当代一些重大的音乐美学问题（中国音乐之出路等）公开发表自己的文化哲学观、音乐美学思想、音乐美学理论等做好理论的铺垫。

三、关于中国音乐美学思想
影响现代音乐美学

与音乐实践的几个重大问题的讨论。

《探求》第三部分共有八篇论文，从三个方面论及中国音乐美学思想影响现代音乐美学与音乐实践的几个重大问题。

1.《论郑声》是一篇罕见的全面、系统研究"郑声"的论文（第416—464页）。其值得重视的成果，是还"郑声"的历史真面目。笔者第一次看到作者以大量的史实论证了"桑间濮上之音"是荒诞的、假造的，它与"郑声"毫无关系；以大量的例证驳斥了"郑声淫"的谬论，肯定"郑声"无论在内容上、形式上都是冲破了礼制的束缚，而以崭新的面貌、人民喜闻乐见的形式表现了人民的生活与自由、痛苦与欢乐。这样的音乐对统治阶级的听淫荡之声、行淫秽之事、统治人民极为不利，因此统治阶级必然排斥。作者从"情与德"、"声与度"、"欲与道"、"悲与美"、"乐与政"等五个方面的分析探讨中，充分肯定了"郑声"社会性、美学性的重大意义，并联系当今现实，提出给音乐事业"松绑"，抛弃"和而不淫"，让群众放开手脚创造我们时代的

"郑声"。

《论郑声》观点科学，研究方法正确，站在劳动人民的立场，充满对人民群众的热情，歌颂了"郑声"的人民性，具有强烈的人本主义的情感。

2.《形象、意象、动象——关于音乐形象的思考》是作者有关音乐的本质的独特研究（第468—474页）。蔡仲德认为绘画之"象"是"形象"。但是，"艺术形象"是"动象"；"形象"和"动象"都是"意象"——各门艺术之"像"。但是，"艺术形象"、"音乐形象"这两个概念是不科学的，它们无助于揭示各门艺术的共同特点和音乐艺术的独有特性。为了建立科学的、民族特色的美学体系和音乐美学体系，我们应该舍弃"艺术形象"、"音乐形象"，而代之以"艺术意象"、"音乐动象"这样的概念范畴。

3. 蔡仲德通过分析、研究当代音乐美学中有关音乐的本质和存在形式的"音心对映——和律论"、"物性本体、艺术本体"、"纯意向性对象"等音乐美学思想和理论，在肯定它们的合理性的同时，更主要是批评了它们的缺陷，进而提出了他自己的有关音乐的本质和存在形式的思想和理论。

蔡仲德指出："音心对映——和律论"的缺陷和错误在于强调音乐作品本身只有物质、没有精神，只有形式、没有内容；以上二者的统一只有在欣赏者感受时才能存在，而不能脱离感受独立存在。"物性本体"与"艺术本体"区别论者，用"艺术本体"范畴否认音乐作品的精神性，强调音乐的"艺术本体'不在"客体本体"——"音响"之中而在主体意识之中。而"纯意向性对象"用"原作"范畴否认音乐的客观性存在，强调它超验于物质显现，独立存在意识之中。其实以上两种理论与"音心对映——和律论"极为相似，可以归为一类。

蔡仲德通过批评以上理论并借鉴古今中外之音乐美学理论，

提出了他个人的关于音乐作品本质及其存在形式的理论：音乐作品有两种存在方式：一是隐性存在即乐谱，二是显性存在即演奏及录音等。音乐艺术则有四种存在方式：一是客体性存在，即作为作品的隐性和显性存在，它是处于人的、实体的、有声的；二是主体性存在，它是作曲家、演奏家、欣赏家头脑头中的存在，是意向性的；三是最高存在，即演奏—欣赏时的存在；四是完整存在，即从作曲到演奏再到欣赏的全过程。其中隐性、显性、客体性存在属于音乐美的范畴。主体性存在、最高存在、完整的存在则涉及审美领域。这些存在方式表明，就作品而言，音乐能脱离欣赏者而独立存在，它既不是纯物质性的，也不是纯精神性的，而是二者的结合；就全过程而言，则应该说音乐是独立的存在，又是非独立的存在。客体性存在是独立的存在，主体性存在是非独立存在，最高、完整式的存在则是二者的结合（第549页）。

蔡仲德的结论纠正了把音乐作品归结为"纯意向性客体"、"纯意象性对象"，否认音乐作品作为客体的存在的极端倾向性，不失为音乐美学研讨的参考和借鉴。

四、关于中国新音乐与中国音乐的
出路的讨论

《探求》的第四部分共有六篇论文，但其主旨性论文是后两篇：《出路在于向西方乞灵——关于中国音乐出路的人本主义思考》和《反映论还是主体论——从音乐本质的论争说到中国音乐的出路》。

蔡仲德在这两篇论文中充分表明了他是一位彻底的人本主义文艺论者。人本主义文艺观认为：人是文化的创造者，是文化的主人，人创造文化的目的，是满足自己的需求，改善自己的生活……人创造音乐的目的是表现自己的内心世界，满足自己的审美要求，改善自己的精神生活。人的本质在于自由，人的文化创造是自由自觉的活动……理应尊重人的主体价值、确立人的主体地位。这就是音乐的主体性原则（第639—640页）。

蔡仲德认为青主的"音乐是上界的语言"、"音乐是一种独立的艺术"的思想和观点正确地反映了音乐的本质，突出了音乐的主体性、能动性、创造性，是音乐人本主义的复归。要真正实现音乐的人本主义，中国音乐还必须遵循青主的"向西方乞灵"。因为西方音乐早已经实现了由前现代向现代的转型；西方音乐真正体现了人本主义，并且音乐的主体性、音乐的独立性、音乐是灵魂的语言也得到了彻底的实现。同时西方音乐在音乐理论、音乐技术、音乐教育、音乐实践等方面具有空前的科学性和先进性，而中国音乐还远远没有实现前现代向现代的转型，所以中国音乐必须"向西方乞灵"。

蔡仲德人本主义文艺观的思想理论基础大约来源于以下五个方面：

1．青主的音乐美学思想和音乐理论著作即《乐论》、《音乐通论》以及其他音乐美学论文。

2．恩斯特·卡西尔的《人论》（"人类文化哲学导论"）关于文化的本质与特性的理论（第585—586页）。

3．中国古代音乐美学思想、论著的借鉴。如《乐记》、《声无哀乐论》有关音乐本质的科学理论；嵇康的"越名教而任自然"、李贽的主情美学思想和理论以及分析、研究儒、道音乐美学思想等等。

4．黑格尔《美学》中有关"音乐的精神就是灵魂"、"音乐的基本任务不在于反映客观事物，而在于反映出最内在的自我"等。

5. 马克思的"彻底的自然主义或人本主义既有别于唯心主义，也有别于唯物主义，同时是把它们二者统一起来的真理……只有自然主义能够理解世界历史活动"。

蔡仲德汲取以上这些思想、理论，又以他自身的学术修养和深入思考得出了哲学性的结论——真正能够解决音乐的本质问题的，不是反映论，而是主体论。

蔡仲德在这两篇论文中，显得更重要的是运用他的文化哲学思想和音乐美学观点对当今各种他认为影响和妨碍中国音乐发展、正确选择中国音乐出路的音乐美学思想和理论进行了全面的论辩，主要在以下四个方面：

1. 对中国音乐界1989年以来否定"五四"、"批判全盘西化弘扬国学"、"只有不同的不同，没有不及的不同"等"文化相对主义"理论提出质疑和论辩。蔡仲德认为：应既承认各种文化都有适应其特定时空环境的相对价值，又承认不同文化都有先进落后、高下优劣之分（第589—590页）。

2. 关于对中西文化与中国新文化的评估的结论：

今天，中国文化由前现代向现代转型的任务远远没有完成，因而"五四"精神（民主科学）并未过时（第594页）。

3. 关于对中西音乐与中国新音乐的评估：认为1948年前的四五十年的中国音乐是筚路蓝缕、萌生、发展阶段。1949—1976年音乐沦为政治的附庸，远离人民，出现停滞倒退，只有局部的发展。1977至今社会相对稳定、思想相对自由，音乐开始回到人的怀抱，重新成为人的灵魂的语言、人民的心声。但总体来说新音乐对中国音乐的优秀传统继承不够，对西方音乐的思想、技术消化不够，对外国优秀成果借鉴不够，民族性多于时代性，群体性多于个体性（第608页）。

4. 关于中国音乐出路的思考。认为应吸取青主和萧友梅为代表的思想：国乐必须改造，国乐必须研究西乐、借鉴西乐、

228

"向西方乞灵"，国乐必须另辟蹊径进行创新。他还对九种他认为妨碍中国音乐发展的"文化相对主义"的理论进行了论辩。九种思想和理论归纳起来是："否定欧洲音乐中心论"、"传统音乐复归论"、"越是民族的，越是世界的"等。蔡仲德均作了否定性的论辩（第609 — 622页，前文已有涉及，故不再述）。

蔡仲德对中国音乐出路总体、系统的蓝图是：中国音乐的主体应吸取中西音乐之长，而以西方音乐的根本精神进行重建，同时要不断发展与完善方法、技巧、表现体制，努力发掘利用中国传统音乐素材，使音乐能自由、充分、深刻地表现当代中国人的精神世界，成为当代中国人的灵魂的语言。这就是他对"中国音乐何处去"的回答——一个人本主义的回答（第622—623页）。

中国当代的音乐是否仍处于"前现代"？其"现代化"的任务是否远远没有完成？笔者认为，如果"是"，则蔡仲德之中国音乐出路的思想和观点正确。如果"否"，则另当别论。这是一个值得理论界探讨的重大课题。

后　语

音乐美学及其史学是一门艰深博大而又充满迷雾、险滩的学科领域，堪称为音乐学之"上界"。而对当今中国音乐出路的探讨更充满艰难和风险。必须"史学、史识、史胆"三者皆备，方能进入该领域的探讨。上述乃当今新音乐理论学者之客观条件和要求。在笔者看来，《探求》一书表明，蔡仲德对此可以当之无愧。蔡仲德以其深厚之学术功底，睿智卓识之才能，不仅能以"我注六经"分析、研究古代音乐美学，更能巧妙灵活地以"六经注我"研究近现代的音乐美学，显示了一位才学兼备的学者风采。

《探求》一书又充分反映了作者对音乐美学及其史学的无限忠诚与钟爱。作者以强烈的时代责任感，力图推动中国音乐发展之使命感，本着"科学求真、伦理求善、艺术求美"以及人本主义之宗旨，面对复杂而又严酷的现实，以越名教之胆略，视学术重于生命之高尚人格风范，呕心沥血，训诂思辨，睿智洞察，将自己认为是历史蕴涵之真谛、当今形形色色的音乐思潮的利弊告白于天下，揭示于当今和后世读者之前，并毫无保留、毫无畏惧，心甘情愿地为此承担一切后果，这是蔡仲德《探求》读后其人格风范留给笔者的深刻印象和启示。

音乐美学又是一门极其微妙的学科，有些领域甚至语言难以表述，世界上可能还没有完美无缺、无懈可击的音乐美学理论。因此，笔者认为《探求》也难以避免一些似乎可以商榷和提请注意的地方，现略举几例如下，仅供参考：

其一，《探求》36 篇论文，不少观点、论据、文字重复多次。

其二，关于"音乐形象"一文，主张舍弃"艺术形象"、"音乐形象"而代之以"艺术意象"、"音乐动象"似有偏颇和商榷之余地。虽然艺术作品的形象，特别是音乐作品的形象均来自于"意象"，但窃以为"意象"应包括无形的"情感之象"和有形的"物动之象"。"物动之象"不能排除形象思维的产生，特别是标题音乐、音画、音乐电视（MTV）等，同时"音乐动象"代替"音乐形象"难以被群众理解和接受。

其三，蔡的关于音乐作品存在形式的理论，窃以为只是静态的客观存在形式，未能从动态方面揭示音乐作品究竟是以何种型态、特点来具体表现感情的。

原载《中央音乐学院学报》2005 年第 1 期

书 架 即 景

辛 丰 年

去夏有素昧平生的朋友自远方来，赠我两本他写的书：《山居杂忆》（南海出版公司）、《东城随笔·人物篇》（国际华文出版社）。他是徐家祯君。《山居》是他母亲高诵芬女士和他合作的。

高女士十八岁时发现了明人张岱的《陶庵梦忆》，从此，"爱玩不去手"。1994 年，她和老伴徐定戡先生定居南澳大利亚的斯陡红叶山庄。虽"远适异邦"而"谢绝嚣尘，耳目清旷"，可以"抱瓮灌园"、"栽花种豆"，于是追忆儿时情景、家乡人物风俗。每写一篇，一家人共同商榷定稿，撰成了近五百页的《山居杂忆》，偿了她夫妇六十年前由《梦忆》触发的夙愿。

其实《山居》和《梦忆》颇不相似。书中《叶妈》、《奶婶婶》、《一位朱先生和三位朱师母》等篇中用平常心、平淡笔墨写的那些平常人物、平常事，都不是《梦忆》中寻得出的。

高女士系出名门，阅历丰富，记性极佳，她对往昔旧社会的风俗时尚、人情世态作了详细的记述，文字洗尽铅华，老实道来；这种可信可喜的回忆录，今天太稀罕了！

莫扎特今年一月"二百五十岁"了！他留给后世的音乐作品不但未被遗忘，而且知音越来越多。对他那短促如朝露而灿烂如太阳的一生，人们的兴趣也始终不衰。研究的文献浩如烟海，传记著作出了无其数。去年我读的一部莫传是 1999 年出的（作者 R

·W·古特曼,哈科特公司出版)。十六开、九百页的这本大书,捧读真累,可喜的是收罗宏富,论析谨严。所谓"莫扎特迷"中的若干疑问,如是否被毒死,晚年是否穷愁潦倒等等,此传都有可信的说法。

同是神童、天才、短命,但其幸运美满的生涯却和命运多舛的莫扎特适成对照的,是浪漫派巨子门德尔松。不佞有幸,又读到了部2003年牛津版的门氏音乐传记(作者R·拉吕·托德),也是七百页的巨帙。短短一年中竟有偌大眼福,对一个渴望新知然又无书可借的乐迷兼书迷来说真是交了好运!

莫、门二氏都有一位才高命薄的姐姐,一为南耐尔,一是芳妮。无论是演奏还是作曲,天分与好学都不弱于乃弟,假使能让他们有同等机会,甚至会有更卓异之表现(因为女性自有其独特感受,不可替代)也未可知。然而由于社会环境的其实,他们只能成为神童弟弟的影子,默默以终。两传对此都有足够的注视。

对于中乐,本人有所好有期待也有失望,只是所知根浅。前年重读了蔡仲德的《音乐之道的探求》(上海音乐版),去年又跟踪读了他的《中国音乐美学史》(人民音乐版),都有令人茅塞顿开的惊喜,尤其震撼于他的敢于直言不作调和折衷语的学术风骨。试读书中《论中乐创新之路》、《论现代音乐要走出误区》、《〈管锥编〉〈谈艺录〉乐论商兑》这几篇文字,便可知其旧学之邃密、新知之深沉了。(至于发表在《东方文化》的《陈寅恪论》,也是敢于言人之不敢言的文字。)蔡君已成古人,"广陵散"将绝响吗!

往昔老商务出的"世界文学名著"中有一本《克阑弗》,今日坊间的"世界文学名著"版本极多,而所选都只那几种,千篇一律。《克阑弗》早已不见。可是我渴望再读此书想了六十多年,直到去年才如愿。我想它主要是为了伍光建的译笔。当初并未见到英文原著,固然那时才自学英文,有也看不懂,如今与伍译白

232

头重晷，忽然又想找原作来对读，以细赏伍译之妙。这倒不难，英、美书店中新印本唾手可得（本地坊间也有）。《克阑弗》像一本洋《儒林外史》，不过其中人物主要是小市镇上的夫人小姐，这就有另一种情趣了。重读《克阑弗》，得陇又望蜀，是否在老眼昏花的暮年再读他译的《孤女飘零记》（即《简爱》，茅盾所激赏），《狭路冤家》（即《咆哮山庄》），还有至今未见别人译过的《洛雪小姐游学记》（同样是勃朗特之作）呢？

去年买《胡适的声音》（广西师大版），完全是为了它所附的一张唱片。史中之声，我很癖好。《赵元任全集》中据云有他的录音，可恨至今无消息。老舍的讲话，只有一小段录音，不足以显其本色。沈从文答访问学者，也不过瘾。胡适自己写的文章，一清如水，每读总要想象其声音笑貌，自以为八九不离十了。一对录音，大谬不然！原来想他的官话当然是标准的了，录音却有浓重的方言，那当然是安徽腔了。据他自己说曾认真练过演讲术，何况又是最高学府讲坛上的新文化导师；然而从这篇 1958年纪念"五四"的演说中，我觉得既不铿锵，也无鼓动性，倒有一点朴素无华的味道。试请一位今天善于上台作报告者，按其记录稿来宣讲一下，肯定讲得抑扬顿挫，声情并茂。

恨正史之假大空，便特别注意可信的民间野史资料。《陈光甫日记》（上海书店版）虽文字潦草也很值得一读。他不属于孔祥熙宋子文等的一丘之貉，他不屑为蒋家小朝廷之高官，只想做堂堂正正清清白白的银行家。他创办的上海商业储蓄银行，一块钱也起存，但又和黄楚九刮民的"日夜银行"完全不同。

去年看过的书其实不少，就先谈这几种吧。

摘自《文汇报》2006 年 3 月 7 日

蔡仲德学术年表

叶明春编

蔡仲德，男，浙江绍兴人。1937 年 2 月 26 日生，2004 年 2 月 13 日逝世。

蔡仲德先生生前为中央音乐学院音乐学系教授、博士生导师，全国音乐美学学会理事、冯友兰研究会常务理事。

蔡仲德 1960 年 8 月毕业于华东师范大学中文系，1960 年 9 月分配到中央音乐学院附中，任语文教师 22 年。1983 年 9 月调中央音乐学院音乐学系任教。蔡仲德先生在中央音乐学院任教近 44 年，无论是在附中（1983 年前），还是在音乐学系（1983 年后），一贯完成或超额完成工作量，教学极其认真负责，对学生读书、做人要求极为严格，深得师生好评，他的学生至今都对他十分怀念，十分敬重。他们的怀念是永远的。

1974 年

1 月应学校安排到大批判组，与廖辅叔、方承国、蔡师勇、王照乾、张建华一起，辑译《孔孟音乐言论批注》。

2 月写成《〈乐记〉译注》。

3 月写成《孔子诛优施》。

4 月写成《关于郑声》，改题为《略论正声和雅正之争》。

6 月修改完《为郑声翻案》。

7月参加"法家音乐思想译注"会分工,负责写邓析、少正卯、史墨、孙膑、秦始皇、李斯、范睢。

8月译注《荀子乐论》。同月写成"先秦儒法两家在音乐思想上的斗争"讲稿。

9月将《先秦儒法两家在文艺思想上的斗争》讲稿改写成文章。

1975 年

2月整理有关《乐记》的资料,收集完有关"公孙尼子"的资料。

3月写成《关于〈乐记〉的作者与成书年代问题》及"附录"。

4月写成《〈乐记〉思想的哲学基础——彻底的唯心论》。同月写成《从地主阶级由尊法向尊儒的转变看〈乐记〉的成书目的》。

7月《〈乐记〉批注》修改完毕。

12月写成《商鞅、荀况、韩非子音乐论述评注》。

1976 年

9月选辑《鲁迅全集》中有关音乐的语录。

10月《关于〈乐记〉的作者与成书年代问题》收入中央音乐学院集体编写的《〈乐记〉批注》一书的"附录"(人民音乐出版社1976年出版)。

1977 年

1月参加鲁迅研究小组会,讨论"鲁迅论音乐"。

1978 年

全年阅读《嵇康集》、《楚辞》、《史记》、《汉书》、《隋书》

等古籍。

1979 年

5 月写《试论杜诗的政治性》。

8 月写成《〈乐记〉作者辨证》初稿。

1980 年

2 月开始重新研究《乐记》。

3 月写成《〈乐记〉哲学思想辨析——〈乐记〉研究之二》、《〈乐记〉的音乐美学思想及其历史地位——〈乐记〉研究之三》。

4 月写成《河间献王刘德评传——〈乐记〉研究之四》。

5 月应《北京音乐报》之约,写成《孔子与音乐》(实践)、《孔子的音乐思想》(理论)。

6 月应《人民音乐》之约,将《乐记研究》基本观点作五千字简要说明。

8 月应学报编辑部的要求,修改、压缩《〈乐记〉作者辨证》。

9 月在音乐学系开课,讲《国语》中史伯、单穆公、伶州鸠的论乐文字。

12 月《〈乐记〉作者辨证》载《中央音乐学院学报》创刊号1980 年第 1 期。同月写《韩非及其音乐思想——批"人君南面之术"》。

1981 年

1 月注译《声无哀乐论》。同月写成《〈乐记〉音乐思想述评》。

2 月注释《唱论》、《读律肤说》。

3 月注译《溪山琴况》。

6 月《〈乐记〉音乐思想述评》载《中央音乐学院学报》1981 年第 2 期。

7 月写成《〈乐记〉作者辨证》，收入《〈乐记〉论辩》（人民音乐出版社 1983 年 11 月版）。

8 月写成《越名教而任自然》。

9 月校对《声无哀乐论》译注。

12 月《〈乐记〉哲学思想辨析》载《音乐研究》1981 年第 4 期。

1982 年

1 月注释《吕氏春秋》、《韩诗外传》、《春秋繁露》、《淮南子》、《史记》等篇的论乐文字。

2 月为音乐学系四年级学生举办"嵇康音乐美学"讲座。

6—8 月注释《文心雕龙·乐府》、《晋书·陶潜传》、《白居易集》、《衡曲麈谭》、《琴学粹言》等。

11 月晋升副教授职称。

12 月写《订司乐氏》、《无声乐赋》、《送杨置序》、《送孟东野序》、《通书·乐上》、《琴史》、朱子论乐、《曲律·论套数》等说明。

1983 年

1 月写成《"越名教而任自然"——试论嵇康及其"声无哀乐"的音乐美学思想》。

1 月 23 日，开始中国音乐美学史资料选注今译部分的工作。

2 月《河间献王刘德评传》载《河北师范大学学报》1983 年第 1 期。

5 月指导音乐学系本科毕业生修海林论文并通过论文宣讲。

修海林论文题目:《〈声无哀乐论〉论音乐的内容与形式问题（与《乐记》比较）》。

8月校对《〈乐记〉注译》。

9月正式从中央音乐学院附中调入音乐学系工作。

11月30日在中国音乐学院为音乐学系教师进修班讲《乐记》的作者与成书年代问题、基本哲学思想问题和音乐美学思想问题。

12月写成《对老庄音乐美学思想的历史考察》；同月11日写《琴史》、《乐书》、朱子论乐、《送萧道士序》、《传习录》、《杏庄太音补遗序》、《读律肤说》、《曲论·论套数》部分说明。

1984年

1月写成《对道家音乐美学思想的历史考察——兼与蒋孔阳先生商榷》。

2月《〈乐记〉作者辨证》收入人民音乐出版社《〈乐记〉论辩》一书。

3月写成《〈乐记〉作者再辨证》。

4月修改《〈乐记〉作者再辨证》毕。

6月《"越名教而任自然"——试论嵇康及其"声无哀乐"的音乐美学思想》载《美学文献》创刊号。

7月写成《论郑声》。

9—12月《对道家音乐美学思想的历史考察——兼与蒋孔阳先生商榷》载《中央音乐学院学报》1984年3期、第4期。

11月写"二十年来《声无哀乐论》讨论情况简介"。

12月为北京中央戏剧学院戏剧文学系中国戏曲史研究生班讲《乐记》的音乐美学思想、《声无哀乐论》的音乐美学思想。

1985年

2月写成《中国古代音乐美学思想概述》。

4 月参加中央音乐学院《乐记》、《声无哀乐论》学术讨论会，提交论文《〈乐记〉再辨证（三题)》、《"越名教而任自然"——试论嵇康及其"声无哀乐"的音乐美学思想》。

5 月写成《"音心对映论"质疑》。

7 月写成《〈溪山琴况〉试探》。

9 月在中央音乐学院音乐学系开始讲《中国音乐美学史》。

11 月写成《形象·意象·动象——关于"音乐形象"问题的思考》。

12 月参加福建漳州第三届全国音乐美学年会，提交论文《对道家音乐美学思想的历史考察》。

1986 年

1 月《〈音心对映论〉质疑》载《人民音乐》1986 第 1 期。

3 月写毕《论孔子的礼乐思想》。

4 月《形象·意象·动象——关于"音乐形象"问题的思考》载《乐府新声》1986 年第 2 期。

6 月《〈溪山琴况〉试探》载《音乐研究》1986 年第 2 期。

9 月《与董健、周来祥、吕骥同志商榷——〈乐记〉作者问题再辨证之一》载《中央音乐学院学报》载 1986 年第 3 期。

10 月写毕《从李贽说到音乐的主体性》初稿。

12 月《春秋时期音乐美学思想略论》载《星海音乐学院学报》1986 第 4 期，同月《论孔子的礼乐思想》载《音乐探索》1986 年第 4 期。

1987 年

2 月完成《中国音乐美学史资料注译》稿。同月《从李贽说到音乐的主体性》载《音乐研究》1987 年第 1 期；《〈乐记〉考（二题)》载《交响》1987 年第 2 期。

3月筹划《中国音乐美学史》一书的写作工作。

4月开始写《冯友兰年谱初编》。

5月写成《聚讼千年的一桩公案——从韩愈听琴诗说到平和审美观》。

6月到教育科学出版社参加孔子研究所成立两周年、文化教育丛书编辑部成立座谈会。同月《答周柱铨同志——〈乐记〉作者问题再辨证之二》载《中央音乐学院学报》1987年第2期。

8月《聚讼千年的一桩公案——从韩愈听琴诗说到"平和"审美观》载《人民音乐》1987年第8期。

12月《郑声的历史真面目——郑声论之一》载《黄钟》1987年第4期。

1988 年

1月《论孔荀的礼乐思想》载《孔子研究》第1988年第1期。同月《说"审诗商"》载《星海音乐学院学报》1988年第1期;《郑声的美学意义——郑声论之二》载《黄钟》1988年第1期。

2月统写《冯友兰年谱初编》结束,计320张稿纸,约30万字。同月作《冯友兰著作索引》。

3月写成《"有非象之象,生无际之际"——〈乐出虚赋〉评介与注译(附〈响赋〉)》,同月写成《从"音声相和"说起——再论〈老子〉音乐美学思想,兼与李曙明君商榷》;《"躁静者,声之功也"——再论"声无哀乐"论的美学意义,兼与李曙明君商榷》;同月写成《为李斯特一辩——就其音乐美学思想答李曙明君,兼与于润洋君商榷》。

4月写成《"音心对映论"质疑——兼论〈乐记〉》。

7月《"和律论"质疑——兼论〈乐记〉》载《人民音乐》

1988 年第 7 期。

10 月《中国音乐美学史论》一书由人民音乐出版社出版。同月写成《〈乐记〉作者再再辨证——与吕骥先生商榷》。

12 月完成佛教音乐美学思想资料注、译、附录工作。同月整理《中国音乐美学史论》台湾版稿。比之初版,增加正文五篇,附录一篇,约 4 万字;《"躁静者,声之功也"——再论"声无哀乐"论的美学意义兼与李曙明君商榷》载《星海音乐学院学报》1988 年第 4 期;《从"音声相和"说起——再论〈老子〉音乐美学思想,兼与李曙明君商榷》载《中国音乐学》1988 年第 4 期;《为李斯特一辩——就其音乐美学思想答李曙明君,兼与于润洋君、关伯基君商榷》载《音乐研究》1988 年 4 期。

1989 年

1 月整理《中国音乐美学史资料注译》(台湾版完毕)。

2 月写成《为青主一辩》。

4 月 17 日开始写《中国音乐美学史》。

10 月出席在北京饭店举行的"纪念孔子诞辰 2540 年国际学术研讨会"(北京、曲阜)。提交论文:《论孔子的音乐美学思想》。

12 月《〈乐记〉作者再再辨证——与吕骥先生商榷》载《中国音乐学》1989 年第 4 期。同月写成《吕骥〈〈乐记〉整理本注译〉商略》)。

1990 年

3 月《论墨子的"非乐"思想》载《人民音乐》1990 年第 3 期;同月《"有非象之象,生无际之际"——〈乐出虚赋〉评介与注译(附〈响赋〉)》载《星海音乐学院学报》1990 年第 1 期。

4 月在音乐学院讲中国音乐美学史,内容为先秦诸子与《乐记》的音乐美学思想,嵇康、李贽、徐上瀛、青主的音乐美学思想；同月写成《"和律论"再质疑》。

5 月为中央音乐学院院庆四十周年音乐学系系列讲座作第一讲，题为"儒、墨、法、道、阴阳家音乐美学思想异同论"。

6 月《吕骥〈《乐记》整理本注译〉商略》载《中央音乐学院学报》1990 年第 2 期。

11 月 26 日冯友兰先生去世。12 月到北京图书馆参加"冯友兰哲学思想国际学术研讨会及追思会"并发言，题为"冯友兰与马克思主义"。同月，参加中国艺术研究院音乐研究所、中国音乐年鉴编辑部召集的会议，讨论中西音乐文化关系问题并作重点发言。同月写成《冯友兰先生在开封事迹述略》；《中国音乐美学史资料注译》（上、下册）一书由人民音乐出版社出版。12 日、17 日在音乐学院讲"阮籍、嵇康、诸葛亮、陶渊明"——"士·文化·人"系列讲座之一。

1991 年

2 月《"和律论"再质疑——兼评李曙明君之东西方音乐美学比较研究及其方法》连载《人民音乐》1991 年第 2 期、3 期、4 期。

3 月《阮籍的音乐美学思想》载《艺苑》1991 年第 3 期。同月，《论〈吕氏春秋〉的音乐美学思想》载《星海音乐学院学报》1991 年第 1 期、第 2 期。

4 月参加在北京金海湖北京教师修养院举行的第四届全国音乐美学年会。提交论文：《"和律论"再质疑——兼评李曙明君之东西方音乐美学比较研究及其方法》。

6 月 30 日完成《中国音乐美学史》约 51 万字初稿。

12 月 18 日在音乐学院讲"孔孟·商韩·老庄"——"士·文化·人"系列讲座之二。

1992 年

3 月《陶潜的音乐美学思想》载《乐府新声》1992 年第 1 期；《王弼的音乐美学思想》载《星海音乐学院学报》1992 年第 1 期。

4 月 27 日在音乐学院讲"屈原、司马迁"——"士·文化·人"系列讲座之三。

5 月在音乐学院讲"冯友兰"——"士·文化·人"系列讲座之四。同月，《论孔子的音乐美学思想》收入《孔子诞辰 2540 周年纪念与学术讨论会论文集》第 1458—1488 页。

9 月 23 日为北京金海湖北京教师进修学院讲"冯友兰，作为中国现代文化现象"。同月《〈史记〉中的音乐美学思想》载《交响》1992 年第 3 期；《董仲舒的音乐美学思想》载《中央音乐学院学报》1992 年第 3 期。同月，在北京金海湖北京教师修养院参加第一届全国音乐学教学研讨会并发言，题为"音乐学者的素质"、"中国音乐美学史教学与教材情况"。

10 月《与友人论乐书》载《人民音乐》1992 年第 10 期；6、7 日在河南大学音乐一系讲中国古代音乐美学；同月在河南大学政教、教育、历史系，河南南阳教育学院讲"中国现代教育家、哲学家冯友兰"。13 日在河南唐河县第一高级中学讲"中国现代教育家、哲学家冯友兰"。15 日在河南南阳师范专科学校艺术系讲"中国古代音乐美学"，河南南阳师范专科学校中文系讲"中国现代教育家、哲学家冯友兰"，17 日在河南洛阳师范专科学校中文系讲"冯友兰，作为中国现代文化现象"、河南洛阳师范专科学校艺术系讲"中国古代音乐美学"。

11 月 18、25、27 日在北京文化部文学艺术研究院研究生院音乐学系讲中国音乐美学史，先秦音乐美学思想，《乐记》的音乐美学思想，嵇康的音乐美学思想，《溪山琴况》的"淡和"审美观与以李贽为代表的主情思潮；20 日在北京文化部文学艺术研究院研究生院讲"冯友兰，作为中国现代文化现象"。

12月2日在音乐学院讲"陈独秀——终身的反对派"——"士·文化·人"系列讲座之五。同月《〈礼记〉中的音乐美学思想》载《黄钟》1992年第4期。

1993年

1月《〈汉书〉中的音乐美学思想》载《艺苑》1993年第1期。

2月《中国音乐美学史》（海外发行本）由台湾蓝灯文化事业股份有限公司出版发行，共908页，约60万字。

3月2、5日在香港中文大学音乐系讲《乐记》的音乐美学思想、《声无哀乐论》的音乐美学思想；9日到星海音乐学院讲中国古代音乐美学思想及"冯友兰，作为中国现代文化现象"。

3月24日"士·文化·人"开课，第一讲"孔孟的文化特质与人格特征"。

4月5日参加在中央音乐学院举行的全国音乐美学学会流行音乐讨论会发言并据发言撰文，题为"我看流行音"。

5月7日10时10分听刘靖之讲座之一"关于中国新音乐的几点看法"……讲后提问，指出此一前后矛盾之处，问究竟认为怎样才算中国音乐……

6月"士·人格·人"提纲写毕，共12万6千字；9日在音乐学院讲"从王国维之死说到'海子—戈麦现象'"；同月，《商鞅韩非的音乐美学思想》载《星海音乐学院学报》1993年第1、2期合订本；《嵇康〈养生论〉等篇中的音乐美学思想》载《中央音乐学院学报》1993年第2期；《李贽的音乐美学思想》载《中国音乐学》1993年第2期。

8月10日校对《冯友兰年谱初编》毕；同月27日结束宗璞年表及分类目录，计30页，下午开始写美学会发言提纲，暂名

"王光祈—青主—吕骥,中国现代音乐美学思想发展轨迹";同月写毕《冯友兰年谱初编》"后记"。

9月参加山东东营中国音乐美学专题研讨会并发言,题为:《王光祈—青主—吕骥,中国现代音乐美学思想发展轨迹》。同月,《我看流行音乐》载《中央音乐学院学报》1993年第3期;《杨坚、李世民的音乐美学思想》载《乐府新声》1993年第3期;15日音乐美学教研室集体获国家优秀教学成果一等奖。

12月1日在音院讲"蔡元培——中国现代文化的奠基人"——"士·文化·人"系列讲座之六。

1994 年

1月10日下午在中央音乐学院第一欣赏室出席谭盾作品研讨会并发言。讨论谭盾作品给人的印象是新、野、鬼、远离现实人,为创新而创新。之后写成短文《谭盾作品音乐会听后感》。

3月改《谭盾作品音乐会听后感》为《音乐创新之路究竟应该怎样走——从谭盾作品音乐会说起》。

4月26、28日在北京全国文联大楼出席"吕骥《〈乐记〉理论探新》座谈会"并发言;同月写毕《青主音乐美学思想述评》初稿,计23000余字。

5月5、12、19日在文化部文学艺术研究院研究生院讲中国音乐美学史,内容为先秦音乐美学思想,《乐记》的音乐美学思想,嵇康的音乐美学思想,周敦颐、徐上瀛、汪烜的"淡和"审美观,以李贽为代表的主情思潮,青主的音乐美学思想。

6月写毕《也谈"天人合一"》,计12000字,用五天半时间。同月,《白居易的音乐美学思想》载《星海音乐学院学报》1994年第1、2期;《音乐创新之路究竟应该怎样走——从谭盾音乐作品音乐会说起》载《中央音乐学院学报》1994年第2期。

8月写毕《评吕注〈乐记理论新探〉》;同月,写驳李学勤文，名为《从〈乐记〉作者说到学术信息交流——与李学勤先生商榷》。

9月阅明言文并写成《答明言书》。同月，《关于中国音乐美学史的若干问题》连载《中央音乐学院学报》1994年第3期、4期；《庄子的音乐美学思想》载《道家文化研究》（4）1994年第3期。

10月写成《冯友兰与"新儒学"一词在中国》初稿。

11月写成《冯友兰思想历程》一文初稿；同月，在中央音乐学院举办讲座，题为"国共两党的'思想敌人'——自由主义者胡适"；参加"钢琴教育与钢琴表演艺术发展研讨会"并发言。同月《冯友兰先生年谱初编》（60.8万字）由河南人民出版社出版发行。

12月5日在香港大学亚洲中心讲《冯友兰，作为中国现代文化的现象》；6日出席香港大学"中国音乐美学研讨会"并提交论文《青主音乐美学思想述评》；7日在香港光华新闻中心讲"嵇康、李贽的音乐美学思想"；10日在香港中华文化促进中心讲《乐记》的音乐美学思想；12日为中山大学哲学系教师、研究生讲"冯友兰，作为中国文化现象"；15日为肇庆教育学院政史系、中文系学生及部分教师讲"冯友兰，作为中国现代文化现象"，下午为该院音乐系师生讲"中国古代音乐美学"；19日上午出席在（澳门）皇都一层会议室举行的"冯友兰哲学思想研讨会"开幕式；20日宣读论文——《关于冯友兰与"新儒学"》、《关于冯友兰思想历程》。下午发言驳斥柏侨关于冯友兰"卫道"，"随风摆柳"的说法，介绍冯友兰全集出版情况及百年诞辰会打算；30日上午拟《治学十五年的点滴体会》。

同月，《答明言书》载《中央音乐学院学报》1994年第4期；《也谈"天人合一"——与季羡林先生商榷》载《传统与现代化》1994年第5期。

1994 年 12 月 2 日为中山大学哲学教师、研究生讲"冯友兰，作为中国现代文化现象"；12 月 15 日上午为肇庆教育学院政史、中文系师生讲"冯友兰，作为中国现代文化现象"；12 月 15 日下午为肇庆教育学院音乐系师生讲中国古代音乐美学。

1995 年

1 月《中国音乐美学史》由人民音乐出版社出版发行，共834 页，约 60 万字。

3 月写成宗璞创作年表；完成宗璞《南渡记》校改；同月，写成《关于中国古代音乐美学研究——香港中国音乐美学研讨会专题讨论》（后收入刘靖之主编的《中国音乐美学研讨会论文集》，香港民族音乐学会、香港大学亚洲研究中心、香港印刷公司 1996 年出版）。

4 月 8 日在北京密云白龙潭宾馆出席"天人合一"问题研讨会，就"天人合一"、中西文化关系、"五四"与"文化大革命"的关系等问题发言。

4 月 18、20 日为西安音乐学院音乐学系和作曲系师生讲中国古代音乐美学；19 日为西北大学哲学、历史、中文系师生讲"冯友兰，作为中国现代文化现象"。同月，在密云白龙潭宾馆出席"天人合一"讨论会；同月，在西安音乐学院图书馆讲"中国古代音乐美学（一）"；在西北大学阶梯教室讲"冯友兰，作为中国现代文化现象"；在北京什刹海艺术研究院为该院音乐系讲"中国古代音乐美学思想（一）——《乐记》及其前的音乐美学思想"。

5 月 23、24 日在北京文化部文学艺术研究院研究生院讲《乐记》及《乐记》前的音乐美学思想，嵇康、李贽的音乐美学思想及"淡和"审美观。同月写成《郭店楚简儒家乐论试探》。

6 月写成音乐美学年会论文，题为《从"和律论"说到音乐作品的存在方式》。同月3日修改《宗璞文集》之《后记》、《目录》，增订《年表》；12日写毕《从"五四"的重估说到中国文化的未来》初稿；16日在中央音乐学院第一会议室讲演"从'五四'重估说到青主的意义"；18日为宗璞准备波士顿的演讲讲稿部分材料。

7月《与李学勤先生辩〈乐记〉作者问题——兼论学术信息交流》，载《星海音乐学院学报》1995年第1、2期合刊；《评吕著〈《乐记》理论探新〉》载《中央音乐学院学报》1995年第2期。

8月与宗璞一起出席在美国波士顿大学神学院举行的国际中国哲学会第九届年会并发言，题为"论冯友兰的思想历程"。

9月招收中国音乐美学史方向硕士研究生邓四春。

9月12日在美国密西根大学东亚系讲"冯友兰，作为中国现代文化现象"；16日在加拿大多伦多大学维多利亚学院（文化更新中心主办）讲"从'国学热'说到中国文化的未来"；23日在加拿大UBC（BC）省大学国际中心（文化更新中心主办）讲"中国现代哲学家冯友兰"；25日在加拿大维多利亚市中华学院讲"中国现代哲学家冯友兰"。同月，《青主音乐美学思想述评》载《中国音乐学》1995年第3期。

10月补充《宗璞创作年表》、《蔡仲德创作目录》、《蔡仲德学术情况》、《论冯友兰的思想历程》；《有关"音乐定义"的通信》载《人民音乐》1995年10期。

11月出席冯友兰百年诞辰纪念暨学术研讨会筹备会；出席《中国音乐学》创刊十周年回顾座谈会并发言，希望《中国音乐学》不要变成"中国本位的音乐学"、"华夏中心"的音乐学，而要有世界眼光，成为现代中国的音乐学；同月，出席季羡林海外基金会成立大会。

12月初往清华思想文化研究所参加冯友兰纪念会筹备会；16

日往中央音乐学院参加美学教研室沙龙，主讲访美、加印象；17日参加清华大学"中西哲学与文化的融合与创新——纪念冯友兰先生诞辰一百周年国际学术讨论会"，提交论文《论冯友兰的思想历程》；20日出席全国音乐院校音乐学研究生教学研讨会。同月底在中央音乐学院讲"点燃自己照亮黑夜的人——当代中国唯一思想家顾准评介"；同月，《冯友兰先生百年诞辰纪念文集》（与冯锺璞合编）由清华大学出版社出版，约40万字，其中刊载《冯友兰先生著作年表》。

1996 年

1月写成《冯友兰先生评传》；同月28日写成《为文而文，人文不二——治学十五年的回顾与体会》。

2月为外文出版社出版的冯友兰《新知言》写成《冯友兰小传》。

3月写成《〈乐记〉〈声无哀乐论〉必读书文》（目录）；同月，写成《〈中国音乐美学史〉提要》，近6000字；写成《冯友兰百年诞辰纪念文集》后记。

4月4日在中央音乐学院讲"'五四'的重估与中国文化的未来"；同月写《中国大文化英才辞典》辞条；同月，始校阅《贞元六书》。

5月7日上午十时抵山东淄博，晚参加音乐美学学会理事会；8日上午出席第五届全国音乐美学年会开幕式。

6月校阅梁渡、夏明钊注译《声无哀乐论》；5日下午看单纯《知识分子的心路历程——读〈冯友兰先生年谱初编〉》一文，略作修改，题加"中国现代"四字。

7月选定《宗璞儿童文学作品选》散文篇目，写出读书目录；完成《宗璞文集》校勘工作。

9月招收硕士学位班中国音乐美学史方向研究生叶明春。

10 月 19 日与宗璞同赴香港中文大学讲学。在该校音乐系讲演，题为"说郑声"。

11 月 12 日到香港浸会大学。在该校音乐系讲演，题为"说郑声"；22 日在中央音乐学院图书馆一楼大厅应音乐学系文学社要求讲"我看宗璞"，将《宗璞文集》四卷赠音乐学院图书馆；28 日全天，往农园中国哲学暨文化研究所，出席纪念冯友兰诞辰 101 周年小型座谈会。

12 月 8 日出席北京大学纪念冯友兰先生诞辰 101 周年小型学术讨论会并发言，题为：《关于冯友兰的归属》。同月，《中国音乐美学史》获第十届中国图书奖；同月写成《关于梁漱溟与"冯友兰现象》；23 日在左家庄音研所出席中西音乐比较方法论讨论会发言，强调不应强调民族性，而应强调人性；校《冯友兰研究》第一辑；《冯友兰先生评传》载《文史哲》1996 年第 4 期；《从"和律论"说到音乐作品及其存在方式》载《中央音乐学院学报》1996 第 3、4 期。

1997 年

1 月《论冯友兰的思想历程》全文载于台湾《清华学报》第 25 卷第 3 期；同月，校阅《冯友兰研究》第一辑附录毕，修改其目录、编后记。整理《关于冯友兰的归属问题》。

2 月校阅《中国哲学史新编》第七册，至此校阅全集第十卷毕。《士人格：一个世纪的回顾》由丁东整理成文，载《黄河》1997 年第 2 期。

4 月完成《三松堂全集》第二版全部校对整理工作并写毕后记；写成《"五四"的重估与中国文化的未来》。

5 月写成《〈中国哲学史新编〉第二次校勘后记》；同月《〈乐记〉〈声无哀乐论〉注译与研究》（31.9 万字）由中国美术学院出版社出版发行。

6月《关于冯友兰的归属问题》载《东方文化》1997年第2期；《冯友兰研究（第一辑）编后记》收入国际文化出版公司1997年6月出版之《冯友兰研究》第1辑。

7月写成《〈三松堂自序〉第二次校勘后记》。

7月指导音乐学系本科学生王晔学士学位论文《"音""声"之辨》，该文发表于《中央音乐学院学报》1989年第4期。

8月校阅冯友兰《西洋哲学史》整理稿毕，校阅冯友兰《希腊人的人生观》中译整理稿；同月，写成《古代音乐美学》论文初稿，计85000字；阅毕范鹏著《冯友兰传》稿，提出修改意见九点；《阮籍嵇康音乐美学思想异同论——兼论其整体思想与人格之异同》，载《传统文化与现代化》1997年第4期。

9月9日写成《中国文化必读书目》；27日将《中国音乐美学史论》增订本改名为《音乐之道的探求历程——论中国音乐美学史及其他》。

10月在郑州参加"冯友兰与传统文化国际研学术讨论会"，提交论文《"五四"的重估与中国文化的未来》。27日在开封河南大学音乐一系讲"中国古代音乐美学概述"。

11月14日在中国音乐学院研究生部讲"中国古代音乐美学"。

12月写毕"士人格研究"教学大纲；4日在学院张前宿舍参加音乐美学教材编写组第三次讨论。

1998年

2月写成《回到蔡元培去——论蔡元培的思想与人格及其意义》。

3月20日在北京大学讲"我心目中的蔡元培"。

4月21日在中央音乐学院讲"回到蔡元培去"。

4月23日指导邓四春硕士毕业论文《"由灵魂说向灵

魂"——青主音乐美学思想研究》通过答辩。

5月出席北京大学"蔡元培诞辰130年国际学术讨论会",提交论文《回到蔡元培去——论蔡元培的思想与人格及其意义》。

6月12日写《成高(平叔)著〈蔡元培年谱长编〉读后》。

6月20日写成《关于冯友兰思想历程的几个问题——答方克立先生》;27日写成《音乐·文化·人——蔡仲德文集》目录、简介、作者介绍并印出,寄给袁伟时。

7月与宗璞合作的《解读冯友兰·亲人回忆卷》由海天出版社出版。全书18万字。其中蔡仲德所写13万字。11日下午在"风入松"出席"冯友兰哲学思想讨论会暨《解读冯友兰》丛书"首发式;13日修改《关于嵇康的死因及其他》,寄给《中华读书报》。

8月3日《光明日报》刊出《〈蔡元培年谱初编〉读后》;16日写成《〈管锥篇〉、〈谈艺录〉乐论商兑(四则)》;19日写成《也谈王国维的死因——与邓云乡、刘梦溪先生商榷,兼析陈寅恪的有关言论》。

9月招收中国音乐美学史研究方向第一位博士研究生苗建华。

9月5日上午与宗璞往勺园七号楼多功能厅,出席祝贺朱伯崑七十五寿暨中国哲学与易学国际学术讨论会;25日在北京教育学院崇文区分院讲"《乐记》前及《乐记》的音乐美学思想";27日校改《出路在于"向西方乞灵"》。同月,《中国音乐美学史》一书获高校人文科学著作评奖二等奖。

10月9日、16日在北京教育学院崇文区分院讲"《声无哀乐论》的音乐美学思想"、"宋元明清及现代音乐美学思想";同月《也谈王国维的死因——与邓云乡、刘梦溪先生商榷,兼析陈寅恪的有关言论》载1998年10月3日《文汇读书周报》;《关于冯友兰思想历程的几个问题——答方克立先生》载《哲学研究》1998年第10期。

11 月 7 日修改《出路在于"向西方乞灵"》，将副题改为"关于中国音乐出路的人本主义思考"。13 日下午三时在人民大会堂云南厅出席纪念朱自清冥辰一百周年座谈会。16 日在音院图书馆一层大厅出席"二十世纪中国音乐发展道路的回顾与反思"研讨会，提交论文《出路在于"向西方乞灵"——关于中国音乐出路的人本主义思考》；20 日写成《否定"殉清说"着实不易》。

1999 年

2 月校对《人本主义·个人主义·自由主义》；写成《论"五四"价值及其恒久意义》。

3 月 20 日写成《〈冯友兰复胡适〉年月考》初稿；21 日改定《〈冯友兰复胡适〉年月考》，将题改为《〈冯友兰复胡适〉写于何年何月》，寄《文汇读书周报》刘绪源；24 日校改《郭店楚简儒家乐论试探》，定稿；26 日将《〈荀子·乐论〉与〈乐记〉》寄《文史知识》。将《郭店楚简儒家乐记试探》寄《孔子研究》。

4 月《也谈罗家伦长清华的是非功过》刊于 1999 年 4 月 21 日《中华读书报》。同月 28 日四时在图书馆 201 室举办讲座，题为"'五四'价值及其恒久意义"。

5 月 2 日出席北京大学"'五四'运动与二十世纪的中国——纪念'五四'八十周年国际学术研讨会"分组会，提交论文《人本主义·个人主义·自由主义——论"五四"价值及其恒久意义》；5 日下午 2 时到文化部八层 801 室，出席社科成果评奖专家会；10 日全天在左家庄音研所出席刘靖之"中国新音乐史论与二十世纪中国音乐学术研讨会"；28 日写毕《郭店楚简乐论试探附记》，并寄《孔子研究》。

6 月 12 日写成《"殉清"说难以否定》；《〈管锥编〉〈谈艺录〉乐论商兑》载《书品》1999 年第 6 期；《出路在于"向西方乞灵"——关于中国音乐出路的人本主义思考》（节简本）载

《人民音乐》1999 年第 6 期。

7 月《"殉清"说难以否定——三论王国维的死因》载 1999 年 7 月 3 日《文汇读书周报》；15 日参加讨论《音乐百科全书》条目框架；24 日上午修改"名家荐书"稿《我钟爱的三本书》并寄出，约 3000 字；27 日写毕《对刘著〈中国新音乐史论〉的几点意见》。

8 月《音乐与文化的人本主义思考》一书由广东人民出版社出版，共 360 页。

9 月《〈荀子·乐论〉与〈乐记〉——为纪念孔子诞辰 2550 周年而作》载 1999 年 9 月《文史知识》；《论"五四"价值及其恒久意义》载加拿大《文化中国》1999 年 9 月号。

10 月写成《从顾炎武说到王国维——兼论中国文化的特质》。

11 月 22 日在中国人民大学讲"从顾炎武说到王国维"、"冯友兰及其《中国现代哲学史》"；25 日在北京大学讲"从顾炎武说到王国维"、"冯友兰及其《中国现代哲学史》"。

2000 年

1 月《〈乐记〉的唯心论实质难以否定——答李业道先生》载《中央音乐学院学报》2000 年第 1 期。

2 月《从顾炎武说到王国维——兼论中国文化的特质》载《浙江社会科学》2000 年 1、2 期。

3 月 30 日在石油大学讲"回到蔡元培去——论蔡元培的思想与人格及其意义"；同月《否定"殉清"说着实不易——与邓云乡先生再论王国维的死因》载《中国文化研究》2000 年春之卷；《郭店楚简儒家乐论试探》载《孔子研究》2000 年第 3 期。

5 月写成《反映论还是主体论？——从音乐本质的论争说到中国音乐的出路》。

7 月 10 日在北京师范大学美国普林斯顿大学暑期中文班讲

"从冯友兰看文革以来中国知识分子的命运"。

8月1—4日出席在西北民族学院（兰州）举行的"第六届全国音乐美学学术研讨会"，提交论文《反映论还是主体论——从音乐本质的论争说到中国音乐的出路》；16日在云南艺术学院音乐系讲"当代音乐美学与当代音乐"；18日在云南师大政教系、艺术学院、云南大学讲蔡元培、冯友兰。

9月30日上午在南京艺术学院音乐系讲"从古代音乐美学说到中国音乐的未来"；30日下午在南京艺术学院音乐系讲"艰难的涅槃——从冯友兰说到'五四'与中国文化的未来"。

10月8日下午在上海音乐学院讲"从古代音乐美学说到中国音乐的未来"；8日晚在华东师大哲学系讲"从顾炎武说到王国维"；同月病中开始写《陈寅恪论》。

11月写成《再论关于冯友兰思想历程的几个问题——答刘奔、郁有学先生》。

12写成《论教育家冯友兰》。9日，10日参加在北京大学举行的"传统与创新"——第五届冯友兰学术思想研讨会，提交论文《论教育家冯友兰》、《再论关于冯友兰思想历程的几个问题——答刘奔、郁有学先生》；同月编纂的14卷《三松堂全集》第二版由河南人民出版社出版发行（约700万字）。

2001 年

1月25日在北京大学国际关系学院讲"从顾炎武说到王国维"。同月，《出路在于"向西方乞灵"——关于中国音乐出路的人本主义思考》（全文本），载《音乐与表演》2001年第1、2期。

3月《反映论还是主体论？——从音乐本质的论争说到中国音乐的出路》载《中央音乐学院学报》2001年第1期。同月写成《走出误区，复归人性——关于现代音乐的若干思考》。20日参加全国政协外委会"21世纪论坛——不同文明对话"并发言，题为"关于不同文明对话的三点意见"。

5月23日参加艺术研究院音乐研究所召开的"新世纪中国音乐发展道路研讨会"。

6月8日、14日在中央音乐学院讲"嵇康及其'声无哀乐'的音乐美学思想";16日讲"宋元明清时期的音乐美学思想";22日讲"李贽为代表的主情思潮"。

6月《论教育家冯友兰》载《浙江社会科学》2001年第6期。

6月指导音乐学系本科毕业生李浩学士学位论文《集大成者的音乐理念——亚里士多德与荀子音乐美学思想之比较》。

8月写成《如此报道为哪般?——对一篇学术会议报道的质疑》寄《人民音乐》(未刊)。

9月招收中国音乐美学史方向硕士研究生何艳珊。

9月《走出误区,复归人性——我看现代音乐》载《天津音乐学院学报》2001年第3期。2日、3日参加中央音乐学院"青主学术思想研讨会"并发言,题为"青主音乐美学思想的地位与意义"。12日在全国政协外委会参加"21世纪论坛——不同文明对话"并发言,题为"再谈关于不同文明对话的几点意见"。

10月参加天津音乐学院"中西音乐文化研讨会",提交论文《走出误区,复归人性——关于现代音乐的若干思考》。10月19日发现肺部疾病,开始了和疾病的顽强斗争;以后的学术成果都在病中完成。

12月20日指导博士研究生苗建华通过博士论文答辩,论文题目《古琴美学与古琴命运的历史考察》。

2002年

4月《再论关于冯友兰思想历程的几个问题——答刘奔、郁有学先生》收入北京大学出版社2002年4月出版之《传统与创新——第四届冯友兰学术思想研讨会论文集》。

5月24日下午在学院音乐学研究所举办讲座，题为"我看陈寅恪"。

6月、8月修改增订《陈寅恪论》。

7月完成《艰难的涅槃——论"五四"与中国文化的转型》论文集的编纂及后记（待出版）。

9月带病指导硕士生何艳珊学位论文；同月招收中国音乐美学史方向博士研究生叶明春、邓四春，带病坚持为博士生上课。

2003 年

1月《陈寅恪论》刊于《东方文化》2003年第1、2期，《南阳师范学院学报》2003年第1、2、4期。

3月《音乐之道的探求——论中国音乐美学史及其他》一书由上海音乐出版社2003年3月版，共646页。

5月23日写成《由敬佩而敬仰——悼念李慎之先生》，8月22日改于空军总医院。

7月病中再次修改定稿《陈寅恪论》。

9月9日写成《致〈人民音乐〉编辑部的公开信》寄《人民音乐》（未刊）。

9月《中国音乐美学史》修订版由人民音乐出版社出版发行；10月该书被列入"中国文库"。

10月11日、18日两次带病为全院硕士和博士生讲"士人格研究"课，最后因身体不支不得不转李起敏教授续课至今。同月31日由南阳师范学院学报出《陈寅恪论》油印单行本。

2004 年

2月13日下午4点37分，在北大医院第二住院部不幸离开人世。17日在八宝山举行遗体告别仪式。

3 月《中国音乐美学史资料注译》（增订版）由人民音乐出版社出版发行。

编后记：

先生在《音乐之道的探求——论中国音乐美学史及其他》一书的"后记"中说："1979 年我 42 岁，开始了研究中国音乐美学史的历程。"学界有误以为先生是从 1979 年开始涉足中国音乐美学史的研究的，但通过本"年表"的编写，笔者认为先生实际上从 1974 年 1 月（先生 37 岁）便开始研究中国音乐美学史了。因此先生致力于中国音乐美学史学科的研究整整三十年时间。这期间先生涉及的学术领域至少包括中国音乐文献学、中国音乐美学、中国文化学、中国哲学等众多领域。先生在中国音乐美学史学科的建构、中国士人格研究以及冯学研究等方面都取得了举世公认的辉煌成就。正如潘必新老师和黄旭东老师在蔡先生的生平介绍中所说的，先生的去世是中国音乐美学界、中国哲学界甚至是中国学术界的重大损失。

通过对蔡仲德先生学术年表的编写工作，我们可以看到，先生从一位普通中学语文教员成为中国音乐美学史界的开山之人所走过的不平凡的路程，其用功之勤，其成果之丰，足以让所有后辈晚生学习和敬仰。

说明：该文以《蔡仲德学术大事记简编》为名发表于《中央音乐学院学报》2004 年第 3 期，提交《蔡仲德纪念文集》时已作进一步的校改和补充，本次校改改题名为《蔡仲德学术年表》。

2004 年 5 月 11 日初稿

2004 年 7 月 4 日再改

2004 年 12 月 29 日再补充

2005 年 1 月 5 日再改

2005 年 1 月 10 日改定

附录：蔡仲德教授生平

　　一颗坚强的心脏停止了跳动——蔡仲德教授不幸于 2004 年 2 月 13 日离开了人世。

　　蔡仲德，1937 年 2 月 26 日出生于浙江绍兴。先后进中等和高等师范读书。1960 年毕业于华东师范大学，同年分配到中央音乐学院附中担任语文教员。由于他学养深厚、备课认真、讲课内容充实，而且讲授得法，他的课备受欢迎，教学水平堪称一流。同时他又兼任班主任，对学生既亲切又严格，深受学生们的敬重。几十年后，在他身罹重病期间，他所教过的历届学生都十分关心他们的老师，常常来电探问病情；港台的学生还相约捐款以表心意；近在身边的学生像对待自己的父亲一样，想方设法为减轻老师的病痛而奔走出力。而蔡老师每一次都叮嘱学生，不要经常去看望他，要学生珍惜时间，好好学习，千万不要浮躁。蔡仲德受学生之爱戴，以及蔡老师对学生的关切，于此可见一斑。

　　蔡仲德于 1979 年开始研究中国音乐美学史，1984 年调到音乐学系。当年，这一领域基本上是一片处女地。而蔡仲德早在中学、大学时期就养成了勤奋好学、独立思考的习惯，又有扎实的文史哲功底，他怀抱"筚路蓝缕，以启山林"的志向，敢为人先，勇挑重担，肩负起开垦这块处女地的重任。他脚踏实地、不骄不躁，严格遵循学术研究规律，广泛搜集资料，刻苦钻研，探骊得珠；经过数年的爬罗剔抉、条分缕析，出版了中国音乐美学史学科的第一部系统资料集《中国音乐美学史资料注译》，汇集了从先秦至清末二千多年间重要的音乐美学文献，为人们研究中国音乐美学史提供了极大的便利，创造了最基本的条件。与此同时，他广学博取、潜心研究、独抒己见，发表了数十篇学术论文，后结集为《音乐之道的探求——论中国音乐美学史及其他》。他废寝忘食，花了整整三年的时间，精心撰写了《中国音乐美学史》这部中国音乐美学史学科的开山之作。该书于1994年评为中央音乐学院教材一等奖；1996年获中国图书奖；2000年被评为北京市精品教材；2003年修订本出版并被列入"中国文库"。上述三部著作相互关联，自成系统，独树一帜，深受学术界好评，从而奠定了他在中国音乐美学史研究领域的开创者地位。由于他在教学与学术研究两方面所做出的卓越贡献，1992年享受政府特殊津贴，1993年获全国普通高等学校优秀教学成果国家级一等奖（与教研室同仁合作）。

更可贵、更令人敬佩的是，蔡仲德教授的学术眼界远远超出了中国音乐美学史学科的范围，他对中国哲学、中国的士人格以及中国文化都进行了深入的研究，提出了许多独到、精辟的见解，发表了数十篇学术论文，后结集成《艰难的涅槃——论"五四"与中国文化的转型》。此外还著有《冯友兰先生年谱初编》；编有《三松堂全集》、《宗璞文集》、《蔡元培研究》等等。

蔡仲德教授把自己的全部生命奉献给了人民的教育事业和自由的学术研究。2001年他身患癌症，但是，他从没有因此中止过他所钟爱的事业。他以带病之躯，坚持收、指导硕士和博士研究生，努力为中国音乐美学史学科培养后继之人。他还在病榻上修订完成题为《陈寅恪论》的长篇学术论文。他何以能以如此坚强的意志和顽强的毅力抱病坚持教书育人和进行学术研究？因为他有强大的精神支柱和明确的奋斗目标。这就是甘为人民的教育事业和学术自由而献身。正如定居香港的音乐史论家毛宇宽先生所说："仲德是一位真正意义上的中国知识分子。他的过早辞世，既是中国音乐历史学界，也是中国思想领域的一个重大损失。"

蔡仲德教授十分关心国家的现代化事业。他认为，在中国实现现代化"根本的出路是在发展生产力的基础上发展教育，改造文化，实现人的现代化。当然要首先发展科技，发展工农业，发展生产力。但科技靠人，工农业靠人，生产力的第一要素是人，没有人的现代化，科技的现代化、工农业的现代化都将是一句空话。而人创造文化，文化也创造人，要实现人的现代化，就要发展教育，改造文化，实现文化的现代化，包括人文科学、美学艺术的现代化。"他就是为此而发愤著述的。

蔡仲德教授胸怀坦荡，刚正不阿，敢于直言，决不隐瞒自己的观点。由于他这种人格精神和在学术上骄人的成就而深孚众望，1993年和1999年连续两届被选为北京市西城区人大代表。任职期间，他积极反映社情民意、参政议政，为推进现代民主政治做出了自己的尝试，受到选民的拥护。大家对他的突然逝世感到无比的悲痛。有诗曰：有的人死了，他还活着。蔡仲德教授就是这样一个虽死犹生的人，他永远活在我们的心中，或在中国有良知的知识分子心中。

简　讯　两　则

蔡仲德先生家属捐款在中央音乐学院设"蔡仲德音乐美学奖"。

蔡仲德先生于 2007 年 4 月 8 日安葬于北京万安公墓。